PONS

Das große Buch für

RICHTIGES DEUTSCH

PONS GmbH
Stuttgart

PONS

Das große Buch für
RICHTIGES DEUTSCH

Einfache Erklärungen und Tests:
Rechtschreibung • Zeichensetzung • Grammatik • Wortbildung

von
Ines Balcik
Klaus Röhe

Dieser Titel basiert in Teilen auf ISBN 978-3-12-561396-6,
978-3-12-561398-0 und 978-3-12-561404-8.

1. Auflage 2021

Redaktion: Corinna Löckle-Götz
Logoentwurf: Erwin Poell, Heidelberg
Logoüberarbeitung: Sabine Redlin, Ludwigsburg
Bidnachweis Umschlag: Getty Images / m-imagephotography
Einbandgestaltung: Mariela Schwerdt, Design & Feinschliff Studio
Layout: one pm, Petra Michel, Stuttgart
Satz: Satzkasten, Stuttgart
Druck und Bindung: Multiprint GmbH, Kostinbrod

ISBN: 978-3-12-562396-5

Zu diesem Buch

PONS Das große Buch für richtiges Deutsch nimmt sich all der kleinen und größeren Problemfälle an, auf die jeder beim Schreiben, Sprechen oder Lesen immer mal wieder trifft.

Die griffig formulierten **Regeln** beantworten nicht nur Ihre konkreten Fragen, sondern lassen sich auch leicht auf andere Fälle übertragen. So lernen Sie jedes Mal, wenn Sie etwas wissen möchten, gleich ein wenig mehr dazu.

Zahlreiche Querverweise, erkennbar am grauen Pfeil →, machen Zusammenhänge deutlich.

Tipps mit der Glühbirne versorgen Sie mit wissenswerten weiterführenden Informationen.

Das Ausrufezeichen warnt Sie vor ganz besonderen Stolperfallen.

So finden Sie schnell, was Sie suchen: Die entsprechende Regel zu Ihrer konkreten Frage können Sie nachschlagen über

- das ausführliche Inhaltsverzeichnis mit Beispielen ab Seite 6
- oder das Sach- und Stichwortverzeichnis ab Seite 460.

Grammatische Fachbegriffe, die Ihnen Schwierigkeiten bereiten, können Sie ab Seite 436 nachschlagen.

Machen Sie den Test! Jedes Kapitel beginnt mit einem unterhaltsamen Test, in dem Sie eigene Schwachstellen und Unsicherheiten aufspüren können. Die Nummern führen Sie dann direkt zur entsprechenden Regel.

Auf dass Sie bald 100-prozentig (oder 100%ig? → R 59) sicher sind!

RECHTSCHREIBUNG UND ZEICHENSETZUNG

GRAMMATIK

WORTBILDUNG UND WORTBEDEUTUNG

Wann schreibe ich getrennt, wann zusammen?

Die Schreibung der Vokale und Konsonanten

Was muss ich bei der Schreibung von Fremdwörtern beachten?

Wie schreibe ich die Tageszeiten, Uhrzeiten, das Datum und die Zahlen?

Welche Regeln gelten für Abkürzungen und Kurzwörter?

Wo steht ein Bindestrich, wo ein Apostroph?

Wo setze ich Kommas, wo nicht?

Wie gehe ich mit Doppelpunkt und Anführungszeichen um?

Fremdwörter

Adjektive

Verben und Konjugation

Adverbien und Präpositionen

Prädikate und Satzbau

Kongruenz

Die Wortbausteine am Wortende: Suffixe

Wie werden Wörter zusammengesetzt? - Die Komposition

Was sind Anglizismen und wie geht man mit ihnen um?

Wörter, die das Gegenteil ausdrücken: Antonyme

Die häufigsten Stolperfallen bei der Wortwahl

Selten gewordene Wörter – und was sie bedeuten

Bedeutungswandel

RECHTSCHREIBUNG UND ZEICHENSETZUNG

Wann schreibe ich groß, wann klein?

TESTEN SIE IHR WISSEN

1 Prinzipien muss man haben ⁘ 3

Schreibt man die markierten Wörter groß oder klein? Unterstreichen Sie die richtigen Formen.

Wir schätzen **Edles / edles**, vermeiden **gefährliches / Gefährliches**, achten **anständiges / Anständiges** und vermeiden **Übertriebenes / übertriebenes** und stehen **unnatürlichem / Unnatürlichem** ablehnend gegenüber.

2 Verboten! ⁘ 6

Was ist richtig?

a) In diesem Bereich ist Rauchen verboten.

b) In diesem Bereich ist rauchen verboten.

3 Man lernt nie aus ⁘ 7

Welche der markierten Wörter sind richtig? Unterstreichen Sie sie.

Man kann und muss nicht **alles / Alles** wissen, aber man sollte **manches / Manches** dazulernen. Viele, die **nichts / Nichts** gelernt haben, standen am Ende vor dem **nichts / Nichts**.

4 Wer sonst, wenn nicht du? ⁘ 7

Tragen Sie die richtigen Anfangsbuchstaben in korrekter Groß- oder Kleinschreibung ein.

Da ist eigentlich __iemand im Team, der gern mit ihm zusammenarbeitet, denn er ist ein __iemand. Aber da ist __emand, den alle sehr schätzen, und dieser __emand bist du, ein __eder ist von dir begeistert.

5 Echte Freundschaft

8

Fügen Sie die fehlenden Buchstaben in Groß- und Kleinschreibung ein.

Ein echter Kumpel sollte mit mir durch __ick und __ünn gehen, des __eiteren sollte er nicht so schnell auf __tur schalten. Aber so einen Menschen habe ich schon seit __angem nicht mehr getroffen.

6 Duzschwestern

11

Schreibt man hier groß oder klein? Unterstreichen Sie.

Anne und ich sind schon lange per **du / Du**, mit Judith habe ich gestern **auf du und du / auf Du und Du** getrunken, aber Jenny habe ich das **du / Du** noch nicht angeboten.

7 Leidenszeit

13

Unterstreichen Sie die richtigen Schreibweisen.

Er hat mir immer wieder **Leid / leid** angetan. Dann war ich ihn endgültig **leid / Leid**. Und es tut mir gar nicht **Leid / leid**, dass er gegangen ist. Aber ihm wird es bald **Leid tun / leidtun**, denn das Alleinsein wird ihm bald **leid / Leid** werden.

8 Unschuldig

13

Welche Schreibweise ist korrekt?

Er hat keine **Schuld / schuld** an der Lage. Er ist ganz und gar nicht **Schuld / schuld** daran.

LÖSUNGEN

1 Großschreibung bei allen Formen (substantivierte Adjektive) • **2** Beides korrekt: **a)** nominalisierter Infinitiv ohne bestimmten Artikel, **b)** verkürzter Satzes mit einem Infinitiv mit zu • **3** alles, manches, nichts, Nichts • **4** niemand, Niemand, jemand, Jemand, jeder • **5** durch dick und dünn, des Weiteren, auf stur schalten, seit Langem / langem • **6** per du/Du, auf Du und Du, das Du • **7** Leid, leid, leid, leidtun, leid • **8** Schuld, schuld

1 *der, dein, welcher* – Begleiter machen ein Wort zum Nomen

Fast alle Wörter können zu Nomen werden, wenn ihnen ein Begleiter vorangestellt wird und wenn sie sich nicht bereits auf ein Nomen beziehen, das zuvor oder danach genannt wird. Dann werden sie selbst zum Nomen und man schreibt sie groß.

Begleiter des Nomens können sein:

die Artikel **der, die, das** und **ein, eine**
der verneinende Artikel **kein, keine**
die Possessivpronomen **mein, dein, sein ...**
die Demonstrativpronomen **dieser, jener, solcher ...**
bestimmte und unbestimmte Zahlwörter, z. B. **zwei, hundert, viele, alle(s), manche, einige, wenige, etwas, nichts, viel, mancherlei ...**
die Fragepronomen **welcher, welche, welches**

Beispiele:

Adjektiv: Gibt's **etwas** (Begleiter) **N**eues zu berichten? – Ja, es gibt **mancherlei** (Begleiter) **N**eues.

Partizip: **Viele** (Begleiter) **V**ertriebene integrierten sich nur schwer in ihrer neuen Umgebung.

Mehrere **hundert** (Begleiter) **R**eisende steckten im Tunnel fest.

Adverb: **Das** (Begleiter) **H**ier und **(das)** (Begleiter) **J**etzt zählt. Aber mich stört **das** (Begleiter) **D**rum und **D**ran.

Präposition: **Das** (Begleiter) ewige **A**uf und **A**b macht mich noch wahnsinnig!

Verb: **Das** (Begleiter) **S**pielen auf dem Klavier fiel ihm schwerer als **das** (Begleiter) **T**rübsalblasen.

→ siehe auch R 20 und 22 (Getrennt- und Zusammenschreibung)

Aber: Die Wendungen ***ein/e jeder/e/es*** und ***die beiden*** werden immer kleingeschrieben, obwohl ein Begleiter vorangestellt ist!
→ siehe R 7

Kein Begleiter da? – Manchmal lässt er sich ergänzen

2

Manchmal steht aus stilistischen Gründen kein Begleiter vor einem Nomen oder nominalisierten Wort, aber er lässt sich leicht ergänzen:

Vor Dienstschluss sind alle Geräte auszuschalten. → Vor **dem** Dienstschluss ...
mit Ach und Weh → mit **einem** Ach und Weh

Machen Sie die Probe. Lässt sich ein Begleiter davorstellen und klingt der Satz dann immer noch grammatikalisch richtig, schreiben Sie groß.

Neues wie *Altes* – versteckte Begleiter in der Deklinationsendung

3

Manchmal versteckt sich bei nominalisierten Adjektiven und Partizipien der Begleiter in der Deklinationsendung. Er ließe sich aber leicht ergänzen.

Man darf Bös**es** denken, aber sollte Gut**es** tun. (etwas Böses, viel Gutes ...)
Bitte werfen Sie Verschimmelt**es** schnellstmöglich weg. (das Verschimmelte)

In den Nachrichten wird Gut**em** weniger Aufmerksamkeit geschenkt als Schlecht**em**. (etwas Gutem, dem Schlechten)

Auch in solchen Fällen steht kein Nomen dabei, auf das sich die Adjektive und Partizipien beziehen könnten. Sie sind also selbst zum Nomen geworden.

Nach ***alles, derlei, etwas, mancherlei, nichts, viel, (ein) wenig*** schreibt man Adjektive und Partizipien nur dann groß, wenn sie dekliniert sind:

Wir haben **etwas** ganz Lecker**es** gegessen. Als Nächst**es** gibt's Eis.
Die Adjektive *Leckeres* und *Nächstes* haben eine Deklinationsendung → Großschreibung.

Aber die Suppe war etwas / ein wenig **s**charf und **v**ersalzen.
Die Adjektive *scharf* und *versalzen* haben keine Deklinationsendung → Kleinschreibung.

4 *aufs, unters, übers* – Präposition + Artikel als Begleiter

Manchmal verschmilzt der bestimmte Artikel mit einer Präposition. Dennoch gilt: Der Artikel ist ein Begleiter und das Wort, auf das er sich bezieht, muss großgeschrieben werden – es wird ein Nomen.

Im (= in dem) **A**llgemeinen war das Wetter gut. (nominalisiertes Adjektiv)

Vorm (= vor dem) **E**ssen bitte Hände waschen! (Nomen / nominalisiertes Verb)

Zum (zu dem) **A**bspülen sind wir noch nicht gekommen. (nominalisiertes Verb)

Beim (= bei dem) allabendlichen **L**esen finde ich Ruhe. (nominalisiertes Verb)

Und vielen Dank **fürs** (= für das) **A**ufräumen! (nominalisiertes Verb)

Alle Verschmelzungen von Präposition + Artikel im Überblick

am	ans	aufm / auf'm*	aufn / auf'n*	aufs
fürs	durchs	hinterm	hintern	hinters
ins	im	überm	übern	übers
unterm	ums	untern	unters	vom
vorm	vorn	vors	zum	zur

Aufgepasst: Verschmelzungen von Präposition + Artikel schreibt man bis auf die beiden Ausnahmen (*) immer ohne Apostroph!

Einige **häufig benutzte Wendungen** mit Verschmelzung aus Präposition und Artikel:

im **A**llgemeinen	fürs **E**rste genug haben	zum **H**eulen sein
alles beim **A**lten lassen	zum **E**rsten, zum **Z**weiten, ...	ans **L**etzte denken
im **A**rgen liegen	aufs **G**anze gehen	im **M**indesten
im **B**esonderen	im **G**eheimen	am **N**ötigsten sparen
etwas zum **B**esten geben	im **G**roßen und **G**anzen	im **S**tillen bedenken
im **D**unkeln tappen	sich zum **G**uten wenden	im **T**rüben fischen
nicht im **E**ntferntesten	im **H**ier und **J**etzt	ums nackte **Ü**berleben gehen

! **Nicht verwechseln:** Das Wort ***am* vor einem Superlativ** ist keine Verschmelzung aus Präposition und Artikel → Kleinschreibung:

Du bist **am größten** und **am schönsten**.
(Adjektivischer Gebrauch auf die Frage „*wie?*".)

5 Ein Adjektiv oder Partizip muss nicht immer nah beim Nomen stehen

Ein Adjektiv oder Partizip, das sich auf ein Nomen bezieht, muss nicht immer ganz in seiner Nähe stehen. Dennoch schreibt man es klein. Man könnte das Nomen auch nochmals nennen, aber es würde nicht gut klingen.

Es gibt viele **Rechtschreibregeln**. Hier finden Sie die **schwierigsten** (Rechtschreibregeln).

Die **ältesten** (Freunde) meiner **Freunde** sind neulich weggezogen.

Mit zögerndem **Schritt** kommt man langsamer voran als mit **energischem** (Schritt).

6 Infinitive groß- oder kleinschreiben? – Hier haben Sie die Wahl

Infinitive können wie Nomen (Substantive) verwendet werden. Diese **nominalisierten (substantivierten) Infinitive** werden **großgeschrieben**. Sie sind **Neutra**:

das Schwimmen, **ein** laut**es** Stöhnen, zum Spielen (zu **dem** Spielen), früh**es** Aufstehen (Begleiter versteckt in *frühes*) …

In Fällen wie

In diesem Bereich ist **R**auchen / **r**auchen verboten!

können Sie zwischen der Groß- und Kleinschreibung wählen, je nachdem, wie Sie solche Konstruktionen grammatikalisch betrachten:

Sie sehen den Infinitiv als nominalisiertes Verb, bei dem der bestimmte Artikel weggelassen wurde. Er ließe sich leicht ergänzen. → Großschreibung:

In diesem Bereich ist (**das**) **R**auchen verboten!

Sie halten diese Konstruktion für eine verkürzte Version eines Satzes mit einem Infinitiv mit *zu* → Kleinschreibung:

In diesem Bereich ist es verboten zu **r**auchen.

Zwei weitere Beispiele:

Sie lernt gerade **L**esen/**l**esen und **S**chreiben/**s**chreiben.
Bekanntlich geht **P**robieren/**p**robieren über **S**tudieren/**s**tudieren.

Verben wie ***gehen, hören, lassen, lernen, sehen*** können wie die Modalverben mit einem anderen Infinitiv einen **Verbalkomplex** bilden (Sie geht schwimmen. Die Kleine will schon rechnen lernen.). Wird dieser Verbalkomplex nominalisiert, wird er zusammen- und großgeschrieben:

Zum **Schwimmengehen** hat sie heute keine Zeit.
Für das **Rechnenlernen** ist sie noch ein bisschen zu klein.

Bilden Substantive, Adjektive und Adverbien Zusammensetzungen mit nominalisierten Infinitiven, schreibt man sie zusammen:

zum Kuchenbacken, beim Kartenspielen, das Schlankwerden, zum Zufriedensein, das Zustandekommen ...

→ siehe auch R 21 und 22 (Getrennt- und Zusammenschreibung)

Auch die nominalisierten Infinitive reflexiver Verben werden zusammengeschrieben:

das Sichverlieben, zum Sichausweinen ...

7 *die beiden* und *noch jemand* – Indefinitpronomen und unbestimmte Zahlwörter

Indefinitpronomen und unbestimmte Zahlwörter (Numeralia) werden in der Regel kleingeschrieben, auch wenn ein Artikel davorsteht. Aber es gibt Ausnahmen. Prägen Sie sich deshalb am besten die folgende Übersicht gut ein:

Immer kleingeschrieben, auch wenn bei manchen ein Artikel davorgesetzt werden kann:

beide, die beiden: Ich kenne die **b**eiden schon lange.
irgendein, irgendeine, irgendeiner: Er war nicht nur **i**rgendeiner.
(ein) jeder, (eine) jede, (ein) jedes: Ein **j**eder muss für sich sorgen.
mancher, manche, manches: Ich habe **m**anches dazugelernt.

Normalerweise Kleinschreibung, aber Großschreibung, wenn ein Begleiter dabeisteht:

alles	Ich habe **a**lles erledigt. / Du bist mein **A**lles.
etwas	Ich habe **e**twas gefunden. / Ich sah ein kleines **E**twas.
jemand	Hier ist **j**emand für dich. / Du bist ein **J**emand.
nichts	Hier ist **n**ichts. / Ich stand vor dem **N**ichts.
niemand	Ich kenne hier **n**iemanden. / Du bist ein **N**iemand.

Normalerweise Kleinschreibung (auch bei vorangehendem Begleiter), **aber Großschreibung erlaubt** zur Betonung des nominalisierten Gebrauchs:

(der, die, das) andere: Keine **a**ndere lügt so wie sie. Wir tun das **a**ndere / **A**ndere, das Neue. Das ist etwas ganz **a**nderes / **A**nderes. – Das sind nicht die Guten, das sind die **a**nderen / **A**nderen.
das meiste, die meisten: Das **m**eiste / **M**eiste ist uninteressant. Die **m**eisten / **M**eisten wissen es nicht.
wenig: Wir wissen nur **w**enig. Aber das **w**enige / **W**enige reicht uns.
(der, die, das) eine: Das kann **e**inem leidtun. Wir trauen nur dem **e**inen / **E**inen da. Ich sage dir nur das **e**ine / **E**ine: Sei ruhig!
viel: Er redet **v**iel. Er hat in **v**ielem / **V**ielem Recht.

Weitere Beispiele für Kleinschreibung (keine besondere Betonung):

Der **e**ine arbeitet, der **a**ndere nicht.
Berufen sind **v**iele, aber nur **w**enige sind auserwählt.
Bei uns bekommen Sie Pizza, Döner und vieles **a**ndere mehr.
Das Wetter war alles **a**ndere als schön.

Weitere Beispiele für Großschreibung bei betont nominalisierter Verwendung:

Das **V**iele, was auf mich einströmt, macht mich noch kaputt.
Er verwaltet das **W**enige, das noch da ist, hervorragend.
Er ist der **E**ine, der **E**inzige (→ Adjektiv, R 1), der uns helfen kann.
Er strebt nach dem **A**nderen, dem **B**esonderen (→ Adjektiv, R 1).

Vorsicht bei feststehenden Ausdrücken! 8

Bei feststehenden Ausdrücken ist die Regelung leider ein wenig unübersichtlich; hier hilft eine Tabelle am besten weiter:

	Immer ohne vorausgehenden Artikel	
Großschreibung	**Kleinschreibung** bei Ausdrücken aus Präposition + undekliniertem Adjektiv	**Groß- oder Kleinschreibung** bei Ausdrücken aus Präposition + dekliniertem Adjektiv
Schwarz mit **W**eiß mischen	**s**chwarz auf **w**eiß	bei **W**eitem / **w**eitem
aus **S**chwarz **W**eiß machen	von **k**lein auf	von **W**eitem / **w**eitem
sich in **S**chwarz kleiden	auf **s**tur schalten	ohne **W**eiteres / **w**eiteres
des **W**eiteren	sich zu **e**igen machen	bis auf **W**eiteres / **w**eiteres
auf **G**rün schalten	**g**rau in **g**rau	

Jung(e) und **A**lt(e)	**w**eh und **a**ch schreien	von **N**euem / **n**euem
Arm(e) und **R**eich(e)	von **n**ah und **f**ern	von **N**ahem / **n**ahem
Groß(e) und **K**lein(e)	gegen **b**ar, in **b**ar	binnen **K**urzem / **k**urzem
jenseits von **G**ut und **B**öse	über **k**urz oder **l**ang	vor **K**urzem / **k**urzem
in **B**lau, **R**ot malen	auf Nummer **s**icher gehen	seit **K**urzem / **k**urzem
	durch **d**ick und **d**ünn	seit **L**angem / **l**angem
	an **p**rivat, von **p**rivat	seit **L**ängerem / **l**ängerem

9 *J. W. von Goethe* am *Kölner Platz* – Personen- und Straßennamen

Artikel und **Präpositionen** im Namen schreibt man klein – auch wenn man den Namen nicht vollständig nennt:

Walther **v**on **d**er Vogelweide, Andreas **v**om Hofe, Henry **t**er Laak ...
Es gab einen Bischof namens **v**an **d**er Velden.

Für **Straßennamen** gilt:

Besteht der Name aus zwei Teilen, von denen der erste keine Endung trägt, so schreibt man zusammen:

Hauptstraße, Bonngasse, Hochweg ...

Trägt der erste Teil des Namens eine **Endung** wie ***-er*** oder ***-sche(r)*** oder eine andere **Beugungsendung**, so muss man getrennt schreiben, es sei denn, dass die Endung zum Namen gehört:

Kölner Landstraße, Klevischer Ring, Hohe Straße ...
aber: Neandertalerstraße

Sind mehrteilige Personennamen an Straßenbezeichnungen beteiligt, stehen Bindestriche zwischen allen Teilen:

Konrad-Adenauer-Ufer, Karl-von-Mayer-Platz, Dr.-Johannes-Halbsguth-Straße ...

Straßennamen beginnen immer mit einem großen Anfangsbuchstaben; im Namensinneren schreibt man Adjektive groß, Präpositionen und Artikel klein:

An **d**er **L**angen Mauer, **H**inter **d**em **A**lten Driesch ...

Straßennamen wie *Hohe Straße* oder *Klevischer Ring* werden **dekliniert**:.

Ich wohne in der Hohe**n** Straße / am Klevische**n** Ring.

→ R 176 (Deklination von Zusammensetzungen)

Anders ist es allerdings bei Zitaten.

→ R 87

Zur Groß- oder Kleinschreibung von Adjektiven, die von Eigennamen abgeleitet sind (mendelsche/Mendel'sche Gesetze) → R 9

***ein Paar* oder *ein paar*?** 10

Das Wort ***(ein) paar*** bezeichnet eine unbestimmte, aber eher kleine Anzahl zählbarer Dinge:

ein **p**aar Äpfel, ein **p**aar Brötchen, ein **p**aar Münzen ...

Mit einem ***Paar*** (Verkleinerungsform: *Pärchen*) sind immer zwei, eben paarweise vorkommende Dinge gemeint:

ein **P**aar Socken, ein **P**aar Augen, ein **P**aar Schuhe ...
Sie sind ein **P**aar.

Lässt sich ***ein paar*** durch *einige* oder *wenige* **ersetzen** und ändert sich der Sinn des Satzes dadurch nicht, schreiben Sie klein.

11 *Sie* als höfliche Anrede, *du* und *ihr*

Das Personalpronomen ***Sie*** mit seinen Deklinationsformen wird als höfliche Anrede verwendet und immer großgeschrieben. Das gilt auch für das entsprechende Possessivpronomen ***Ihr***:

Könnten **S**ie mir bitte helfen?
Ich danke **I**hnen sehr.
Geht **I**hre Uhr richtig?

Das großgeschriebene Pronomen meint immer die angesprochene Person; ist jemand anders gemeint, muss man kleinschreiben.

Haben **S**ie **I**hre Uhr wiedergefunden?	Die angesprochene Person und ihre Uhr sind gemeint.
Haben **s**ie **I**hre Uhr wiedergefunden?	Eine Gruppe anderer hat die Uhr der angesprochenen Person gesucht.
Haben **S**ie **i**hre Uhr wiedergefunden?	Die angesprochene Person hat nach der Uhr einer dritten (weiblichen) Person gesucht.
Haben **s**ie **i**hre Uhr wiedergefunden?	Man spricht über andere (nicht Anwesende), die eine Uhr suchten.

Man sieht, dass sich je nach Schreibung der Pronomen der Sinn des Satzes ändert.

In **Briefen** darf man die **vertraute Anrede mit *du / dein*** und entsprechend in der Mehrzahl mit ***ihr / euer*** wahlweise groß- oder kleinschreiben:

Liebe Sarah,
danke, dass **d**u / **D**u **d**ich / **D**ich bereit erklärt hast, uns **e**ure / **E**ure Ferienwohnung zur Verfügung zu stellen, denn **i**hr / **I**hr könnt **e**uch / **E**uch gar nicht vorstellen, ...

Achten Sie aber auf die Groß- und Kleinschreibung in folgenden Fällen:

Ich habe ihm **das D**u angeboten.
Du kannst ihn **mit D**u anreden.
Du kannst ruhig **d**u / **D**u zu mir sagen.
Wir sind schon lange per **d**u / per **D**u.

Dank, Kraft, Laut, Trotz, Zeit – groß oder klein?

12

Diese Wörter sind ursprünglich Nomen und werden deshalb großgeschrieben:

Vielen Dank.
Volle Kraft voraus!
Kein Laut war zu hören.
Sie weint aus Trotz.
Nimm dir Zeit.

→ siehe auch R 2

Verwendet man diese Wörter aber als **Präpositionen**, muss man kleinschreiben:

Es geht mir wieder gut **d**ank deiner Fürsorge.	(dank + Genitiv)
Er befördert den Beamten **k**raft seines Amtes.	(kraft + Genitiv)
Er ist **l**aut ärztlicher Diagnose völlig gesund.	(laut + Dativ)

Wir gehen spazieren **t**rotz des schlechten Wetters. (trotz + Genitiv)
Sie arbeiteten **z**eit ihres Lebens. (zeit + Genitiv)

> **!** Merken Sie sich die **unterschiedliche Schreibung** bei folgenden Fällen:
>
> Wir sind **zurzeit** (Adverb!) sehr beschäftigt.
> **Aber: Zur Zeit** des Zweiten Weltkriegs ...
>
> Wenn sich ***zurzeit*** durch ***im Moment / gerade*** ersetzen lässt, schreibt man klein.
>
> Ich wohne hier **zeit** meines Lebens.
> **Aber:** Er schnarchte **zeitlebens** (Adverb!).

13 *Angst, Bange, Gram, Leid, Pleite, Schuld, Freund, Feind* – groß oder klein?

Diese Nomen können zu Adjektiven werden, wenn sie mit ***sein, werden*** oder ***bleiben*** verbunden sind. Dann werden sie kleingeschrieben. Beispiele bietet die Übersicht:

Nomen → Großschreibung	Adjektiv → Kleinschreibung
Wir haben **A**ngst. Ihr macht uns **A**ngst.	Da wird uns aber **a**ngst ...
Hab nur keine **B**ange.	... und **b**ange!
Sie wurde krank vor **G**ram.	Du darfst mir nicht **g**ram bleiben, bitte!

Geteiltes **L**eid ist halbes **L**eid.	Ich bin es endgültig **l**eid. Und es tut mir nicht **l**eid. Aber ihm wird es bald **l**eidtun.
Erlkönig hat mir ein **L**eid angetan. (Goethe)	
Der Event war eine große **P**leite. Wir machen damit **P**leite.	Damit ist unser Laden **p**leite.
Er hat keine **S**chuld an der Lage.	Er ist nicht **s**chuld daran.
Hilf mir, wenn du mein **F**reund bist. Wir sind doch gut **F**reund, oder?	Die beiden sind sich nicht **f**reund.
Sie sind erbitterte **F**einde.	Wir werden uns wohl ewig **f**eind sein.

! Das Verb ***pleitegehen*** wird im Infinitiv und als Partizip zusammengeschrieben.

Wir werden wohl bald **pleitegehen**.
Der Verein **ging pleite** / ist **pleitegangen**.

→ R 18 (Getrennt- und Zusammenschreibung)

Recht **und** ***Unrecht*** **– groß oder klein?** 14

Es gibt eine Menge Verwendungen dieser Wörter, darunter etliche Redewendungen, die eine Unterscheidung zwischen Groß- und Kleinschreibung nicht leicht machen. Also gut einprägen! Die Regeln 1 bis 4 dieses Kapitels lassen sich aber auch hier anwenden.

Großschreibung	Kleinschreibung
Es ist geltendes **R**echt.	Die Wände stehen im **r**echten Winkel.
Wir sind im **R**echt / **U**nrecht.	Das ist (mir) **r**echt / **u**nrecht.
Sie tun nichts **U**nrechtes.	Es geschieht dir **r**echt.
Sie entscheidet nach **R**echt und Gewissen.	Gehe ich **r**echt in der Annahme ... ?
Ich sollte dich von **R**echts wegen entlassen.	Es ist nur **r**echt und billig ...
Sie wurde zu **R**echt / **U**nrecht bestraft.	Dir kann man nichts **r**echt machen.
Wir werden vor Gericht (unser) **R**echt suchen / finden.	So ist's **r**echt.

! Unterscheiden Sie hiervon **Zusammensetzungen mit *zurecht-***, z. B.:

Ich finde mich mit den Neuerungen nicht **zurecht**.
Wir müssen mit ihm **zurechtkommen**.
Du musst dir deine Argumente aber vorher gut **zurechtlegen**.

In Verbindung mit den Verben *behalten, bekommen, geben, haben* und ***daran tun*** haben Sie jedoch die Wahl zwischen Groß- und Kleinschreibung, also zum Beispiel:

Du hast ja **Recht / recht**.
Du hast **Recht / recht** daran getan, es ihm zu sagen.
Aber du weißt, dass ich immer **Recht / recht** behalten will.
Und meistens bekomme ich **Recht / recht**!

° Wann schreibe ich getrennt, wann zusammen?

TESTEN SIE IHR WISSEN

1 Schwärmerei

15 16

Ein Freund schwärmt Ihnen von seiner neuen Traumfrau vor.
Aber schwärmt er auch orthografisch richtig? Prüfen Sie, ob die fett markierten Wörter getrennt oder zusammengeschrieben werden.

Sie hat **knall rote** Lippen und wunderschöne **tief blaue** Augen. Außerdem ist sie **super schlau**. Immer wenn ich sie sehe, wird mir **höllisch heiß**.

2 Glaube versetzt Berge

17

Was ist richtig?

Du musst einfach **daranglauben / daran glauben** und alles **daransetzen / daran setzen**, dass du das Ziel erreichst.

3 Abwarten und …

22

Welche der markierten Schreibweisen sind richtig? Unterstreichen Sie sie.

Teetrinken / Tee trinken wir gerne. Deshalb habe ich zum **Teetrinken / Tee trinken** eingeladen.

4 Heimlich, still und leise

23

Unterstreichen Sie traumwandlerisch sicher die richtigen Schreibweisen.

Drei Stücke Torte habe ich gestern Abend in den Kühlschrank gestellt, heute Morgen war nur noch eines da. Ich **schlussfolgere / Schluss folgere** daraus, dass du **genachtwandelt / nachtgewandelt / Nacht gewandelt** bist, in der Küche **genotlandet / Not gelandet / notgelandet** bist und einen Mitternachtsimbiss eingenommen hast.

5 Mangelnde Einsicht

24

Haben Sie eingesehen, dass hier nur eine Schreibweise richtig sein kann? Unterstreichen Sie sie.

Und wenn du **kopfstehst / Kopf stehst**, du gehst heute nicht **Eis laufen / eislaufen**. Ich kann deinem Wunsch nicht **stattgeben / Statt geben**, und es nimmt mich **Wunder / wunder**, dass du selbst nicht einsiehst, wie sehr es **nottut / Not tut**, dass du für die Mathearbeit lernst.

6 Bitte hier keinen Hänger haben!

27

Was ist richtig?

a) Die Lehrerin hat die schönsten Bilder der Klasse in die Aula **hängenlassen / hängen lassen**.

b) Mein bester Freund wollte mir nicht helfen! Der hat mich einfach **hängenlassen / hängen lassen**.

7 Hier wird es amtlich

31

Getrennt- oder Zusammenschreibung? Das ist hier die Frage!

a) Das ist eine **nicht amtliche / nichtamtliche** Regelung.

b) Diese Regelung ist **nicht amtlich / nichtamtlich**.

8 Misstrauen

36

Unterstreichen Sie die richtigen Schreibweisen.

Heute Morgen hat **irgend eine / irgendeine** Frau angerufen und wollte dich unbedingt sprechen. Wer war das? – Ach, das wird wieder **irgendsoeine / irgend so eine** Interviewerin von einem Umfrageinstitut gewesen sein.

LÖSUNGEN

1 knallrote, tiefblaue, superschlau, höllisch heiß • **2** daran glauben, daransetzen • **3** Tee trinken, zum Teetrinken • **4** schlussfolgere, genachtwandelt, notgelandet • **5** kopfstehst, Eis laufen, stattgeben, wunder, nottut • **6 a)** hängen lassen (konkret), **b)** hängenlassen (übertragen, aber auch Getrenntschreibung korrekt) • **7** Beides korrekt: nicht amtliche/nichtamtliche, ist nicht amtlich/nichtamtlich • **8** irgendeine, irgend so eine

15 *fingerbreit* und *lernbegierig* – Nomen + Adjektiv, Verbstamm + Adjektiv

Nomen und Verbstämme, die mit einem Adjektiv als hinterem Bestandteil zu einem neuen Adjektiv zusammengesetzt werden, schreibt man zusammen.

eiskalt, fahruntüchtig, glasklar, handwarm, kochfest, knochentrocken, kreisrund, mühevoll, schulmüde, sprungbereit, stinklangweilig …

> Solche Zusammensetzungen sind in der Regel **Verkürzungen** eines längeren Ausdrucks:
>
> baumlang = lang wie ein Baum, denkfaul = zu faul zum Denken

16 *nasskalt, siedend heiß* und *winzig klein* – andere zusammengesetzte Adjektive

> Achten Sie auf die Betonung! Wenn **der erste Teil eines Wortes stärker betont** wird als der zweite, schreibt man **zusammen**. Liegt die **Hauptbetonung auf dem zweiten Teil** oder ist die Betonung auf beide Teile fast gleich verteilt, schreiben Sie **getrennt**.
>
> Das Kind ist **frühreif**.
> **Aber:** In diesem Jahr sind die Kirschen **früh reif**.
>
> Das sind **leichtverständliche** Regeln.
> **Aber:** Es ist **leicht verständlich**, dass …
>
> Da waren lauter **halbtote** Insekten.
> **Aber:** Ich bin schon **halb krank** vor Wut.

Wenn Sie sich die folgenden Regeln einprägen, können Sie die Schreibung der meisten zusammengesetzten Adjektive selbst ableiten.

Zusammenschreibung, ...	Beispiele
wenn einer der beiden Bestandteile – oder auch beide – nicht als selbstständiges Wort vorkommen	letztmalig (letzt und malig kommen nicht alleine vor), blutrünstig, schwerstbehindert, dickhäutig, blauäugig, hintergründig, lesefaul
wenn das Wort ein Fugenelement enthält	gebrauch**s**fertig, hoffnung**s**froh, sonn**en**warm, werb**e**wirksam
wenn der erste Bestandteil bedeutungsverstärkender oder -vermindernder Art ist	altbekannt, bitterböse, brandneu, extradick, grundfalsch, halbbitter, knallrot, leichtgläubig, stahlhart, superschlau, tiefblau, vollschlank
wenn es sich um zwei gleichrangige Adjektive handelt	blaugrau (zugleich blau und grau), bittersüß, dummdreist, nasskalt → siehe auch R 183 (Farbadjektive)

(!) **Verbindungen aus Partizip + Adjektiv** schreibt man getrennt. Beide Wörter sind etwa gleich stark betont:

siedend heiß, verschwindend gering, wechselnd wolkig, brüllend heiß, gerammelt voll, verdammt eng ...

Dasselbe gilt für **Verbindungen aus Adjektiv + Adjektiv**, wenn das erste Adjektiv auf ***-ig***, ***-lich*** oder ***-isch*** endet:

winzig klein, herrlich warm, höllisch heiß ...

17 *wiedersehen* und *vorbeifahren* – Adverb + Verb: Die Betonung entscheidet!

Wenn Verben mit einem Adverb als trennbarem Präfix ein neues Wort bilden und wenn auf dem Adverb die Hauptbetonung liegt (→ vgl. Tipp in R 16), muss man im Infinitiv und in den Partizipien zusammenschreiben:

daransetzen, hinterherlaufen, etwas hinzufügen, vorbeifahren, das Wetter vorhersagen, etwas vorwärtsbringen, jemanden wiedersehen, sich zurückziehen …

Wenn der Verbzusatz allerdings als **eigenständiges Adverb** auftritt, sind beide Teile gleich betont und man schreibt getrennt:

Ich werde dir **vorher sagen**, wann es losgeht.
Du musst einfach **daran glauben**!
Der Blinde möchte **wieder sehen** können.

Diese Regel gilt für eine große Menge von Adverbien, u. a. auch für alle Adverbien, die auf ***-einander*** und ***-wärts*** enden. Hier muss man immer auf die Betonung achten. Beispiele für weitere Adverbien:

da, dabei, dafür, dagegen, daher, dahin, daneben, daran, darauf, darüber, darum, darunter, davon, davor, dazu, dazwischen, hier, hinterher, nebenher, vorher, vorweg, weiter, wieder zusammen, zuvor

Beispiele:

Zusammenschreibung	Getrenntschreibung
Du musst die Teile anei**n**anderfügen.	Wir wollen immer **a**neinander d**e**nken.
Er soll bitte d**a**bleiben. Sie müssen den Pass dab**ei**haben.	Du musst d**a** bl**ei**ben, wo du bist. Man muss d**a**bei st**e**hen (bei dieser Tätigkeit).

Sie wird bald dah**i**nscheiden.	Wir müssen ihn d**a**hin br**i**ngen, dass …
Du musst alles dar**a**nsetzen, dass …	Ich habe noch gar nicht d**a**ran ged**a**cht.
Er ist noch einmal dav**o**ngekommen.	Es kann d**a**von k**o**mmen, dass …
Können Sie mal bitte den Stuhl dav**o**rstellen?	Es ist dav**o**r passiert.
Du musst die Flaschen daz**u**stellen.	Ich bin noch nicht daz**u** gek**o**mmen.
Wir können den Hund h**ie**rbehalten.	Ich möchte h**ie**r bl**ei**ben.
Ihr könnt uns hinterh**e**rfahren.	Ich habe es erst hinterher erf**a**hren.
Bitte den Schalter r**ü**ckwärtsdrehen.	Bitte nur r**ü**ckwärts **ei**nparken.
Wer kann schon das Wetter vorh**e**rsagen?	Das hättest du v**o**rher s**a**gen sollen.
Du hast mir die Frage vorw**e**ggenommen.	Das kannst du v**o**rweg erledigen.
Wie wollen wir jetzt w**ei**terkommen?	Wir müssen es w**ei**ter be**o**bachten.
Er hat das Bewusstsein w**ie**dererlangt.	Ich möchte bald w**ie**der k**o**mmen.
Soll ich die Fotos zus**a**mmentragen?	Wir müssen die Kisten zus**a**mmen tr**a**gen.
Er ist mir zuv**o**rgekommen.	Ich habe es bereits zuv**o**r erl**e**digt.

Bei manchen Zusammensetzungen von Adverb + Verb ist die ursprüngliche Bedeutung des Adverbs verlorengegangen. Man schreibt sie zusammen:

abhandenkommen	anheimstellen	darlegen
einhergehen	fehlgehen	feilbieten
fürliebnehmen	heimsuchen	hintanstellen
innehalten	irreführen	kundtun
überhandnehmen	nicht umhinkönnen	mit etwas vorliebnehmen
zurechtkommen	zuteilwerden	

Der Unternehmenserfolg soll ihnen in Form einer Prämie zuteilwerden.
Sie haben nicht umhingekonnt, ihm die Wahrheit zu sagen.

Zur **Getrennt- oder Zusammenschreibung** bei

Der Blinde hatte die Hoffnung nicht aufgegeben, eines Tages **wieder zu sehen**. / Ich freue mich, dich **wiederzusehen**.

→ siehe R 28

18 *ernst nehmen* und *dichtmachen* – Adjektiv + Verb: Die Wortbedeutung entscheidet

Stellt man einem Verb ein Adjektiv in adverbialer Verwendung voran, schreibt man getrennt. Das Adjektiv antwortet dann auf die Frage „wie?":

Du musst hier langsam fahren. (Wie muss ich fahren?)
Ich glaubte, sie würden gleich denken. (Wie würden sie denken?)

Weitere Beispiele:

freundlich winken, sich dumm stellen, ernst nehmen, falsch schreiben, kalt lächeln

Entsteht allerdings durch die Verbindung von Adjektiv und Verb eine neue **Bedeutung in einem übertragenen Sinn**, muss man zusammenschreiben:

blaumachen (schwänzen)
falschspielen (betrügen)
mit jdm. gleichziehen (auf den gleichen Stand kommen)
jemanden kaltstellen (handlungsunfähig machen)
jemanden krankschreiben (attestieren, dass jemand krank ist) …

In einigen Fällen sind beide Schreibweisen möglich; dann aber handelt es sich auch um zwei verschiedene Bedeutungen. Auch hier hilft die Betonungsregel (→ siehe R 17). Beispiele:

Getrenntschreibung	Zusammenschreibung
jemand anderem ähnlich sehen	ähnlichsehen (typisch sein für jdn.)
falsch spielen (auf dem Klavier)	falschspielen (betrügen)
(ein Referat) frei sprechen	(von Schuld) freisprechen
groß schreiben (in großer Schrift)	großschreiben (mit großem Anfangsbuchstaben)
(ein Diktat) gut schreiben	(dem Konto) gutschreiben
schlecht machen (in schlechter Qualität)	schlechtmachen (herabsetzen)

Einige Verben mit Adjektiv bilden untrennbare Verbindungen:

tiefkühlen, tiefgefrieren, tiefstapeln, liebäugeln …

Alle Formen bleiben ungetrennt:

tiefkühlen → ich tiefkühle, tiefkühlend, tiefgekühlt

→ zum Infinitiv mit *zu* siehe R 28

19 ***kleinschneiden, warm machen*** – Adjektiv + Verb: In diesen Fällen haben Sie die Wahl

Drückt das Adjektiv das **Ergebnis der Verbhandlung** aus, darf man die Schreibweise wählen:

blankputzen / blank putzen (das Silber putzen, bis es blank ist)
kleinschneiden / klein schneiden
leerräumen / leer räumen
warmmachen / warm machen …

Auch Verben mit dem Adjektiv ***fertig*** darf man wahlweise getrennt oder zusammenschreiben:

etwas fertigbekommen / fertig bekommen, etwas fertigbringen / fertig bringen, etwas fertigmachen / fertig machen, Unterlagen fertigstellen / fertig stellen, fertigwerden / fertig werden ...

Aber nur: jemanden fertigmachen (übertragene Bedeutung → R 18)

20 *klein anfangen* und *falsch eintragen* – Adjektiv + Verb mit Präfix

Wenn das Verb bereits ein Präfix (Vorsilbe) hat, wird das Adjektiv getrennt vom Verb geschrieben:

früh **auf**stehen, dick **auf**tragen, blau **ein**färben, eng **ver**binden, blau **an**streichen, weit **ver**breiten ...

Die häufigsten Präfixe:

an-	ab-	auf-	aus-	be-	bei-	ein-
er-	hin-	nach-	nieder-	über-	um-	unter-
ver-	vor-	weg-	zer-	zu-		

21 *sein* steht immer allein!

Verbindungen mit dem Verb **sein** schreibt man immer getrennt:

dabei sein, schwer sein, bereit sein ...
Das kann doch nicht so schwer sein!

Aber: das Schönsein, das Alleinsein

→ siehe R 22 (Nominalisierung)

Schach spielen und *Tee trinken* – Nomen + Verb

22

Normalerweise schreibt man **Verbindungen aus Nomen + Verb getrennt:**

Auto fahren, Karten spielen, Maß nehmen, Rat suchen, Radio hören, Rollschuh laufen, Sonne tanken, Tee trinken, Trübsal blasen ...

Ein zusammengesetztes Verb bildet eine Ausnahme:

staubsaugen / Staub saugen:

ich staubsauge / sauge Staub; ich habe gestaubsaugt / Staub gesaugt; staubsaugende / Staub saugende Männer

→ vgl. jedoch mit R 23, 24, 29 und 31

Werden **Verbindungen aus Nomen + Verb** zum Nomen, erfolgt Zusammenschreibung:

beim Autofahren, zum Teetrinken, das Trübsalblasen ...

→ siehe R 1 (Groß- und Kleinschreibung)

maßregeln und *schlafwandeln* – Nomen + Verb: untrennbare Verbindungen

23

Wenige Zusammensetzungen aus Nomen und Verb bilden untrennbare Verbindungen. Sie werden also immer zusammengeschrieben:

bergsteigen	ich bergsteige	ich bin berggestiegen
brandmarken	ich brandmarke	ich habe gebrandmarkt
handhaben	ich handhabe	ich habe gehandhabt
lobpreisen	ich lobpreise	ich habe lobgepriesen (auch: gelobpreist)
maßregeln	ich maßregle	ich habe gemaßregelt
nachtwandeln	ich nachtwandle	ich habe / bin genachtwandelt
notlanden	ich notlande	ich bin notgelandet
schlafwandeln	ich schlafwandle	ich habe / bin geschlafwandelt
schlussfolgern	ich schlussfolgere	ich habe geschlussfolgert
wallfahren	ich wallfahre	ich bin gewallfahrt

24 *eislaufen* und *kopfstehen* – Nomen + Verb: trennbare Verbindungen

Bei ein paar trennbaren Verbindungen aus Nomen + Verb werden Infinitive und Partizipien zusammengeschrieben. Der erste Teil – ursprünglich ein Nomen – ist zu einer trennbaren Vorsilbe geworden.

eislaufen	ich laufe eis	ich bin eisgelaufen
kopfstehen	ich stehe kopf	ich bin kopfgestanden
leidtun	es tut mir leid	es hat mir leidgetan
nottun	es tut not	es hat notgetan
preisgeben	ich gebe preis	ich habe preisgegeben
stattfinden	es findet statt	es hat stattgefunden
stattgeben	ich gebe statt	ich habe stattgegeben
statthaben	ich habe statt	ich habe stattgehabt
teilnehmen	ich nehme teil	ich habe teilgenommen
teilhaben	ich habe teil	ich habe teilgehabt
wundernehmen	es nimmt mich wunder	es hat mich wundergenommen

Acht geben und *brustschwimmen* – Nomen + Verb: wahlweise getrennt oder zusammen

25

Beide Schreibungen darf man bei einigen Verben anwenden:

Acht geben / haben	**achtgeben / -haben**
ich gebe / habe **A**cht	ich gebe / habe **a**cht
Dank sagen	**danksagen**
ich sage **D**ank	ich **d**anksage, du **d**anksagtest
Brust schwimmen	**brustschwimmen** (nur im Inifinitiv)
ich schwimme **B**rust	–
Gewähr leisten für	**etwas gewährleisten**
ich leiste **G**ewähr für	ich **g**ewährleiste etwas
Halt machen	**haltmachen**
ich mache **H**alt	ich mache **h**alt
Marathon laufen	**marathonlaufen** (nur im Infinitiv)
ich laufe **M**arathon	–
Maß halten	**maßhalten**
ich halte **M**aß	ich halte **m**aß

Bei **Erweiterungen** dieser Verben muss man Folgendes beachten: Wird nur das Nomen oder das Verb näher bestimmt, schreibt man das Nomen groß und getrennt:

Ich möchte dir großen **D**ank sagen.
Wir gaben allergrößte **A**cht.
Wir machten rasch **H**alt.

Bezieht sich die Ergänzung aber auf den gesamten Ausdruck, muss man klein- und zusammenschreiben:

Ich möchte nur **d**anksagen und dann gehen.
Sie mussten sehr **a**chtgeben.

26 *laufen lernen* und *baden gehen* – Verb + Verb: Getrenntschreibung

Wenn zwei Verben ein neues Verb bilden, werden sie dennoch getrennt geschrieben, weil sie als Wortgruppe gelten. Dazu gehören z. B.:

schreiben lernen, lesen können, spazieren gehen, sprechen dürfen ...

Hast du Lust, mit mir **spazieren zu gehen**? → R 28
Wann hast du **schreiben / Schreiben** gelernt? → R 6

27 *bleiben lassen* und *liegenbleiben* – Verb + Verb: Bei *lassen* und *bleiben* entscheidet die Bedeutung

Zwei aufeinanderfolgende Verben mit ***lassen* oder *bleiben* als zweitem Verb** darf man auch zusammenschreiben, wenn die Verbindung eine übertragene Bedeutung hat:

Wörtliche Bedeutung	Übertragene Bedeutung
sitzen bleiben (im Zug)	sitzenbleiben (nicht versetzt werden)
stecken bleiben (im Sumpf)	steckenbleiben (beim Vortrag)
hängen lassen (den Mantel)	hängenlassen (nicht helfen)
liegen lassen (vergessen)	(links) liegenlassen (nicht beachten)

Auch das Verb **kennen lernen** dürfen Sie jederzeit zusammenschreiben.

Wenn Sie **Verbindungen aus Verb + Verb** immer getrennt schreiben, machen Sie nichts falsch.

Nicht einfach zu handhaben – Der Infinitiv mit *zu* bei Verben mit Präfix

28

Die **Infinitivbildung mit *zu*** richtet sich weitgehend danach, ob es sich um Verben mit trennbarem oder nicht trennbarem Präfix handelt. In der Regel passieren einem hier keine Fehler. Aber in einigen Fällen ist die Bildung des Infinitivs mit *zu* doch nicht so einfach.

Einige Zusammensetzungen aus **Nomen als Präfix + Verb** sind untrennbar (→ R 22). Deshalb geht hier ***zu*** voran:

Das ist leicht **zu** handhaben (**nicht:** ~~handzuhaben~~)

Weitere Beispiele:

zu brandmarken, **zu** maßregeln, **zu** schlafwandeln, **zu** schlussfolgern, **zu** wetteifern

Das gilt auch für entsprechende **eingedeutschte englische Verben**:

zu kidnappen, **zu** brainstormen, **zu** windsurfen, **zu** snowboarden ...

→ Übersicht in R 52 (englische Verben)

Bei **eingedeutschten englischen Verben mit Präfix** steht *zu* hinter dem Präfix:

Ich habe vergessen, die Datei down**zu**loaden.

Weitere Beispiele:

up**zu**graden, ein**zu**lasern, ein**zu**scannen

→ siehe auch R 28 sowie Übersicht in R 52 (englische Verben)

Bei **Verben, die mit Präfixen** (in diesem Fall mit betonten Präpositionen, Adverbien) zusammengesetzt sind, steht ***zu*** zwischen dem ersten Bestandteil und dem Basisverb. Alle Teile werden zusammengeschrieben.

Du hast mir nichts vor**zu**werfen.
Er vergaß, eine Jacke über**zu**ziehen.
Es wird ihm nicht gelingen, uns irre**zu**führen.
Sie versuchte mir zuvor**zu**kommen.

Weitere Beispiele:

ab**zu**nehmen, an**zu**kommen, durch**zu**starten, mit**zu**tragen, um**zu**gehen, zu**zu**lassen, abhanden**zu**kommen, inne**zu**halten, vorlieb**zu**nehmen

Das ***zu*** wird auch eingeschoben bei **Verben mit einem Adjektiv als Präfix**:

fern**zu**sehen, frei**zu**sprechen, klein**zu**schreiben, schlecht**zu**machen, schön**zu**reden, tief**zu**kühlen ...

→ zur möglichen Getrenntschreibung siehe R 18 - 21

Bei **Verben, denen Nomen als Präfix vorangehen**, steht ***zu*** ebenfalls nach dem Präfix:

Wir beschlossen, noch eis**zu**laufen / berg**zu**steigen.

Weitere Beispiele:

kopf**zu**stehen, preis**zu**geben, not**zu**landen, staub**zu**saugen (aber auch: Staub zu saugen → vgl. R 22)

Ausnahme: Bei einigen Verben, vor allem solchen, die aus zusammengesetzten Nomen abgeleitet sind, steht ***zu*** vor dem Verb:

zu wetteifern, **zu** nachtwandeln

→ vgl. R 23 (Verbindungen aus Nomen + Verb)

Bei **Verben mit zwei oder gar drei Präfixen** (= doppelt präfigierte Verben, vgl. → R 162) spielt es keine Rolle, ob sie trennbar sind oder nicht; das ***zu*** steht immer hinter dem ersten Präfix:

Sportler neigen dazu, sich im Training über**zu**beanspruchen.

Weitere Beispiele:

unter**zu**versorgen, vor**zu**verurteilen, nach**zu**versteuern, vorher**zu**bestimmen

Ausnahme: Bei Verben, die mit dem echten **Präfix *ver-*** beginnen, steht ***zu*** immer vor dem Infinitiv:

zu verabreichen, **zu** verunglimpfen, **zu** vereinnahmen ...

→ vgl. R 162 (Verben mit mehreren Präfixen)

Verben mit trennbarem und untrennbarem Präfix

aberkennen	ich erkenne ab / aberkenne	habe aberkannt	abzuerkennen
anerkennen	ich erkenne an / anerkenne	habe anerkannt	anzuerkennen
anvertrauen	ich vertraue an / anvertraue	habe anver-traut	anzuvertrauen
anverwandeln, sich (sich zu eigen machen)	ich verwand(e)le mir an / anverwand(e)le mir	habe mir an-verwandelt	anzuverwan-deln
ausbedingen, sich **(zur Bedin-gung machen)**	ich bedinge mir aus	habe mir aus-bedungen	auszubedingen
bauchpinseln	ich bauchpins(e)le	habe gebauch-pinselt	zu bauchpin-seln
bergsteigen	ich bergsteige	bin berggestie-gen	bergzusteigen
brainstormen	ich brainstor-me	habe gebrain-stormt	zu brainstor-men
brandmarken	ich brand-marke	habe gebrand-markt	zu brandmar-ken
Dank sagen	ich sage Dank	habe Dank gesagt	Dank zu sagen

danksagen	ich danksage	habe dankgesagt	dankzusagen
downloaden (herunterladen)	ich downloade	habe downgeloadet	downzuloaden
Gewähr leisten (für)	ich leiste Gewähr	habe Gewähr geleistet	Gewähr zu leisten
(etwas) gewährleisten	ich gewährleiste	habe gewährleistet	zu gewährleisten
handhaben	ich handhabe	habe gehandhabt	zu handhaben
kidnappen (entführen)	ich kidnappe	habe gekidnappt	zu kidnappen
kopfstehen	ich stehe kopf	habe kopfgestanden	kopfzustehen
liebäugeln	ich liebäug(e)le	habe geliebäugelt	zu liebäugeln
liebedienern	ich liebedienere	habe geliebedienert	zu liebedienern
liebkosen	ich liebkose	habe liebkost / geliebkost	zu liebkosen
lobpreisen	ich lobpreise	habe lobgepriesen / gelobpreist	lobzupreisen
lobsingen	ich lobsinge	habe lobgesungen	lobzusingen
Maß halten	ich halte Maß	habe Maß gehalten	Maß zu halten
Maß nehmen	ich nehme Maß	habe Maß genommen	Maß zu nehmen
maßhalten	ich halte maß	habe maßgehalten	maßzuhalten

maßregeln	ich maßreg(e)le	habe gemaßregelt	zu maßregeln
nachtwandeln	ich nachtwand(e)le	habe / bin nachtgewandelt	zu nachtwandeln
nachversteuern	ich versteuere nach	habe nachversteuert	nachzuversteuern
notlanden	ich notlande	bin notgelandet	notzulanden
preisgeben	ich gebe preis	habe preisgegeben	preiszugeben
recyclen / recyceln (wiederverwerten / der Wiederverwertung zuführen)	ich recycle / recycele	habe recyclet / recycelt	zu recyclen / recyceln
schauspielern	ich schauspieler	habe geschauspielert	zu schauspielern
schlafwandeln	ich schlafwand(e)le	habe / bin geschlafwandelt	zu schlafwandeln
schlussfolgern	ich schlussfolgere	habe geschlussfolgert	zu schlussfolgern
snowboarden (Schneebrett fahren)	ich snowboarde	habe gesnowboardet	zu snowboarden
Staub saugen	ich sauge Staub	habe Staub gesaugt	Staub zu saugen
staubsaugen	ich staubsauge	habe gestaubsaugt	zu staubsaugen
traumwandeln	ich traumwand(e)le	habe / bin traumgewandelt	zu traumwandeln

überbeanspruchen	ich überbeanspruche	habe überbeansprucht	überzubeanspruchen
überbelasten	über überbelaste	habe überbelastet	überzubelasten
überbetonen	ich überbetone	habe überbetont	überzubetonen
überbewerten	ich überbewerte	habe überbewertet	überzubewerten
übererfüllen	ich übererfülle	habe übererfüllt	überzuerfüllen
unterbewerten	ich unterbewerte	habe unterbewertet	unterzubewerten
unterbezahlen	ich unterbezahle	habe unterbezahlt	unterzubezahlen
unterversichern	ich unterversichere	habe unterversichert	unterzuversichern
unterversorgen	ich unterversorge	habe unterversorgt	unterzuversorgen
updaten (aktualisieren)	ich update	habe upgedatet	upzudaten
upgraden (höherstufen)	ich upgrade	habe upgegradet	upzugraden
vorbehalten, sich	ich behalte mir vor	habe mir vorbehalten	vorzubehalten
vorenthalten	ich enthalte vor	habe vorenthalten	vorzuenthalten
vorherbestimmen	ich bestimme vorher	habe vorherbestimmt	vorherzubestimmen
vorhersagen	ich sage vorher	habe vorhergesagt	vorherzusagen
vorhersehen	ich sehe vorher	habe vorhergesehen	vorherzusehen
vorliebnehmen	ich nehme vorlieb	habe vorliebgenommen	vorliebzunehmen

vorverurteilen	ich vorverurteile	habe vorverurteilt	vorzuverurteilen
wallfahren	ich wallfahre	bin gewallfahrt	zu wallfahren
wertschätzen	ich schätze wert / wertschätze	habe wertgeschätzt	wertzuschätzen
wetterleuchten	es wetterleuchtet	hat gewetterleuchtet	zu wetterleuchten
wetteifern	ich wetteifere	habe gewetteifert	zu wetteifern
windsurfen	ich windsurfe	habe windgesurft	zu windsurfen

ernst genommen und *krankgeschrieben* – zusammengesetzte Partizipien

29

Grundregel: Die Schreibung von Verbindungen mit Partizipien richtet sich nach den zugrunde liegenden Infinitiven. Getrenntschreibung erfolgt also, wenn im Infinitiv getrennt geschrieben wird, Zusammenschreibung erfolgt, wenn im Infinitiv zusammengeschrieben wird.

aneinander denken → aneinander denkend, aneinander gedacht;
eislaufen → eislaufend, eisgelaufen;
ernst nehmen → ernst nehmend, ernst genommen;
feilbieten → feilbietend, feilgeboten;
krankschreiben → krankschreibend, krankgeschrieben;
Recht sprechen → Recht sprechend, Recht gesprochen;
vorwärtsfahren → vorwärtsfahrend, vorwärtsgefahren …

Es ist jedoch erlaubt, die Verbindungen mit Partizip zusammenzuschreiben, auch wenn im Infinitiv getrennt geschrieben wird:

Rat suchende / ratsuchende Menschen,
Vertrauen erweckender / vertrauenerweckender Eindruck,
grob gewürfelte / grobgewürfelte Zwiebeln,
allein erziehende / alleinerziehende Väter,
schnell tickende / schnelltickende Zeitbombe,
weit reichende / weitreichende Veränderung,
ein rot kariertes / rotkariertes Hemd ...

Werden solche Verbindungen wie ein Adjektiv als Attribut vor einem Nomen benutzt, empfiehlt sich die **Zusammenschreibung**:

Hier arbeiten drei festangestellte Mitarbeiter.
Sie trug ein rotgestreiftes Kleid.

Bei der Verwendung als Prädikatsadjektiv am Ende eines Satzes empfiehlt sich die **Getrenntschreibung**:

Die drei Mitarbeiter sind fest angestellt.
Ihr Kleid war rot gestreift.

! Viele dieser Zusammensetzungen lassen sich steigern oder auf andere Weise erweitern. Dann gilt: Wird nur der erste Teil der Verbindung gesteigert oder erweitert, muss getrennt geschrieben werden. Wird der zweite Teil oder die gesamte Verbindung gesteigert, erfolgt Zusammenschreibung.

Getrenntschreibung:

weiter reichende Maßnahmen
sehr weit reichende Maßnahmen
ein knalleng anliegender Pulli
ein grellrot kariertes Hemd
sehr grob gewürfelte Zwiebeln
eine großes Vertrauen erweckende Person ...

Zusammenschreibung:
weitreichendere Maßnahmen
schwerwiegendere Tatbestände
ein besonders vertrauenerweckender Eindruck …

Auch bei Verbindungen mit einem Partizip hilft häufig die Betonungsregel (→ Tipp in R 16) bei der Entscheidung über die richtige Schreibung.

Bleib mir *zuliebe zu Hause* – Ausdrücke aus Präposition + Nomen 30

Ein paar Verbindungen aus Präposition + Nomen sind so stabil, dass sie zusammengeschrieben werden. Prägen Sie sich diese Wörter am besten gut ein.

anhand	inmitten	zurzeit
anstatt	zufolge	zuzeiten
infolge	zuliebe	

Sie schläft **infolge** des Medikaments.
Tu es mir **zuliebe**.
Er hat **zurzeit** Urlaub.
Aber: Er lebte **zur Zeit** Caesars.

Die folgenden Verbindungen aus Präposition + Nomen sind noch nicht so stabil. Sie dürfen deshalb wahlweise getrennt oder zusammengeschrieben werden.

anstelle / an Stelle (+ Genitiv)	zugunsten / zu Gunsten (+ Genitiv)
aufgrund / auf Grund (+ Genitiv)	zulasten / zu Lasten (+ Genitiv)
aufseiten / auf Seiten (+ Genitiv)	zuungunsten / zu Ungunsten (+ Genitiv)
mithilfe / mit Hilfe (+ Genitiv)	

Auch die folgenden Ausdrücke mit einem Nomen als hinterem Teil sind schon zu einem Wort verschmolzen, dürfen aber auch noch getrennt geschrieben werden. Das ihnen nachfolgende Verb wird allerdings immer getrennt geschrieben!

außerstande / außer Stande sein	zurande / zu Rande kommen
infrage / in Frage stellen	zurate / zu Rate ziehen
imstand / im Stand / imstande / im Stande sein	zuschanden / zu Schanden machen
instand / in Stand setzen	sich etwas zuschulden / zu Schulden kommen lassen
nachhause / nach Hause gehen	zustande / zu Stande bringen
zugrunde / zu Grunde gehen	zutage / zu Tage fördern
zuhause / zu Hause bleiben	zuwege / zu Wege bringen

Wir haben unseren Anwalt **zurate / zu Rate** gezogen.
Bringst du denn gar nichts **zuwege / zu Wege**?
Die Brücke wurde kürzlich wieder **instand / in Stand** gesetzt.

Bei den folgenden Ausdrücken wird das Nomen noch als solches empfunden und man schreibt immer getrennt:

unter der Hand	zu Ende	zu Lande / zu Wasser
von Hand	zu Fuß	zu Schaden kommen
zu Anfang	zu Hilfe	

Zusammenschreibung gilt für Adverbien, die auf ***-(er)weise*** enden:

dankbar**erweise**, möglich**erweise**, stück**weise** ...

nichtamtliche Nichtleitende – die Negationspartikel *nicht*

31

Der Tipp aus Regel 29 gilt auch hier: Man kann Verbindungen aus der Negationspartikel ***nicht* + Adjektiv** meist sowohl getrennt als auch zusammenschreiben. Richten Sie die Schreibung aber am besten nach der Betonung (→ siehe R 17):

Das ist eine nichtamtliche Regelung. Diese Regelung ist nicht amtlich.
Es sind nichtselbständige Arbeitsverhältnisse. Sie arbeitet nicht selbständig.
Es handelt sich um nichtleitende Metalle. Keramik ist nicht leitend.

Man schreibt aber immer getrennt, wenn *nicht* sich auf **ganze Wortgruppen oder Sätze** bezieht:

nicht ganz ernst gemeinte Äußerungen,
eine Besprechung, die nicht öffentlich stattfinden konnte

Nomen und Nominalisierungen mit *nicht* schreibt man zusammen:

das Nichtwissen, alles Nichtgewollte, das Nichtmitglied, der Nichtleiter (Isolator) …

Aber beide Möglichkeiten:

eine nicht Berufstätige / Nichtberufstätige, ein nicht Leitender / Nichtleitender, ein nicht Sesshafter / Nichtsesshafter …

→ siehe auch R 1 (Groß- und Kleinschreibung)

Als Nomen gebrauchte längere Infinitive mit ***nicht*** schreibt man zur besseren Lesbarkeit **mit Bindestrichen**:

das Nicht-einsehen-Wollen
das Nicht-mehr-fertig-Werden
das Nicht-zu-Stande-Kommen …

→ siehe auch R 64 (Bindestrich)

Die Wendung ***gar nicht*** schreibt man gar nicht zusammen! Das gilt übrigens ebenso für ***gar nichts*** und ***gar kein***.

32 Er arbeitet immer noch *so viel*, *soviel* ich weiß – *so* in adverbialen Fügungen und Konjunktionen

Das Adverb ***so*** kann mit Adjektiven und Adverbien **adverbiale Fügungen** bilden, die **immer getrennt** geschrieben werden:

Ich muss dringend weg, bitte vertritt mich, **so lange** du kannst.
Sie hat den Roman schon **so oft** gelesen, dass sie den Text fast auswendig kann.

Diese adverbialen Fügungen werden oft mit den mit ***so-*** zusammengesetzten **Konjunktionen** verwechselt. Sie klingen zwar ähnlich, müssen aber **stets zusammengeschrieben** werden:

Bitte vertritt mich, **solange** ich nicht im Büro bin.
Ich kann den Roman lesen, **sooft** ich will, ich verstehe ihn nicht.

Weitere Beispiele:

Getrenntschreibung als adverbiale Fügung	**Zusammenschreibung als Konjunktion**
Den sehen wir **so bald** nicht wieder.	Ruf mich an, **sobald** du angekommen bist.
Das Thema liegt mir **so fern**, dass ich nichts dazu sagen kann.	**Sofern** du etwas von der Sache weißt, musst du es uns sagen.
So lange musste ich wieder auf den Anschlusszug warten.	**Solange** es warm ist, werde ich mit dem Rad zur Arbeit fahren.

Er hat mich schon **so oft** belogen, dass ich ihm nichts mehr glaube.	Sie war nie zu erreichen, **sooft** ich sie auch anrief.
Der Verband musste mehrmals gewechselt werden, weil die Wunde **so sehr** blutete.	**Sosehr** ich deinen Rat schätze, aber diese Sache geht nur mich und meine Frau etwas an.
Du kannst dir **so viel** Schokolade nehmen, wie du möchtest.	**Soviel** ich weiß, gibt's heute Linsen mit Spätzle in der Kantine.
Es ist **so weit** zum Strand, wir sollten die Räder nehmen.	**Soweit** ich das erkenne, ist das Vaters Handschrift.
Du isst in letzter Zeit **so wenig**, willst du abnehmen?	**Sowenig** ich einsehe, dass wir jetzt renovieren müssen, besorge ich doch die Farbe.
Alles kam **so**, **wie** ich es befürchtet hatte.	**Sowie** ich das Buch gelesen habe, kannst du es haben.

! Die mit **so** gebildeten Adverbien ***ebenso, genauso*** und ***geradeso*** werden stets getrennt von einem nachfolgenden Adjektiv oder Adverb geschrieben, z. B.:

Da hätte ich **ebenso gut / genauso gut / geradeso gut** zu Hause bleiben können.
Mit dem Auto brauchst du **ebenso lange / genauso lange** wie mit dem Zug.
Du hast den Film **ebenso oft / genauso oft** gesehen wie ich.
Deine Leistung ist schlecht, und dein Bruder hat mich **ebenso sehr** enttäuscht.
Sie hat **ebenso viele / genauso viele / geradeso viele** Fehler im Diktat wie du.
In Englisch bist du nicht gut, in Mathe bringst du **ebenso wenig** zustande.

Auch die Konjunktion ***umso*** (immer zusammengeschrieben!) wird von nachfolgenden Komparativformen **getrennt geschrieben**:

Ich kenne sie kaum, er kennt sie **umso besser**.
Wir hatten lange nichts voneinander gehört, **umso größer** war die Wiedersehensfreude.
Du musst deine Kinder mehr loben, **umso lieber / umso mehr** strengen sie sich an.

Zusammen- oder Getrenntschreibung ist hingegen korrekt bei ***sogenannt***:

Er gehörte zur **sogenannten / so genannten** besseren Gesellschaft.

33 *so dass* oder *sodass*?

Die Konjunktion ***sodass*** darf auch getrennt, also ***so dass*** geschrieben werden.

Er stolperte, **sodass / so dass** er hinfiel.

> ! Unterscheiden Sie davon: Wenn ***so*** auf etwas verweist, das im Nebensatz folgt, trennt ein Komma *so* und *dass*:
>
> Er stolperte **so, dass** er hinfiel.
> Sie freute sich **so, dass** sie uns spontan eine Runde spendierte.

→ siehe auch R 42 (*s*-Laut)

34 *meinetwegen, um euretwillen* – Zusammensetzungen aus Pronomen + Präposition

Man schreibt Verbindungen aus Pronomen + Präposition **immer zusammen**:

meinetwegen

meinetwegen	seinetwegen	unseretwegen
deinetwegen	ihretwegen	euretwegen

relativisch / demonstrativ: deretwegen, derentwegen, dessentwegen

um meinetwillen

um meinetwillen	um seinetwillen	um uns(e)retwillen
um deinetwillen	um ihretwillen	um eu(e)retwillen

relativisch / demonstrativ: um deretwillen, um derentwillen, um dessentwillen

Ich bin nur **deinetwegen** so weit gegangen.
Die Chefin, **deretwegen** es immer Unruhe gab, wurde endlich für ihr Verhalten gerügt.
Sie kamen nur **um unseretwillen**.
Die Meiers, **um derentwillen** wir das Fest verschoben hatten, haben nun ganz abgesagt.

! Die Wendung ***wegen mir, wegen dir ...*** ist zwar sehr gebräuchlich, gehört aber der **Umgangssprache** an und sollte deshalb in der Schriftsprache nicht verwendet werden.

35 *derart, derselbe, demzufolge* – Pronomen und Adverbien, die mit *der-, des-, dem-* beginnen

Verbindungen mit ***der-, des-, dem-*** schreibt man **zusammen**:

dementsprechend, demgegenüber, demgemäß, demnach, demzufolge, derart, derenthalben, derentwillen (→ R 34), deretwegen, derentwegen, dessentwegen (→ R 34), deretwillen, dergestalt, dergleichen, derjenige / diejenige / dasjenige, derlei, dermaßen, derselbe / dieselbe / dasselbe, derzeit, desgleichen, desselben, dessentwillen (→ R 34), deswegen ...

Beispiele:

Dementsprechend schlecht war seine Laune.
Demnach kommt sie heute wohl nicht.
Die Kundin, **deretwegen** es Ärger gab ...
Die Kundin, um **deretwillen** wir den Preis senkten ...
Dergestalt verhält es sich auch mit ihr.

! Die einzigen **Ausnahmen** sind:

des ungeachtet / dessen ungeachtet und ***des Weiteren***.

Des Weiteren muss ich anmerken, dass die Umstände derzeit widrig sind.
Des ungeachtet / dessen ungeachtet machen wir weiter wie geplant.

Und doch muss man vorsichtig sein. Sind ***der, des, dem*** **als Artikel** zu verstehen, schreibt man **getrennt**:

Die Creme ist von **der Art**, die ich besonders mag.
Er glich **der Gestalt**, die ich kannte.
Das ist ein Hund von **der gleichen** Rasse.
Sie kam vor **der Zeit** nach Hause.
Ich habe ein Auto **des gleichen** Typs.
Sie saß genau **dem** (Menschen) gegenüber, den sie am wenigsten mochte.

36 Getrennt oder zusammen? – häufig falsch geschriebene Adverbien, Konjunktionen und Pronomen

allzu	Diese Aufgabe fiel ihr **allzu** schwer.
anno dazumal	Das haben wir schon **anno dazumal** abgehakt.
ebenda	**Ebenda** kann man lesen, dass ...
ebendaher	**Ebendaher** war sie so wütend.
ebendahin	**Ebendahin** fuhren sie im folgenden Jahr.
ebendann	**Ebendann** brach das Unwetter los.
ebendarum	**Ebendarum** packte er gestern die Koffer.
ebendaselbst	Der Minister **ebendaselbst** brach die Sitzung ab.
ebender, -die, -das	**Ebender** hat auch die Mütze gestohlen.
ebenderselbe, -dieselbe, -dasselbe	**Ebenderselbe** nahm auch das Geld mit.
ebendeshalb, ebendeswegen	**Ebendeshalb** verweigerte sie die Zustimmung.
ebendieser, -diese, -dieses	**Ebendieses** habe ich gemeint.
ebendort	**Ebendort** fand man die Waffe wieder.
ebenso gut / oft / sehr / viel ...	**Ebenso** gut könntest du spazieren gehen.
ebensolch	**Ebensolch** einen Fall kenne ich auch.
ebensovielmal / ebenso viel Mal	Sie heiratete **ebensovielmal** wie er.
füreinander	Sie sind **füreinander** wie geschaffen.
genauso gut, genauso viel ...	Du kannst **genauso gut** lügen wie ich.
genausovielmal / genauso viel Mal	Ich werde es genausovielmal tun wie nötig.
gleich viel	Wir haben **gleich viel**.
gleichviel (Konjunktion)	**Gleichviel**(,) ob ich's glaube, sage ich nein.

gleichwie (Konjunktion)	**Gleichwie** ich's anpacke, schaffe ich es nicht.
gleichwohl	**Gleichwohl** packte er am Ende die Koffer.
hierzulande / hier zu Lande	**Hierzulande** ist es unüblich, Kaffee zu trinken.
infolgedessen	**Infolgedessen** brach der Tumult aus.
irgend so ein, irgend so (et)was	**Irgend so ein** Typ rief an und wollte was von dir.
irgendein, irgendeiner	**Irgendeiner** spielt hier falsch!
irgendetwas, irgendwas	Hast du noch **irgendetwas** hinzuzufügen?
irgendjemand, irgendwer	Ist hier **irgendwer**, der nicht zustimmt?
ohneeinander	Sie mussten lange **ohneeinander** auskommen.
seinerzeit	**Seinerzeit** war er noch Unteroffizier.
seinerzeitig	Die **seinerzeitige** Auffassung ist heute überholt.
so etwas	**So etwas** habe ich noch nie erlebt!
so lange, bis	Du wartest **so lange, bis** ich dich rufe.
so viel wie möglich; so viel, dass	Nimm dir **so viel** Zeit **wie** möglich.
so was	**So was** Blödes!
so weit, dass	Es ging **so weit, dass** sie sich nur noch anschrien.
so wenig wie möglich; so wenig, dass	Nimm **so wenig** Salz **wie** möglich.
solange (Konjunktion)	**Solange** es noch Tag ist, wandern wir weiter.
soviel (Konjunktion)	**Soviel** ich weiß, war er schon gestern nicht hier.
soweit (Konjunktion)	**Soweit** ich es aus meinen Unterlagen ersehe, ...

sowenig (Konjunktion)	**Sowenig** ich dieser Lösung zustimme, will ich ...
sowieso	Klar, das mache ich **sowieso**.
statt dessen	Er war krank. **Statt dessen / seiner** kam Frau Olp.
stattdessen (Adverb)	**Stattdessen** gab es nur Kaffee und Kuchen.
zuallererst, zuallerletzt	Das erledigen wir **zuallererst**.
zu viel, zu viele	Du redest **zu viel** und machst **zu viele** Pausen.
zu wenig, zu wenige	Du isst **zu wenig**, vor allem **zu wenige** Vitamine.

Die Schreibung der Vokale und Konsonanten

TESTEN SIE IHR WISSEN

1 Schwärmerei

38

Bilden Sie die korrekt geschriebenen Verkleinerungsformen.

a) Ein kleiner Aal ist ein __lchen.
b) Ein kleiner Saal ist ein S__lchen.
c) Ein kleines Boot ist ein B__tchen.

2 Mal wieder wider Willen

40

ie oder *i*? Setzen Sie richtig ein.

W____deraufbau, w____derlegen, w____derfinden, w____derum, w____derborstig, W____derschein, w____derspiegeln, w____deraufladbar, w____dersprechen

3 Der Knabe und das Röslein

41

Welche Buchstaben fehlen?

Überschw____nglich schnitt der To____patsch ein Qu____ntchen eines St____ngels ab, bis eine alte Frau ihm beh____nde die Schere entriss, über seine Ro____eit schimpfte, ihm drohte, ihn zu verbl__en und dann in ihr Taschentuch schn____uzte.

4 Allein in der großen Stadt

42

Wo müssen Sie „das", wo „dass" einsetzen?

Da__ Kind, da__ hier steht, vermisst seine Mutter. Ich denke, da__ du da__ schon gemerkt hast. Da__ sie ihren verlorenen Sohn bald wieder findet, da__ wollen wir doch hoffen.

5 Wenn einer eine Reise tut

43

Sie als Weltfrau oder Weltmann wissen natürlich, wo hier *v* oder *f* einzusetzen ist.

Ich habe mich aus __ersehen im dichten __erkehr __erirrt und bin jetzt __ern von zu Hause und völlig __ertig.

6 Hier geht es an die Substanz

45

Welche Schreibweise ist richtig?

Tendenziell / tendentiell haben wir **existenzielle / existentielle** Probleme. Aber wir haben auch das **Potential / Potenzial**, diese **essenziellen / essentiellen** Fragen anzugehen.

7 Vorsicht bei der Schiffsschraube!

46

Welche Buchstaben wurden hier vergessen?

Nur ach____zig Euro sind bei der Buchung____stelle für Werkstof____orschung eingezahlt worden. Am enttäuschen____sten war aber die Falsch____reibung auf der Quittung.

8 Tierisches Vergnügen

47

Setzen Sie die richtige Schreibweise für den *ks*-Laut ein.

Der Bär fing fi__ noch einen La__, doch der konnte ihm ausbü__en. Der Polarfu__ am Ufer fei__te, und der Lu__ glu__te vor Lachen.

LÖSUNGEN

1 Älchen, Sälchen, Bötchen • **2** Wiederaufbau, widerlegen, wiederfinden, wiederum, widerborstig, Widerschein, widerspiegeln, wiederaufladbar, widersprechen • **3** überschwänglich, Tollpatsch, Quäntchen, Stängels, behände, Rohheit, verbläuen, schnäuzte • **4** Das, das, dass, das, Dass, das • **5** Versehen, Verkehr, verirrt, fern, fertig • **6** Alle Schreibweisen sind korrekt. • **7** achtzig, Buchungsstelle, Werkstoffforschung, enttäuschendsten, Falschschreibung • **8** fix, Lachs, ausbüxen, Polarfuchs, feixte, Luchs, gluckste

37 sie *zieht*, er *wiegt* – Verben mit und ohne Dehnungs-*h*

Wenn ein Verb **im Infinitiv kein *h*** enthält, kommt auch in den konjugierten Formen niemals ein *h* vor. Also:

säen → sät, säte, gesät
schreien → schrie, geschrien
speien → spie, gespien

→ siehe auch Tipp "Stammprinzip" in R 41

Ebenso gilt: Kommt **im Infinitiv ein *h*** vor, behalten auch alle konjugierten Formen das *h*:

befe**h**len → du befie**h**lst, befa**h**lst, hast befo**h**len

Ausnahme: Nur bei den Verben ***ziehen*** und ***gehen*** entfällt das *h* bei manchen konjugierten Formen, obwohl der Vokal lang bleibt:

zie**h**en, zie**h**t, **aber:** ich zog, gezogen;
ge**h**en, ge**h**e, ge**h**t, **aber:** ich ging (*gegangen* hat nur kurze Vokale)

38 *kleine Säle für Pärchen* – keine Vokalverdopplung bei *ä, ö, ü*

Umlaute werden nie verdoppelt, auch nicht in einem Wort, das die Verkleinerungsform eines anderen Wortes mit Doppelvokal ist.

S**aa**l → S**ä**le, S**ä**lchen
Haar → H**ä**rchen
Paar → P**ä**rchen
Boot → B**ö**tchen ...

39

auf die *Knie* – Substantiv und Verb nur mit einem e

Der Plural von ***das Knie*** darf **nur mit einem e** geschrieben werden: ***die Knie***. Hier darf man sich beim Schreiben nicht davon verwirren lassen, dass die Pluralform zweisilbig ausgesprochen wird (daneben gibt es auch die einsilbige Aussprache).

Auch das Verb ***knien*** wird **nur mit einem e** geschrieben, obwohl es eine Ableitung zum Substantiv *Knie* ist. Das rührt daher, dass heute ein *e* weggelassen wird, wenn die Beugungsendung *-en* auf ein *ie* folgt *(knie-en → knien)*. Daher werden auch die anderen gebeugten Formen des Verbs nur mit einem *e* geschrieben:

ich knie, du kniest, er kniet, wie knien, ihr kniet, sie knien; kniend, gekniet

Das **Partizip II** des Verbs ***schreien*** wird dementsprechend heute ebenfalls **nur mit einem e** geschrieben: ***geschrien***.

40

mal *wieder wider* Willen – *wieder* und *wider* nicht verwechseln!

Das Wort ***wieder*** bedeutet, dass man etwas noch einmal tut, eben wiederholt.

Das Wort ***wider*** bedeutet so viel wie *gegen*: wider den tierischen Ernst. Es gibt eine Menge Zusammensetzungen mit diesen beiden Wörtern.

Beispiele:

wieder	**wider**
Wiederaufbau, wiederaufbereiten, wiederaufladbar, Wiederaufnahme, wiederbeschaffen, wiedererkennen, wiederfinden, wiedergutmachen, wieder tun, wiederum ...	widerborstig, widereinander, widerfahren, Widerhaken, Widerlager, widerlegen, widerlich, widerrechtlich, Widerrede, widerrufen, Widerschein, widerspenstig, widerspiegeln, widersprechen ...

Ich **widersprach** ihm nicht, ich gab nur **wieder**, was er gesagt hatte.

41 *Der Tollpatsch schnäuzt sich* – Der Wortstamm entscheidet

Das **Stammprinzip** ist eine ganz wichtige Grundregel für die Rechtschreibung. Wenn Sie sich merken, wie sich ein **Wortstamm** schreibt, können Sie davon die Schreibung vieler anderer Wörter ableiten.

Bei einigen Wörtern wurde inzwischen die Schreibung der Vokale und Konsonanten nach dem Stammprinzip einander angepasst. Frühere, hiervon abweichende Schreibweisen sind heute meistens nicht mehr korrekt.

abgeleitetes Wort	**Wortstamm bzw. verwandtes Wort**
aufw**ä**ndig oder aufw**e**ndig	Aufw**a**nd oder aufw**e**nden
B**ä**ndel (Schuhbändel)	B**a**nd
beh**ä**nde	H**a**nd
bel**ä**mmert	L**a**mm
G**ä**mse	G**a**ms
gr**äu**lich, Gr**äu**el	gr**au**
Karame**ll**	Karame**ll**e

nu**mm**erieren	Nu**mm**er
pla**tz**ieren	Pla**tz**
Qu**ä**ntchen	Qu**a**ntum
Ro**h**heit	ro**h**
Sch**ä**nke oder Sch**e**nke	Aussch**a**nk oder aussch**e**nken
sich schn**äu**zen	Schn**au**ze
St**ä**ngel	St**a**nge
Sto**pp** (der)	sto**pp**en
Stu**ck**ateur	Stu**ck**
Ti**pp**	ti**pp**en
To**ll**patsch	to**ll**
überschw**ä**nglich	Überschw**a**ng
verbl**äu**en	bl**au**
Zä**h**heit	zä**h**
Zie**rr**at	Zie**r** + **R**at

Merken Sie sich auch noch die korrekte Schreibung der folgenden Wörter:

Känguru
rau → Rauheit, raubeinig

***das* oder *dass*? - der *s*-Laut als Stolperfalle** 42

Für ***das*** gibt es **drei verschiedene Verwendungsmöglichkeiten**:

als Artikel: **das** Auto (→ jenes Auto)
als Demonstrativpronomen: **Das** ist falsch. (→ Dieses ist falsch.)
als Relativpronomen: Das Kind, **das** hier wartet, vermisst seine Mutter. (→ welches hier wartet)

Das Wort *das* kann also immer durch ***jenes, dieses*** oder ***welches*** ersetzt werden.

Das Wort ***dass*** dagegen ist eine **Konjunktion**, die einen Nebensatz einleitet:

Ich weiß, **dass** es schon spät ist.

Dieses *dass* ist durch kein anderes Wort zu ersetzen – der Satz ergäbe keinen Sinn mehr. Weitere Beispiele:

Dass du kommst, ist doch wohl selbstverständlich.
Mir scheint klar, **dass** das so nicht geht.
Ich wette, **dass** du das schon gemerkt hast.

→ siehe auch *so dass / sodass*, R 33

Regeln für die Schreibung der *s*-Laute

Weich, stimmhaft gesprochenes *s* schreibt man immer als einfaches *s*:

Su**s**anne, **s**o, le**s**en ...

Scharf gesprochenes *s* kann man auf drei verschiedene Arten schreiben:

als einfaches *s* am Wortende (bi**s**, Gra**s**, Atla**s**), nach einem Konsonanten (Erb**s**e, Rät**s**el, Hal**s**), vor *p* und *t* (Kno**s**pe, ra**s**peln, A**s**t, Mi**s**t)

als *ss* nach kurzem Vokal: Wa**ss**er, bla**ss**, mu**ss**te ...

als *ß* nach langem Vokal oder Diphthong: blo**ß**, Ma**ß**, au**ß**en, wei**ß** ...

Bei den konjugierten Formen von **Verben mit *s*-Laut** hilft immer der Infinitiv weiter:

einfaches *s* bleibt immer einfaches *s*: nie**s**en → du nie**s**t, hast genie**s**t; bla**s**en → du blä**s**t, hast gebla**s**en ...

***ss* nach kurzem Vokal** im Infinitiv wird zu *ß* nach langem Vokal oder Diphthong und umgekehrt: bei**ß**en → gebi**ss**en, genie**ß**en → geno**ss**en, la**ss**en → lie**ß** ...

In der Schweiz wird für ***ß*** im Allgemeinen ***ss*** geschrieben:

Straße, schweizerisch: Strasse
Fuß, schweizerisch: Fuss
Buße tun, schweizerisch: Busse tun

Schreibt man *f, ph* oder *v*? – der verflixte *f*-Laut

43

fer- und *ver-*:

Es gibt im Deutschen **nur fünf Wörter, die mit *fer-* beginnen**. Die Übersicht zeigt sie und einige ihrer Zusammensetzungen:

Ferien	Ferienbeginn, ferienreif, Osterferien ...
Ferkel	Ferkelei, ferkelig, ferkeln, Spanferkel ...
fern	fernöstlich, (das) Fernsehen, fernsteuern ...
Ferse	Fersengeld (geben), Fersensporn ...
fertig	fertigen, Fertighaus, Fertigung ...

In allen anderen Fällen schreibt man ***ver-***:

verirren, **Ver**kehr, **ver**nebeln, (ein) **Ver**sehen, **ver**teilen, **ver**tilgen ...

f oder *ph*:

Bei den Wörtern, die die **Silben *phon, phot* und *graph*** enthalten, haben Sie die Wahl, ob Sie mit *f* oder mit *ph* schreiben wollen, zum Beispiel:

Fotogra**f** / **Ph**otogra**ph**, Gra**f**iker / Gra**ph**iker, Grammo**f**on / Grammo**ph**on ...

Die **Schreibung mit *f*** ist allgemein die modernere Variante.

Das Wort **Telefon** sollten Sie aber **immer mit *f*** schreiben.

Viele **aus dem Griechischen stammende Wörter**, die nicht eine der oben genannten Silben enthalten, dürfen jedoch **nur mit *ph*** geschrieben werden:

Al**ph**abet, As**ph**alt, **Ph**iloso**ph**, **Ph**os**ph**or, Sa**ph**ir, Stro**ph**e ...
Aber: Phantasie / **F**antasie

44 *Ihr seid todschick* – die Konsonanten *d* und *t* am Silbenende

***tod-* und *tot-*:**

Mit *tod-* zusammengesetzte Wörter gehen auf das Nomen *der Tod* zurück und übertragen diese Bedeutung in das neue Wort: todkrank bedeutet also so krank, dass der Tod droht. Weitere Beispiele:

tödlich, **tod**sicher, **tod**schick, **tod**bleich, **tod**ernst, **tod**geweiht, **Tod**feind, Herz**tod**, Unfall**tod**

Wird die Silbe ***es*** einbezogen, ist das *d* deutlich hörbar:

todesmutig, **Todes**angst ...

Zusammensetzungen mit dem Adjektiv *tot* haben eine entsprechend andere Bedeutung: *sich totlachen* bedeutet lachen, bis man tot ist. Weitere Beispiele:

totfahren, **tot**laufen, **tot**gesagt, **Tot**schlag, **Tot**geburt, mause**tot**, mund**tot**, schein**tot**

Wenn ***en*** eingefügt wird, kann man das *t* deutlich hören:

totenbleich, **toten**still ...

> **!** Manchmal kann es zu **Verwechslungen** kommen. Vergleichen Sie die folgenden Sätze:
>
> Der Arzt stellte den **Hirntod** fest. - Der Patient war **hirntot**.
> Er starb den **Unfalltod**. - Der **Unfalltote** war noch sehr jung.
> Sie war nur **scheintot**. - Der **Scheintod** wurde rasch aufgeklärt.

***end-* und *ent-*:**

Der Wortteil ***end-*** ist von *Ende* abgeleitet und muss deswegen mit *d* geschrieben werden: endlos bedeutet also *ohne Ende*. Der Wortteil *end-* ist beim Sprechen immer betont. Weitere Beispiele:

endlich, **end**gültig, be**end**igen, **End**erfolg, **End**bahnhof, **End**lagerung, **End**lauf

Das Präfix ***ent-*** bleibt beim Sprechen dagegen immer unbetont.

entfernen, **ent**flammbar, **ent**gegen, **Ent**gelt, **Ent**lassung, **ent**laufen, un**ent**geltlich ...

***seid* und *seit*:**

Handelt es sich um die **Verbform *(ihr) seid*** von *sein*, muss man das Wort mit *d* schreiben:

Seid alle fröhlich!
Ihr **seid** herzlich willkommen.

Die **Präposition *seit*** schreibt man dagegen mit *t*:

Seit wann sind wir abgemeldet?
Ich habe dich **seit** Weihnachten nicht mehr gesehen.

***ward* und *wart*:**

Die **Verbform *ich / er / sie / es ward*** ist die veraltete Form für *ich / er / sie / es wurde*.

Es **ward** Nacht.

Die Verbform ***ihr wart*** ist dagegen eine Präteritumsform des Verbs *sein*.

Ihr **wart** heute sehr fleißig!

Fugen-*t*:

Bei Wortbildungen mit dem **Suffix** (Nachsilbe) ***-lich*** muss oft ein *t* eingeschoben werden:

eigen**t**lich, geflissen**t**lich, hoffen**t**lich, namen**t**lich, versehen**t**lich, wissen**t**lich ...

Einzige Ausnahmen: aben**d**lich, morgen**d**lich

45 Viel *Potential*: Endungen auf *-tiell/-ziell, -tial/-zial*

Aus fremdsprachlichen **Nomen, die auf *-anz* oder *-enz* enden**, sind oft weitere Wörter abgeleitet, die ebenfalls mit *z* geschrieben werden. Die frühere Schreibweise mit *t* ist aber immer noch richtig. Beispiele:

Differenz	differen**z**iell / differen**t**iell	Differen**z**ial / Differen**t**ial
Essenz	essen**z**iell / essen**t**iell	
Existenz	existen**z**iell / existen**t**iell	existen**z**ial / existen**t**ial
Potenz	poten**z**iell / poten**t**iell	Poten**z**ial / Poten**t**ial
Präferenz	präferen**z**iell / präferen**t**iell	
Substanz	substan**z**iell / substan**t**iell	
Tendenz	tenden**z**iell / tenden**t**iell	

46 Vorsicht bei der *Schiffsschraube* – Vergessen Sie keine Buchstaben!

Durch Zusammensetzungen und Beugungsendungen kann es zu **Konsonantenhäufungen** kommen, die man beim Sprechen nicht richtig hört. Leider darf man keinen Buchstaben weglassen.

Vier Dinge helfen Ihnen, die richtige Schreibung in den Griff zu bekommen:

1) Überlegen Sie, ob die Wörter mit anderen Wörtern verwandt sind.
2) Sprechen Sie die Wörter langsam und überdeutlich aus.
3) Bei Wortzusammensetzungen (Komposita) lösen Sie die Wörter in ihre Bestandteile auf.
4) Überlegen Sie, wenn es sich um Verbformen handelt, wie der jeweilige Verbstamm geschrieben wird, und hängen Sie dann die Beugungsendung an.

Auf diese Weise geht Ihnen kein Buchstabe verloren. Beispiele:

ach**tz**ig (*acht* + *zig*), **aber:** sech**z**ig
Buchung**sst**elle (*Buchung* + Fugen-s + *Stelle*)
dem**entsp**rechend (*dem* + *ent* + *sprechend*)
am ent**tt**äusche**ndst**en (*ent-* + *täuschen* + Partizipendung *-nd* + Superlativendung *-sten*)
Fal**schsch**reibung (*falsch* + *Schreibung*)
li**nksrh**einisch (*links* + *Rhein* + Adjektivendung *-isch*)
ra**nggl**eich (*Rang* + *gleich*)
Re**chtspfl**ege (*Recht* + Fugen-s + *Pflege*)
Schla**mmm**asse* (*Schlamm* + *Masse*), **aber:** der Schlamassel
Verschlu**sss**chraube* (*Verschluss* + *Schraube*)
Werksto**fff**orschung* (*Werkstoff* + *Forschung*)

*→ siehe auch Schreibung mit Bindestrich, R 65

Schwierige Verbformen

Infinitiv	**Konjugierte Verbform**
(er)halten (Stamm: halt und hielt)	du (er)hä**ltst**, du (er)hie**ltst**
flechten (Stamm: flecht/flicht und flocht)	du fli**chtst**, du floch**test**
laden (Stamm: lad/läd und lud)	du lä**dst**, er lä**dt**, du lu**dst**

stehlen (Stamm: stehl/stiehl, stahl und stohl)	du stie**hlst**, du sta**hlst**
waschen (Stamm: wasch und wusch)	du wä**schst**, du wu**schst**
beherrschen (Stamm: beherrsch)	du beherr**schst**

Wenn der **Verbstamm auf *-s, ss, -ß, -tz*** oder ***-z*** endet, fällt das -s bei der 2. Person Singular im Präsens weg:

reisen	Stamm: rei**s**	→ du rei**st**
fassen	Stamm: fa**ss**	→ du fa**sst**
beißen	Stamm: bei**ß**	→ du bei**ßt**
kratzen	Stamm: kra**tz**	→ du kra**tzt**
sitzen	Stamm: si**tz**	→ du si**tzt**
würzen	Stamm: wür**z**	→ du wür**zt**

47 Lassen Sie sich kein *x* für ein *chs* vormachen – Vorsicht bei der Schreibung des *ks*-Lautes!

„Schreib, wie du sprichst" - nach dieser Faustregel können Sie beim ***ks*-Laut** nicht verfahren. Bei **gleicher Aussprache** tritt dieser Laut nämlich in **verschiedenen Schreibweisen** auf.

Als ***x, X* geschrieben** kommt der *ks*-Laut **im Anlaut** nur in Fremdwörtern vor, die meistens aus dem Altgriechischen stammen:

Xanthippe, **X**enon, **X**enophobie, **X**erokopie, **x**erophil, **X**ylophon ...

Häufig zu finden ist ein ***x* im Auslaut**; auch hier handelt es in der Regel um Fremdwörter:

Bo**x**, Fa**x**, fi**x**, Fo**x**, Inde**x**, Ju**x**, Komple**x**, Kru**x**, la**x**, Matri**x**, Mi**x**, orthodo**x**, parado**x**, Präfi**x**, Refle**x**, Se**x**, Suffi**x** ...

Im Wortinnern steht ***x*** in Fremdwörtern und in einigen deutschen Wörtern:

Anne**x**ion (**aber:** annektieren), ausbü**x**en, A**x**t, bo**x**en, e**x**tra, Fa**x**en, fei**x**en, fle**x**ibel, Fle**x**ion (**aber:** flektieren), He**x**e, Lu**x**us, Ni**x**e, mi**x**en ...

In deutschen Wörtern wird der *ks*-Laut sowohl im **Inlaut** als auch im **Auslaut** häufig als ***chs*** **geschrieben**:

Da**chs**, Fla**chs**, Fu**chs**; Gewä**chs**, La**chs**, Lu**chs**, O**chs**e, Wa**chs**, wa**chs**en, se**chs**, Wi**chs**, Wu**chs** ...

Selten wird der *ks*-Laut als ***cks*** oder ***ks*** geschrieben:

cks: glu**cks**en, hinterrü**cks**, Kla**cks**, Kle**cks**, kle**cks**en, Kna**cks**, Kni**cks**, kni**cks**en, Mu**cks**; schnurstra**cks** ...

ks: lin**ks**, Mur**ks**, Ko**ks**, Ke**ks** ...

Mit *ks* geschrieben werden wegen ihrer Wortbildung ***Faksimile*** (lateinisch *fac simile* = mach ähnlich!) und ***Ekstase*** (griechisch: *ek-stasis* = das Aus-sich-Heraustreten).

Was muss ich bei der Schreibung von Fremdwörtern beachten?

TESTEN SIE IHR WISSEN

1 So kommuniziert man heute
48

Welche der markierten Schreibweisen sind korrekt? Unterstreichen Sie.

Ich sitze gerade an meinem **computer / Computer** und dachte, ich schreibe dir mal kurz eine **email / e-Mail / E-Mail** und frage dich, wie dein **date / Date** gestern Abend war.

2 Tatort
49

Mit ihrem Spürsinn für korrekte Orthografie finden Sie natürlich sofort die Fehler.

Der Kommissar konnte die Täterin überführen, weil Spuren ihres Make-up's am Rande des Swimmingpool's gefunden worden sind.

3 Gehen wir heute Abend zum Italiener?
50

Wenn ja, dann sollten Sie die richtigen Plurale kennen und sie unterstreichen.

a) die Zucchinis / Zucchini
b) die Cannelloni / Cannellonis
c) die Pizzas / Pizzen

4 Guten Appetit!
51

Wie lautet die eingedeutschte Schreibweise der folgenden Wörter?

a) das Buffet ____________
b) die Spaghetti ____________
c) der / das Joghurt ____________
d) das / der Ketchup ____________
e) die Mayonnaise ____________

f) der Chicoré ____________________
g) die Sauce ____________________

5 Gelungene Integration

52

Wie heißt das Partizip II?

a) downloaden ____________________
b) recyceln / recyclen ____________________
c) snowboarden ____________________
d) windsurfen ____________________

6 Aller guten Dinge sind drei

53

Über die Saumseligkeit von Max kann man sich wirklich aufregen, die Plurale von Kurzwörtern sollten aber dennoch richtig geschrieben werden.

Ich habe Max jetzt schon drei **SMSe** geschickt und ihn gebeten, mir doch endlich meine **DVD's** zurückzubringen.

LÖSUNGEN

1 Computer, E-Mail, Date • **2** Ohne Apostroph: Make-ups, Swimmingpools • **3** Zucchini, Cannelloni, Pizzas/Pizzen • **4** Büfett, Spagetti, Jogurt, Ketschup, Majonäse, Schikoree, Soße • **5** downgeloadet, recycelt/recyclet, gesnowboardet, windgesurft • **6** drei SMS, meine DVDs

48 eine *E-Mail* – Fremdsprachliche Nomen im Deutschen immer großschreiben!

Auch wenn ein Nomen in der Sprache, aus der es stammt, kleingeschrieben wird – **im Deutschen schreibt man es groß**.

das **A**ccessoire, die **E**-**M**ail, der **S**wimmingpool, der **T**orero ...

49 das *Display* des *Players* – Wie schreibe ich die Genitivform fremdsprachlicher Nomen?

In der Regel werden fremdsprachliche Nomen **wie deutsche stark deklinierte Nomen** (z. B. *der Lehrer, das Bad, die Tür*) behandelt.

Deshalb erhalten **männliche und sächliche Nomen** im Genitiv die Endung **-s** – und zwar **ohne Apostroph**, auch wenn z. B. im Englischen der Genitiv mit Apostroph + *s* gebildet wird! Beispiele:

das Accessoire → des Accessoire**s**
das Make-up → des Make-up**s**
der Shop → des Shop**s**
der Swimmingpool → des Swimmingpool**s**
der Torero → des Torero**s**

Weibliche Nomen erhalten keine Genitivendung. Beispiele:

die E-Mail → der E-Mail
die Pirouette → der Pirouette
die Pizza → der Pizza
die Story → der Story

→ starke und schwache Deklination siehe R 89
→ Apostroph siehe R 69

Sind die *Spaghetti* al dente? – Wie schreibe ich den Plural fremdsprachlicher Nomen?

50

Die meisten fremdsprachlichen Nomen erhalten **im Plural die Endung *-s*** und bleiben in allen Fällen unverändert.

die Accessoire**s**, die Baby**s**, die Chansonnier**s**, die E-Mail**s**, die Hobby**s**, die Party**s**, die Portier**s**, die Shop**s**, die Shirt**s**, die Story**s**, die Swimmingpool**s**, die Torero**s** …

! Beachten Sie bei **Nomen aus dem Italienischen**, dass diese, wenn sie **auf *i* enden**, bereits die Pluralform sind. Hier dürfen Sie deshalb nicht zusätzlich ein *-s* anhängen:

die Spaghetti (**nicht:** ~~Spaghettis~~), die Zucchini (**nicht:** ~~Zucchinis~~), die Paparazzi (**nicht:** ~~Paparazzis~~; Singular: Paparazzo), die Cannelloni (**nicht:** ~~Cannellonis~~)

Aber: Die **Pizza** ist inzwischen so weit in den deutschen Sprachgebrauch übergegangen, dass man inzwischen Pizza**s** und Pizz**en** sagen darf. Ebenso: die Razzia → die Razz**ien**, die Razzia**s**

Englische Nomen auf *-er* allerdings erhalten **kein Plural-*s***:

die Computer, die Controller, die Reporter …

das *Galabüfett* – eingedeutschte Schreibung fremdsprachlicher Nomen

51

Leider können keine allgemeinen Regeln für die korrekte Schreibung fremdsprachlicher Nomen aufgestellt werden. Im Zweifel darf man sich an die original fremdsprachliche Schreibung halten und richtet sich nur nach den deutschen Groß- und Kleinschreibungsregeln. Allerdings sind die Übergänge zwischen unverändert benutzten und teilweise oder vollständig eingedeutschten fremdsprachlichen Wörtern fließend. Tendenziell werden französische Wörter stärker den deutschen Rechtschreibregeln angepasst als beispielsweise englische oder italienische. Hier eine kleine Übersicht:

Ursprüngliche Schreibweise	Eingedeutschte Schreibweise	Ursprüngliche Schreibweise	Eingedeutschte Schreibweise
die Bonbonniere	Bonboniere	das Joghurt	Jogurt
das Bouclé	Buklee	das / der Ketchup	Ketschup
das Bouquet	Bukett	das Kommuniqué	Kommunikee
das Buffet	Büfett	die Mayonnaise	Majonäse
der Chicorée	Schikoree	der Mohair	Mohär
das Dekolleté	Dekolletee	die Polonaise	Polonäse
das Dragée	Dragee	das Portmonnaie	Portmonee
die Drainage	Dränage	die Raison	Räson
das Exposé	Exposee	die Spaghetti	Spagetti
die Facette	Fassette	das Varieté	Varietee
der Friseur	Frisör	das Resumé	Resumee
das / der Frotté	Frottee		

Als **Richtlinien für die Schreibweise englischer Nomen** gelten:

Wörter, die aus **Nomen + Nomen** bestehen, werden zusammengeschrieben.

die Sciencefiction, der Sexshop, die Gameshow, der Fulltimejob ...

Soll die Schreibung dem Leser besonders deutlich gemacht werden, ist bei längeren Begriffen auch die **Getrenntschreibung mit Bindestrich** möglich.

die Science-Fiction, der Fulltime-Job ...

Zusammensetzungen aus **Adjektiv + Nomen** darf man zusammenschreiben, wenn die Hauptbetonung auf dem Adjektiv liegt. Ansonsten gilt Getrenntschreibung.

der Longdrink / Long Drink, die Softcopy / Soft Copy, das Fastfood / Fast Food; das New Age, die Old Economy ...

Zusammensetzungen aus **Präposition + Nomen** schreibt man zusammen.

das Update, der/das Download, das Understatement ...

Nomen, deren **letzter Bestandteil** ein **Adverb** oder eine **Präposition** ist, können wahlweise zusammen oder mit Bindestrich geschrieben werden.

das Layout / Lay-out, das Playback / Play-back ...
aber nur: das Go-in

uploaden **und** ***chillen*** **– englische Verben** 52

Manche vor allem englische Verben sind inzwischen ebenfalls **eingedeutscht**, z. B.:

chillen	ich chille	ich habe gechillt	sich entspannen, zur Ruhe kommen
downloaden	ich downloade	ich habe downgeloadet	eine Datei herunterladen

pushen / puschen	ich pushe / pusche	ich habe gepusht / gepuscht	antreiben, voranbringen
updaten	ich update	ich habe upgedatet	aktualisieren, auf den neuesten Stand bringen
upgraden	ich upgrade	ich habe upgegradet	anheben, befördern, höherstufen, verbessern

❗ Eingedeutschte **englische Verben** haben im **Partizip II** (Partizip Perfekt) immer ein **-*t*** am Ende und nicht ein *-d*!

ich habe gejump**t**, gescann**t**, gezipp**t**, recycel**t** ...

53 *SMS* und *VIP* – englische Kurzwörter: Wie werden sie geschrieben?

Englische Kurzwörter schreibt man in der Regel in Großbuchstaben und ohne Punkte. Im **Genitiv Singular** wird **kein *s*** angehängt, aber im Plural, sofern das Kurzwort nicht bereits auf *-s* endet. Beispiele:

die CD → die CDs
der CEO → die CEOs
die DVD → die DVDs
die SMS → die SMS
der VIP → die VIPs

aber ohne Plural-*s*: die FAQ

→ zu Abkürzungen und Kurzwörtern siehe auch Tipp in R 97

° Wie schreibe ich die Tageszeiten, Uhrzeiten, das Datum und die Zahlen?

TESTEN SIE IHR WISSEN

1 Termine, Termine

54

Bei allem Termindruck sollten Sie sich doch die Zeit nehmen zu überlegen, ob hier groß- oder kleingeschrieben wird.

Ich wollte ja schon vorgestern __achmittag kommen, konnte aber nicht. Wir können uns aber heute __ormittag oder morgen __achmittag treffen. Falls dir das nicht passt, ginge es bei mir auch noch __bermorgen __rüh. Nur __reitagabend und immer __ienstags __orgens geht es nicht.

2 Mahlzeit

55

Tragen Sie die Wortanfänge in korrekter Groß- oder Kleinschreibung ein.

Mittagessen gibt es bei uns immer um Punkt __ölf, heute essen wir aber erst um __wei. Jetzt ist es __iertel nach __ins, also haben wir noch eine __reiviertelstunde Zeit.

3 Hoch soll er leben!

56

Vergessen Sie im Geburtstagstrubel nicht, die richtige Schreibweise zu unterstreichen!

Er erreichte die **Neunzig / neunzig**. Ein paar **hundert / Hundert** Menschen kamen zu seinem Geburtstag. Er bekam zwei **Dutzend / dutzend** Armbanduhren und **Zig / zig** Bücher, von denen er **dutzende / Dutzende** schon gelesen hatte.

4 Zahlenspielereien

57

Tragen Sie auch hier die Wortanfänge in korrekter Groß- oder Kleinschreibung ein.

Schon zum __ierten Mal zeigen sie heute im __ritten Programm den __rsten Spatenstich für das neue Rathaus der Kreisstadt. Aber das Spiel des __weiten gegen den __rsten in der __ritten Liga übertragen sie nicht!

5 Ein komplizierter Bruch

58

Unterstreichen Sie die richtigen Schreibweisen.

Er hat um drei **Viertel / viertel** neun ein **achtel / Achtel** Liter Wein getrunken und ein **Viertel / viertel** des Kuchens gegessen.

6 Hier zählen nur Zahlen

59

Schreiben Sie die Zahlenangaben mit Ziffern:

ein dreiwöchiges Praktikum ______________
vierfach ______________
der Dreißigtonner ______________
in den Neunzigerjahren ______________
zwei- bis dreimal ______________
im Dreivierteltakt ______________

LÖSUNGEN

1 Nachmittag, Vormittag, Nachmittag, übermorgen früh/Früh, Freitagabend, dienstags morgens • **2** zwölf, zwei, viertel, eins, Dreiviertelstunde • **3** neunzig, hundert/Hundert, Dutzend, zig, Dutzende • **4** vierten, dritten, ersten, Zweiten, Ersten, Dritten • **5** viertel, achtel, Viertel • **6** 3-wöchiges, 4-fach/4fach, 30-Tonner, 90er-Jahren / 90er Jahren, 2- bis 3-mal, ¾-Takt

54 *morgens, mittags, abends* – Wie schreibt man die Tageszeiten?

Bei den Tageszeitangaben muss man auf **Groß- und Kleinschreibung**, aber auch auf Getrennt- und Zusammenschreibung achten.

Vielen Dank für eure Einladung! Wir kommen am **M**ittwochnachmittag an, wollen aber **a**bends nicht spät zu Bett gehen und dann am **D**onnerstagmorgen **f**rüh aufbrechen, damit wir nicht erst **s**pätabends wieder zu Hause ankommen.

Die meisten Beispiele in der folgenden Übersicht beziehen sich auf den **Abend**. Für die anderen Tageszeiten – *Morgen, Mittag, Vormittag, Nachmittag, Nacht* – gilt Entsprechendes.

Großschreibung	Kleinschreibung
am / gegen / diesen **A**bend	**a**bends (spät) heimkehren, **aber:** spätabends
vorgestern / gestern / heute / morgen / übermorgen **A**bend	von **m**orgens bis **a**bends
den **A**bend über	um 8 Uhr **a**bends
Bald wird (es) **A**bend.	**d**ienstags **a**bends
(zu) **A**bend essen	**d**ienstagabends
am **D**ienstagabend	
des / eines **A**bends	
morgen **F**rüh	**m**orgen **f**rüh
in der **F**rüh(e)	**f**rühmorgens
um **M**itternacht	**m**itternachts
nach **M**itternacht	

fünf vor zwölf – Uhrzeiten in Wort und Zahl und das Datum

55

Es gibt verschiedene Möglichkeiten, die Uhrzeit und das Datum zu schreiben.

Uhrzeiten:

Großschreibung	Kleinschreibung
Es ist (ein) **V**iertel vor / nach eins.	Es ist **e**in Uhr. Es ist sechs (Uhr).
Es hat ein **V**iertel acht geschlagen.	Es ist (Punkt) **e**ins.
Es ist eine Minute vor / nach **d**rei **V**iertel.	Es ist (kurz vor / nach) **e**ins.
eine **V**iertelstunde / **D**reiviertelstunde	Um **z**wei essen wir.
in einer **V**iertelstunde / **D**reiviertelstunde	Es ist **v**iertel / **h**alb / **d**rei **v**iertel **d**rei.
	um (**d**rei) **v**iertel **a**cht
	Es ist **a**cht Uhr **z**wanzig.
	Es ist **e**lf vor **z**wölf.
	in einer **h**alben **S**tunde

Die Uhrzeiten in Ziffern:

Es ist 8 Uhr / 8.00 Uhr / 8:00 Uhr / 8^{00}Uhr.

Die Uhrzeiten mit Sekundenangaben:

14.31.54 Uhr / 13:15:07 Uhr

Das Datum:

Stuttgart, den 5.8.2021 / 05.08.2021 / 5.8.21
Stuttgart, den 5. August 2021 (→ siehe auch Komma-Regel, R 82)

Das Datum international:

21-08-05
2021-08-05
(Jahreszahl – Monat – Tag)

56 *eins, zwei, hundert* – Wie schreibt man die Kardinalzahlen?

Kardinalzahlen (Grundzahlen) **unter einer Million** schreibt man **klein**:

Mit **s**iebzehn hat man noch Träume, mit **f**ünfundsechzig geht man in Rente. Unser Nachbar ist jetzt Mitte **s**iebzig. Er hat etwa **z**weihundert Fische in seinem Teich.

Zahlen in diesem Bereich bilden ein **zusammenhängendes** Wort:

Das Dorf hat **zweitausendsechshundertfünfundzwanzig** Einwohner.

Selten wird man höhere Zahlen mit vielen verschiedenen Ziffern in Worten schreiben. Das Wort würde viel zu lang.

Inzwischen ist es auch erlaubt, **niedrige Zahlen in Ziffern** zu schreiben. Das Schriftbild wirkt allerdings schöner, wenn man die Zahlen von 1 bis 20 in Worten schreibt – sofern nicht auch höhere Zahlen im Text vorkommen. Innerhalb eines Textes sollte man jedoch die Zahlen einheitlich entweder **nur in Ziffern oder nur in Worten** schreiben. Also:

Die Reisegruppe bestand aus **fünf** Männern und **drei** (**nicht:** ~~3~~) Frauen.

Große Zahlen in **Ziffern ab 1000** kann man in Dreierschritten jeweils durch einen Leerschritt gliedern:

3 000
2 459 872

fff Eine **Zahl mit Begleiter gilt als Nomen** und wird **großgeschrieben**:

eine **Fünf** schreiben
eine **Sechs** würfeln
das erste **Hundert** war bald erreicht
in den **Achtzigern**

Obwohl ein Begleiter davorsteht, schreibt man die zwanzig, dreißig … fünfzig, sechzig erreichen **klein**!

Millionenbeträge und darüber schreibt man **groß**:

sechs Millionen (abgekürzt: 6 Mio.)
fünfzehn Milliarden (abgekürzt: 15 Mrd.)

Die Zahlen ***hundert*** und ***tausend*** kann man bei unbestimmten Mengenangaben auch großschreiben:

ein paar **h**undert / **H**undert

Wenn Sie aber **grundsätzlich kleinschreiben**, machen Sie nichts falsch. Schreiben Sie also am besten:

einige (mehrere, viele) **h**undert / **t**ausend Menschen
hunderte / **t**ausende von Bäumen
zu **h**underten / **t**ausenden
aberhundert / **a**bertausend Sterne
aberhunderte / **a**bertausende kleiner Ameisen

Das Wort ***Dutzend*** steht für die Zahl 12. Am besten schreibt man dieses Wort immer **groß**:

Ich hatte zehn **D**utzend Pappbecher für das Sommerfest gekauft. Hinterher lagen **D**utzende von ihnen überall verstreut auf der Wiese.

Das Wort ***zig*** steht für eine ungenaue Zehnerzahl. Es wird immer **kleingeschrieben**:

Er hat **z**ig Armbanduhren zu Hause und trägt nie eine davon.
Das hat mich wieder **z**ig Euro gekostet.

57 *erster, zweiter, hundertster* – Wie schreibt man die Ordinalzahlen?

Ordinalzahlen (Ordnungszahlen) gelten als **Adjektive**. Also gilt **generell** die **Kleinschreibung**.

der **d**ritte Mai, der **f**ünfte Juni
das / beim / zum **d**ritten Mal
der **e**rste / **z**weite ... Platz
die **e**rsten beiden auszeichnen (= den 1. und den 2. Sieger)
am **v**ierten Tag
im **d**ritten Programm (kein Eigennamen, nur Sammelbegriff)
den **e**rsten Spatenstich tun
der **t**ausendste Besucher

Kommen Ordnungszahlen in Eigennamen und feststehenden Begriffen vor, muss man sie großschreiben.

Eigennamen:

der **E**rste Mai, der **D**ritte Oktober (Feiertage)
Friedrich der **D**ritte (oder: Friedrich III.)
die **Z**weite Bundesliga, der **Z**weite Weltkrieg,
das **Z**weite, das **D**ritte (Fernsehsender)

feststehende Begriffe:

die **D**ritte Welt
zum **E**rsten, **Z**weiten und zum **D**ritten ... (→ R 4)
die **D**ritten (= die dritten Zähne) (→ R 1)
als **Z**weiter durchs Ziel gehen
den beiden **E**rsten gratulieren (= den 1. Siegern von zwei Gruppen)
etwas als **E**rstes, **Z**weites, **D**rittes tun
Unterhaltung im **D**ritten
Das **V**ierte – Wir sind Hollywood!
Jeden **E**rsten gibt's Geld.
der **E**rste, der kommt
Jeder **H**undertste erhält ein Geschenk

ein Viertel, ein Achtel – Wie schreibt man die Bruchzahlen? 58

Bruchzahlen werden normalerweise **kleingeschrieben**:

ein **h**albes Pfund
ein **a**chtel Liter Wein
eineinhalb / **a**nderthalb Kilo
um **v**iertel neun (8.15 Uhr)
um drei **v**iertel neun (8.45 Uhr)
Das Kino ist drei **v**iertel voll.
Sie kommt in drei **v**iertel Stunden.

→ siehe auch R 55 (Uhrzeiten)

Mit Begleiter (→ R 1) werden Bruchzahlen jedoch zu Nomen. Dann muss man sie **großschreiben**:

ein **V**iertel des Kuchens,
ein **F**ünftel der Bevölkerung
Sie benötigen drei **A**chtelliter. (als Maß)
Es ist **V**iertel vor / nach acht.
Es hat ein **V**iertel neun geschlagen. **Aber:** Es hat drei **v**iertel neun geschlagen.
Das Kino ist zu drei **V**ierteln voll.
Sie kommt in drei **V**iertelstunden.

dreiteilig und *zehnjährig* – Zusammensetzungen aus Zahl + Wort 59

Bei Begriffen aus **Zahl + Wort** hat man **zwei Möglichkeiten** der Schreibung:

Schreibung in Worten	Schreibung mit Zahl + Wort
ein zehnjähriger Junge	ein 10-jähriger Junge
eine zweitägige Veranstaltung	eine 2-tägige Veranstaltung

ein dreiteiliger Film	ein 3-teiliger Schrank
Ein Zwanzigliterkanister	ein 20-Liter-Kanister
dreigeschossig, dreistöckig	3-geschossig, 3-stöckig
vierfach	4-fach / 4fach
ein Fünfzehntel	ein 15tel
achtzigprozentig	100-prozentig / 100%ig (ohne Leerschritt)
einmal, elfmal, fünf- bis zehnmal	11-mal, 5- bis 10-mal
(bei besonderer Betonung auch: elf Mal ...)	(Das Wort *einmal* wird nicht mit Ziffer geschrieben)
die achtziger Jahre / Achtzigerjahre	die 80er-Jahre / die 80er Jahre
im Dreivierteltakt	im ¾-Takt
acht mal fünf ist vierzig	8 mal 5 ist 40

→ siehe auch R 64 (Bindestrich)

° Welche Regeln gelten für Abkürzungen und Kurzwörter?

TESTEN SIE IHR WISSEN

1 Abkürzungen mit Groß- und Kleinbuchstaben

60

Wofür stehen die folgenden Abkürzungen?

i. d. R. ______________________
bzgl. ______________________
MwSt ______________________
Kto.-Nr. ______________________
u. dgl. ______________________
zzt. ______________________

2 Abkürzungen haben einen Punkt, oder zwei, oder drei

61

Welche Schreibung ist richtig? Unterstreichen Sie.

a) u. s. w. / usw.
b) d. h. / dh.
c) etc. / et. c.
d) u. A. w. g. / uAwg.
e) oÄ. / o. Ä.
f) i. V. / iV.

3 Mit militärischen Ehren

61

Welche Varianten sind richtig? Unterstreichen Sie sie.

a) Er ist Oberst a. D.. / Er ist Oberst a. D.
b) Er ist Oberst a. D.! / Er ist Oberst a. D!
c) Ist er Oberst a. D.? / Ist er Oberst a. D?

4 Kommen Sie auch hier auf den Punkt?

62

Welche Abkürzungen und Kurzwörter schreibt man mit Punkt? Unterstreichen Sie sie.

a) GmbH
b) zB
c) ua
d) G 8
e) uÄ
f) TÜV

5 Die Beine ihres Autos

63

Unterstreichen Sie die korrekten Genitiv- bzw. Pluralformen.

Für die Verkehrssicherheit eines **Kfz /Kfzs /Kfz's** sind gute Reifen unabdingbar, das gilt für alle **Lkw / Lkws** und alle **Pkws /Pkw**. Darauf richtet sich auch das Hauptaugenmerk des **TÜV's /TÜVs / TÜV**.

LÖSUNGEN

1 in der Regel, bezüglich, Mehrwertsteuer, Kontonummer, und dergleichen, zurzeit • **2** usw., d. h., etc., u. A. w. g., o. Ä., i. V. • **3** Oberst a. D., Oberst a. D.!, Oberst a. D.? • **4** z. B., u. a., u. Ä. • **5** Kfz, Lkw / Lkws, Pkws / Pkw, TÜV

60 Abkürzungen und Kurzwörter mit Groß- oder Kleinbuchstaben schreiben?

Für **Abkürzungen** gilt **grundsätzlich**: Nomen werden durch Großbuchstaben abgekürzt, andere Wortarten durch Kleinbuchstaben:

GbR (**G**esellschaft des **b**ürgerlichen **R**echts)
f. d. R. (**f**ür **d**ie **R**ichtigkeit)

Kürzt man **einzelne Wörter** ab, so bestehen die Abkürzungen oft aus mehreren Buchstaben, die je nach Wortart groß- oder kleingeschrieben werden:

Expl. (Exemplar)
MwSt. (Mehrwertsteuer)
bzgl. (bezüglich)
zz. / zzt. (zurzeit)

Bei manchen Abkürzungen sind **zwei oder mehr Schreibweisen** üblich:

pl. / Pl. / Plur. (Plural)

Da **Kurzwörter** Nomen sind, werden sie grundsätzlich großgeschrieben. Initialkurzwörter (Buchstabenwörter) schreibt man in der Regel in Großbuchstaben.

ARD, CDU, SMS, PISA, TÜV ...
Abo, Info, Kino, Kita, Kripo ...

Bei manchen Kurzwörtern sind **zwei oder mehr Schreibweisen** üblich:

Lkw / LKW (Lastkraftwagen)
Pkw / PKW (Personenkraftwagen)

Insbesondere bei **Kürzungen von Eigennamen** wird manchmal von der sonst eher üblichen Schreibung abgewichen, z. B.:

F.A.Z. (Frankfurter Allgemeine Zeitung)
taz (Tageszeitung)
ver.di (Gewerkschaft für Vereinte Dienstleistungen)

Bildet man aber Begriffe, die aus einem **Kurzwort + einem vollständigen Wort** bestehen, verwendet man **Bindestriche**:

Ü-Wagen
B.A.-Studium
CDU-Fraktion
ICE-Strecke
Blinddarm-OP
U-Boot (aber bundeswehramtlich ohne Bindestrich: Uboot)

→ zu Unterscheidung Kurzwort - Abkürzung siehe Tipp in R 97
→ siehe auch R 64 (Bindestrich)

Wenn Sie einen **längeren Text** schreiben, in dem ein oder mehrere längere Begriffe immer wieder vorkommen, können Sie zu Beginn für diese Begriffe **selbst eine Abkürzung festlegen**. In der Regel wird die Abkürzung für den Begriff bei seinem ersten Auftreten in Klammern dahintergesetzt.

Diese Studie vergleicht die Entwicklung der öffentlichen Vereinsfördermittel in Karlsruhe **(KA)**, Freiburg **(FR)** und Mannheim **(MA)** in den Jahren 2010 bis 2020.

Welche Abkürzungen schreibt man mit Punkt? 61

Abkürzungen schreibt man **mit Punkt** und – falls die Abkürzung für mehrere Wörter steht – **Leerzeichen**, z. B.:

Dr. (gesprochen: *Doktor*)
z. B. (gesprochen: *zum Beispiel*)
i. d. R. (gesprochen: *in der Regel*)
d. h. (gesprochen: *das heißt*)

s. o. (gesprochen: *siehe oben*)
a. A. (gesprochen: *anderer Auffassung*)
u. a. (gesprochen: *und andere/s / unter anderem*)
u. A. w. g. (gesprochen: *um Antwort wird gebeten*)

Als **Ausnahmen** - nur mit einem Punkt am Ende - haben sich **usw.** (*und so weiter*) und seine lateinische Variante **etc.** (*et cetera*) durchgesetzt.

Lateinische Abkürzungen:

15:00 Uhr c. t. (cum tempore, Beginn 15 Min. später, also 15:15 Uhr)
s. t. (sine tempore, pünktlicher Beginn)
a. m. (ante meridiem, Vormittag, zwischen 0:00 Uhr und 12:00 Uhr mittags)
p. m. (post meridiem, Nachmittag und Abend, zwischen 12.00 Uhr und 0:00 Uhr)
R. I. P. (requiescat in pace, Er ruhe in Frieden.)

Im englischsprachigen Raum werden die Kürzungen **am** und **pm** **ohne Punkte** und viel häufiger als im deutschsprachigen Raum benutzt:

7.00 pm = 7 Uhr abends
6.00 am = 6 Uhr morgens

Steht der Punkt einer Abkürzung am Ende eines Satzes, **entfällt der Punkt als Schlusszeichen**:

Er ist Oberst a. D.

Frage- und Ausrufezeichen stehen zusätzlich:

Ist er wirklich schon a. D.**?**

Welche Kürzungen schreibt man ohne Punkt? 62

Meistens **ohne Punkt** geschrieben werden

Kurzwörter:

AB, GmbH, GUS, G8, HNO, SPD, TÜV, UKW, UNO, USA, UV, VIP, ZDF ...

national oder international verwendete Abkürzungen für Maßeinheiten, Himmelsrichtungen und Währungseinheiten:

km → Kilometer
g → Gramm
MHz → Megahertz
WSW → Westsüdwest
EUR → Euro
USD → US-Dollar

viele längere Wortzusammensetzungen aus der Fachsprache, z. B. aus dem juristischen und politischen Bereich:

StGB → Strafgesetzbuch
StVO → Straßenverkehrsordnung
GbR → Gesellschaft des bürgerlichen Rechts

Selten kommt die Kombination von **Kürzungen mit und ohne Punkt** vor:

Transportges. mbH (Transportgesellschaft mit beschränkter Haftung)

Manche Kürzungen dürfen Sie **wahlweise mit oder ohne Punkt** schreiben:

Co. / Co (Companie)
e. G. / eG (eingetragene Genossenschaft)
G.m.b.H. / GmbH
M. d. B. / MdB (Mitglied des Bundestags)
M. d. L. / MdL (Mitglied des Landtags)

63 Wie dekliniert man Kurzwörter?

Kurzwörter bilden den **Plural mit *-s***:

die GmbH**s**
die Lkw**s** / LKW**s** (auch: die Lkw / LKW)
die CD-ROM**s**
die Promi**s**

Die **Initialkurzwörter** (Buchstabenwörter) bilden den Genitiv **ohne *-s***:

die Zulassung **eines Pkw**
die Mitglieder **des DFB**

Alle anderen Kurzwörter bilden den Genitiv **mit *-(e)s***:

das Laden **des Akkus**
die Abbestellung **des Abos**

zu Unterscheidung Kurzwort - Abkürzung siehe Tipp in R 97

> **!** Verwenden Sie bei Kurzwörtern **keinen Apostroph**!
>
> das Programm des ~~ZDF's~~ ZDF (des Zweiten Deutschen Fernsehens)
> die Reifen des ~~LKW's~~ LKW

° Wo steht ein Bindestrich, wo ein Apostroph?

TESTEN SIE IHR WISSEN

1 Echte Bildung

→ 64

Echte Bildung besitzen Sie, wenn Sie hier die richtigen Schreibweisen unterstreichen können.

Echte Bildung kann man auch nicht einfach anlegen wie ein **Make up / Make-up** oder als **Desktop-Facelift / Desktopfacelift** einfach herunterladen. Einige glauben dies aber, und das ist zum **Aus der Haut Fahren / Aus-der-Haut-Fahren**.

2 Landleben, 1. Teil

→ 64

Machen Sie diesen Text fit, indem Sie an den markierten Stellen eventuell nötige Bindestriche richtig setzen.

Wenn wir unseren alten **6Zylinder Pickup** (______________) wieder **100prozentig** (______________) fit machen wollen, um ihn bei der Ernte einzusetzen, brauchen wir noch ein paar Schraubenschlüssel. Ich habe **x Mal** (______________) in der Werkstatt gesucht, da lagen nur **10er und 12er Schlüssel** (______________). Immerhin habe ich aber einen **20 Liter Kanister** (______________) mit Diesel gefunden und zwei brauchbare **Lkwreifen** (______________).

3 Man lernt nie aus

→ 64

Fügen Sie hier die Bindestriche richtig ein.

Fahren Sie weiter am Rheinneckar Kanal (______________) entlang, dann sehen Sie nach etwa einem Kilometer rechter Hand den roten Bau des Paul von Denis Gymnasiums (______________). Hier biegen Sie links in den van Gogh Weg (______________) ein, und dann stehen sie gleich vor dem Haus der Friedrich Ebertstiftung (______________).

4 Landleben, 2. Teil

65

Finden Sie hier die Wörter heraus, die Sie mithilfe von Bindestrichen leichter lesbar machen können.

Wir haben unseren Kleinlaster noch rechtzeitig für die Kleeernte hinbekommen und ihn helllila gestrichen. Demnächst werden wir das Vehikel für eine Geländefahrzeugsonderausstellung anmelden.

5 Apostroph oder kein Apostroph ...

67 68 69

... das ist hier die Frage. Unterstreichen Sie die richtige Schreibung.

a) Jetzt weiß **er's / ers** und muss nicht mehr **Peter's / Peters** oder **Jens / Jens'** Lexikon ausleihen oder den ganzen Tag **aufm / auf'm** Stuhl **vorm / vor'm** PC sitzen, um zu googeln.

b) Zu **blöd/ blöd'**, dass es heute **trüb' / trüb** ist, denn ich **wollt' /wollt** an den Badeweiher gehen. **Son / So 'n** Pech aber auch!

LÖSUNGEN

1 Make-up, Desktop-Facelift, Aus-der-Haut-Fahren • **2** 6-Zylinder-Pick-up, 100-prozentig, x-mal, 10er- und 12er-Schlüssel, 20-Liter-Kanister, Lkw-Reifen • **3** Rhein-Neckar-Kanal, Paul-von-Denis-Gymnasiums, Van-Gogh-Weg, Friedrich-Ebert-Stiftung • **4** Klee-Ernte, hell-lila, Geländefahrzeug-Sonderausstellung • **5 a)** er's, Peters, Jens', auf'm, vorm, **b)** blöd, trüb, wollt', So 'n

64 Hier *muss* ein Bindestrich stehen

Bei Zusammensetzungen mit nominalisierten Infinitiven

Aufgepasst: Bei nominalisierten Infinitiven schreibt man das erste Wort, alle Nomen und den nominalisierten Infinitiv groß:

das ewige Sich-nicht-entscheiden-Können
das So-Tun-als-ob
zum Aus-der-Haut-Fahren
beim Auf-der-faulen-Haut-Liegen ...

Bei anderen Zusammensetzungen

Wenn einzelne Wörter gemeinsam einen völlig neuen Begriff bilden, werden sie durch Bindestriche verbunden:

das Immer-wieder-Neue
eine 10-Pence-Briefmarke
die Ad-hoc-Entscheidung
ein Hunderttausend-Dollar-Geschäft
Hals-Nasen-Ohren-Arzt (auch: HNO-Arzt) ...

→ R 59 (Wort + Zahl) und R 60 (Abkürzungen und Kurzwörter)

> **!** Auch wenn das zusammengesetzte Wort kein Nomen ist, wird das **erste Wort** dennoch **großgeschrieben**, sofern es sich um ein Nomen handelt:
>
> **M**ake-up-frei, **V**itamin-C-reich ...

Bei zusammengesetzten Wörtern, die ein Kurzwort, einzelne Buchstaben oder Ziffern enthalten

Zwischen Wörtern, Kurzwörtern, Buchstaben und Ziffern, die einen gemeinsamen Begriff bilden, stehen Bindestriche:

WDR-Sendung, Lkw-Reifen, Film-DVD, MS-krank, km-Leistung;
x-förmig, x-te Wurzel, Dehnungs-h,
Reg.-Bez.;
4-Zylinder, 8-jährig, 10-prozentig ...

→ siehe auch R 59 (Wort + Zahl) und R 60 (Abkürzungen und Kurzwörter)

Als Ergänzungszeichen

Um zu vermeiden, dass bei Zusammensetzungen ein Wort mehrfach genannt wird, ersetzt man es durch Bindestriche. Dabei ist es ohne Bedeutung, ob es sich um das Grund- oder ein Bestimmungswort handelt:

Park-, Garten- und Balkonmöbel, sang- und klanglos, vor- und rückwärts, Blütendüfte und -essenzen, Abwasserleitungen und -kanäle ...

(!) Wenn Sie Platz sparen wollen bei der **Nennung männlicher und weiblicher Personenbezeichnungen,** müssen Sie aufpassen. Nicht alles ist erlaubt oder gut lesbar.

Wenn die **weibliche Endung *-innen*** einfach angehängt werden kann, sind die beiden folgenden Varianten die allgemein anerkannten:

Die weibliche Endung wird mit Schrägstrich + Bindestrich angehängt:

Lehrer**/-innen**, Handwerker**/-innen**

Die weibliche Endung wird in Klammern dahintergesetzt:

Lehrer(innen), Handwerker**(innen)**

Ist die **Endung für die männliche und weibliche Form dieselbe**, nämlich ***-en***, darf man ***(inn)*** in Klammern einfügen:

Kolleg**(inn)**en, Patient**(inn)**en, Polizist**(inn)**en

Weichen die männlichen Personenbezeichnungen jedoch ab von den weiblichen, muss man **beide Formen ausschreiben**. Also nicht: ~~die Ärzte/-innen~~, sondern nur die **Ärzte und Ärztinnen**. Heißt es aber den Ärzten und Ärztinnen, ist die verkürzte Version mit Klammern erlaubt, weil die Endung -en bei beiden Formen wieder übereinstimmt: den Ärzt**(inn)**en

Bei mehrteiligen Straßenbezeichnungen mit Personennamen

Alle Einzelwörter werden durch Bindestriche miteinander verbunden.

Konrad-Adenauer-Platz, Peter-von-der-Gracht-Weg ...

→ siehe auch Groß- und Kleinschreibung R 9

Bei anderen mehrteiligen Bezeichnungen, die Namen enthalten

Alle Einzelwörter werden durch Bindestriche miteinander verbunden.

Donau-Ems-Kanal, Paul-Klee-Gymnasium, Karl-Arnold-Stiftung ...

65 Hier *kann* ein Bindestrich stehen

Missverständnisse vermeiden

Manchmal ist es sinnvoll, einen Bindestrich an der Wortfuge zu setzen, damit beim Lesen sofort deutlich wird, was gemeint ist:

Musiker-Leben / Musik-Erleben, Elektroniker-Zeugnis / Elektronik-Erzeugnis ...

Wortstruktur sichtbar machen

Wenn durch Vokal- oder Konsonantenhäufung das Wort schwer lesbar wird:

Tee-Ei (Teeei), Zoo-Ordnung (Zooordnung), hell-lila (helllila), Desktop-Publishing (Desktoppublishing) ...

Lesbarkeit langer Wörter verbessern

Bei langen, unübersichtlichen Wortzusammensetzungen (Komposita) kann der Bindestrich die Lesbarkeit erleichtern:

Donau-Wasserstandsbericht, Multifunktions-Küchenmaschine, Geländefahrzeug-Entwicklungsprogramm, Landesbezirks-Fachbereichs-Vorstandssitzung ...

Einzelne Bestandteile hervorheben

Ich-Sucht (Ichsucht), die Hoch-Zeit (Hochzeit) des Barocks, Kann-Bestimmung ...

In all den genannten Fällen wäre aber auch die Schreibung in einem einzigen Wort ohne Bindestrich korrekt.

Wenn substantivierte Infinitive aus **mehr als zwei Bestandteilen** bestehen, setzt man zwischen die einzelnen Bestandteile einen Bindestrich. So werden unübersichtliche und schwer lesbare Aneinanderreihungen vermieden. Das erste Wort der Gruppe, alle darin vorkommenden Substantive und natürlich der am Ende stehende substantivierte Infinitiv werden großgeschrieben:

das Auf-die-lange-Bank-Schieben,
dieses Hilflos-danebenstehen-Müssen,
das Ins-Blaue-Reden vieler Fußballtrainer,
sein ständiges Nur-an-sich-Denken ...

Wenn die Aneinanderreihungen zwar **aus drei Bestandteilen** bestehen, aber dennoch **übersichtlich** (und damit gut lesbar) sind, kann man auch **auf die Bindestriche verzichten**:

das Inbetriebnehmen (auch: In-Betrieb-Nehmen),
das Außerkraftsetzen (auch: Außer-Kraft-Setzen),
das Über-sich-Bringen (auch: Übersichbringen) ...

66 Hier *darf* kein Bindestrich stehen

Bei einfachen, übersichtlichen Zusammensetzungen, bestehend aus Bestimmungs- und Grundwort

blaugrünes Meerwasser, Bewusstseinserweiterung, schwerreich, lauwarm das Motorradfahren, das Sichanstellen, die Außerkraftsetzung, das Schlangestehen, das Verlorensein, die Vierzimmerwohnung …

→ siehe auch R 155 (zusammengesetzte Wörter)

67 Hier *muss* ein Apostroph stehen

Bei verkürzten Städte- oder Straßennamen

Hier werden Buchstaben im Wortinnern ausgelassen.

D'dorf, M'gladbach, Ku'damm …

Zur Kennzeichnung des Genitivs bei Namen, die auf *s, ss, ß, z, tz, x, ce* enden

Sonst würde man nicht erkennen, dass das Wort im Genitiv steht:

Franz-Josef Strauß' Sohn Max, Jens Schmitz' Computerladen, Hans' Geburtstag, Alice' Blumenladen, Aristoteles' Werke …

> ! **Der Apostroph entfällt** aber, wenn der Genitiv durch einen Begleiter deutlich wird:
>
> der Blumenladen unserer Alice, die Werke des Aristoteles …

Wenn eine Formulierung wegen der Auslassung eines *e* oder *i* schwer lesbar oder schwer verständlich ist

In solchen Fällen verwendet man den Apostroph als Auslassungszeichen:

… daran zweifl' ich nicht, … in diesen heil'gen Hallen

Oft wird das *e* des Wörtchens **es** weggelassen, sodass ein Apostroph erforderlich ist:

's ist schade um ihn.
Hat er's verstanden?

> ! Wenn das **e von *es* im Zusammenhang mit Verbformen oder Konjunktionen** weggelassen wird, darf der Apostroph entfallen.
>
> Nimm's (Nimms) dir!
> Wenn's (Wenns) mal läuft, …
> So geht's (gehts) nicht!

Hier *kann* ein Apostroph stehen

68

Zur Verdeutlichung der Grundform eines Personennamens, wenn er im Genitiv steht:

Zuerst waren wir in Leandro's Spezialitätenrestaurant, anschließend in Andrea's Bierstube.

> ! Besser ist in diesen Fällen aber, das **Genitiv-*s* ohne Apostroph** dranzuhängen:
>
> Leandro**s** Spezialitätenrestaurant, Andrea**s** Bierstube, Onkel Tom**s** Hütte …

Bei der schriftlichen Wiedergabe gesprochener Sprache

Beim Sprechen werden oft Buchstaben ausgelassen, die im Schriftlichen durch einen Apostroph kenntlich gemacht werden:

So'n (So ein)Quatsch!
Da sitzt sich's (es sich) schlecht.
Komm, wir fahren mit'm (mit dem) Roller.

In Adjektiven, die von Eigennamen abgeleitet sind

Von Eigennamen kann man durch Anhängen der Endung ***-sch*** Adjektive bilden. Im Allgemeinen schreibt man diese Adjektive klein:

die mendelschen Gesetze
die heisenbergsche Unschärferelation
die gaußschen Koordinaten
die goethesche Farbenlehre
die braunsche Röhre
die bismarckschen Sozialgesetze ...

Will man die **Grundform des Personennamens** jedoch deutlich **hervorheben**, kann in diesen Adjektiven ein **Apostroph** gesetzt werden. Der Eigenname wird dann **großgeschrieben**. In dieser Verwendungsweise gilt der Apostroph aber nicht als Auslassungszeichen:

die Einstein'sche Physik
das Ohm'sche Gesetz
die Schiller'schen Balladen
die Mendel'schen Gesetze
die Heisenberg'sche Unschärferelation
die Goethe'sche Farbenlehre
die Bismarck'schen Sozialgesetze ...

In einigen wenigen festen Verbindungen werden von Personennamen abgeleitete Adjektive **ohne Apostroph** und großgeschrieben. Diese Verbindungen gelten in ihrer Gesamtheit als Namen:

die Galileischen Monde
der Halleysche Komet
die Magellanschen Wolken ...

Hier *darf* kein Apostroph stehen

69

Wenn ein e im Wortinneren oder als Konjugationsendung entfällt

im finstren (finsteren) Wald
das wär (wäre) was
lass (lasse) mich nicht gehen …

Besser ist es aber, das **e am Ende der 1. Person Singular** einer Präsensform zu schreiben, auch wenn es unbetont ist.

Ich geh**e** (statt: geh) noch schnell einkaufen.
Ich bleib**e** (statt: bleib) nicht mehr lange.

Aber: Bei Verben, die im **Infinitiv auf *-eln, -men* oder *-ern*** enden, darf das **e** am Ende nicht entfallen: ich bedaur**e**, ich samml**e**, ich atm**e** …
Formen wie ich atem, ich bedauer, ich sammel sind umgangssprachlich.

Bei verkürzten, aber gebräuchlichen Formen von Wörtern und Imperativen:

Das ist aber blöd (blöde).
Das Wetter ist trüb (trübe).
Heut (heute) geht's ab in den Urlaub.
Geh weg!
Hör mir mal zu.
Bleib nicht zu lange! …

Bei Verben, die im **Infinitiv auf *-eln, -men* oder -ern** enden, darf das **e** am Ende eines Imperativs der 2. Person Singular nicht entfallen:

Bedaur**e**! Samml**e**! Atm**e**! …

Bei der Verschmelzung von Präposition und Artikel:

am, vorm, untern, übers ...

→ siehe auch Getrennt- und Zusammenschreibung R 4

Die **Kurzformen der Wörter *heran, herauf, herein, herüber, herunter*** verwendet man **ohne Apostroph**:

Immer **ran** ans Büfett!
Ich geh mal **rüber**.
Komm doch **rauf**.
Er kam **rein**.

Bei Namen und Kurzwörtern im Genitiv

Bei Namen und Kurzwörtern, die nicht auf einen *s*-Laut enden (→ vgl. aber R 67), wird das Genitiv-*s* ohne Apostroph angehängt.

Hamburg**s** Elbtunnel, Goethe**s** Gedichte, Peter**s** und Karin**s** Geburtstag
die Reifen des Pkw**s**, die Feier des VIP**s** ...

→ siehe auch R 63 (Deklination der Kurzwörter)

Im Englischen versieht man das **Genitiv-s** mit einem Apostroph. Wenn Sie solche Wendungen im Deutschen verwenden, müssen Sie den **Apostroph** aber **weglassen**:

London**s** Brücken, Wimbledon**s** Tennisturnier, der Inhaber des Shop**s**, die Schließungszeiten der Pub**s** ...

! Die Wörter ***morgens, mittags, abends, nachts***, auch **des Morgens, des Mittags, des Abends, des Nachts** dürfen Sie nie mit Apostroph schreiben!

° Wo setze ich Kommas, wo nicht?

TESTEN SIE IHR WISSEN

1 Leere Versprechungen und begründete Hoffnungen

71

Setzen Sie die erforderlichen Kommas.

a) Er versprach schon oft er käme pünktlich und dann kam er doch viel zu spät.

b) Ich glaube du kannst es schaffen und wünsche dir viel Glück.

c) Ich denke dass wir den Termin halten können und hoffe auf Ihre Unterstützung.

2 Günstige Konditionen

73

Sorgen Sie hier für die richtige Zeichensetzung.

Die Lieferfirma hat uns ein kostenloses unverbindliches Angebot unterbreitet und uns eine einfache schnelle Abwicklung aller Zollformalitäten zugesichert.

3 Strafe muss sein!

74

Korrekte Zeichensetzung aber auch! Fügen Sie die Kommas ein, wo sie fehlen.

a) Wegen deines Gejammers und weil du böse warst gehen wir nicht schwimmen.

b) Weil du böse warst und wegen deine Gejammers gehen wir nicht schwimmen.

4 Achtung, Missverständnis!

76

Hier muss ein Komma stehen, um zu verdeutlichen, was gemeint ist. Wo?

Der Lehrer verbot mir ständig zu widersprechen.

5 Er kam, um zu siegen

76

Setzen Sie die Kommas, die hier fehlen.

a) Plötzlich hatte sie die Idee sich einen Hund zuzulegen.
b) Steffi genießt es lange unter der Dusche zu stehen.
c) Wir beschlossen zu hören was er zu sagen hatte.
d) Ich ging auf den Hof um das Auto zu waschen.

6 Wow, eine Interjektion!

80

Wo muss hier die Interjektion (der Ausruf) durch ein Komma abgetrennt werden?

a) Ach wie schön ist das!
b) Ach geh doch.
c) Puh jetzt bin ich aber fertig!
d) Oh du lieber Himmel!

7 Neue Wohnung, neues Glück

82

Bringen Sie zur Einweihungsparty die richtige Zeichensetzung mit. Wo müssen hier Kommas stehen?

a) Sie wohnt jetzt in Hof in der Thomasstraße 25 im ersten Stock.
b) Wir werden sie am Montag den 17. Juli in ihrer neuen Wohnung besuchen.

LÖSUNGEN

1 a) Er versprach schon oft, er käme pünktlich, und dann kam er doch viel zu spät. **b)** Ich glaube, du kannst es schaffen, und wünsche dir viel Glück. **c)** Ich denke, dass wir den Termin halten können, und hoffe auf Ihre Unterstützung. • **2** ein kostenloses, unverbindliches Angebot; einfache, schnelle Abwicklung • **3 a)** ... und weil du böse warst, gehen wir nicht schwimmen, **b)** Weil du böse warst und wegen deine Gejammers gehen wir nicht schwimmen (kein Komma). • **4** Der Lehrer verbot mir, ständig zu widersprechen. Oder: Der Lehrer verbot mir ständig, zu widersprechen. • **5 a)** ... die Idee, sich ..., **b)** ... genießt es, lange ..., **c)** ... zu hören, was ..., **d)** ... den Hof, um ... • **6** b), c) • **7 a)** kein Komma, **b)** Wir werden sie am Montag, den 17. Juli (,) in ihrer neuen Wohnung besuchen.

70 Kommas bei Aufzählung von Satzteilen

Aufzählen kann man alle Wortarten, Wortgruppen und Satzglieder und sogar Sätze. Sie werden durch Kommas voneinander getrennt. Nach dem **letzten Aufzählungsglied** setzt man aber **kein Komma**, wenn der Satz **weitergeführt** wird.

Aufzählung von Nomen:

Hansestädte sind z. B. Hamburg**,** Bremen**,** Rostock.
Als Beilage werden Salzkartoffeln**,** Reis**,** Nudeln**,** Rösti gereicht.

Aufzählung von Adjektiven:

Er fühlte sich plötzlich**,** alt**,** müde**,** ausgebrannt.
Sie fuhr mit ihrem kleinen**,** roten**,** eleganten Cabrio die Strandpromenade entlang. → siehe jedoch R 71

Aufzählung von Satzgliedern mit Verben:

Er hustete**,** nieste**,** schnäuzte sich.
Sie lachte**,** tanzte**,** amüsierte sich**,** flirtete den ganzen Abend lang.

Aufzählung von Wortgruppen:

Sie schimpft über ihr Auto**,** über die Leute**,** über das Essen**,** über Gott und die Welt.
So ein uneinsichtiger Mensch darf von mir kein Verständnis**,** kein Mitleid**,** keine Unterstützung erwarten.

(!) Die Konjunktionen ***und, oder, sowie*** vor dem letzten Aufzählungsglied ersetzen das Komma:

Hansestädte sind z. B. Hamburg**,** Bremen **und** Rostock.
Als Beilage werden Salzkartoffeln**,** Reis**,** Nudeln **oder** Rösti gereicht.

Rentner, Schüler **sowie** Studenten zahlen ermäßigten Eintritt.

Was für ***und, oder, sowie*** gilt, trifft auch auf folgende nebenordnende Konjunktionen zu, die auch mehrteilig sein können:

beziehungsweise (bzw.) ***entweder ... oder***
sowohl ... als auch ***weder ... noch***

Du solltest das Bußgeld schnellstens einzahlen **bzw.** überweisen.
Er ist **sowohl** jung **als auch** unerfahren.
Er will **entweder** anrufen **oder** selbst hingehen.
Sie spricht **weder** Französisch **noch** Spanisch.

Vor den entgegensetzenden Konjunktionen ***aber, (je)doch, sondern*** steht dagegen **immer ein Komma**:

Es regnete kurz, aber heftig.
Sie kann nicht kochen, (je)doch ganz toll Squash spielen.
Du bist nicht nur frech, sondern auch dumm.

Kommas bei Aufzählung von gleichrangigen Teilsätzen

71

Auch **Hauptsätze** oder **Nebensätze** können Glieder einer Aufzählung sein. Hauptsätze sind immer gleichrangig, Nebensätze dann, wenn sie vom selben übergeordneten Satz abhängen. Es gelten im Wesentlichen dieselben Regeln wie für die Aufzählung von Satzteilen.

Aufzählung von Hauptsätzen:

Der Himmel war blau, die Sonne schien, alles freute sich, da platzte die Bombe.
Du magst kein Gemüse, deine Schwester isst kein Fleisch, was soll ich da kochen?

(!) Auch in einer Aufzählung von selbstständigen Sätzen ersetzen die Konjunktionen ***und, oder, sowie, beziehungsweise (bzw.), entweder … oder, weder … noch*** das Komma.

Man **kann** dieses **Komma jedoch setzen**, wenn man die **Gliederung des Ganzsatzes** deutlich machen will:

Ich schnitt das Fleisch für das Gulasch**(,)** und meine Frau machte die Salatsoße.
Sie ruft ihn an**(,)** oder sie geht selbst bei ihm vorbei.
Entweder du staubsaugst das Wohnzimmer**(,)** oder du hilfst mir beim Fensterputzen.
Weder haben wir miteinander gesprochen**(,)** noch hatten wir sonst irgendwie Kontakt.

Aufzählung von gleichrangigen Nebensätzen:

Ich weiß nicht**,** woher du kommst**,** wer du bist**,** was du willst.
Es ist schön**,** dass es dich gibt**,** dass du bei mir bist**,** dass du mir hilfst.

(!) Auch in einer Aufzählung von Nebensätzen ersetzen die Konjunktionen ***beziehungsweise (bzw.), und, oder, sowie*** vor dem letzten Aufzählungsglied das Komma:

Wenn es morgen regnet **bzw.** wenn es noch nass ist, bleiben wir zu Hause.
Ich fuhr los**,** bog an der Kreuzung ab**,** parkte den Wagen **und** stieg aus.

Kommas bei zeilenweise abgesetzten Aufzählungen

72

Einzelne Wörter oder Wortgruppen kommen auch in zeilenweise abgesetzten Aufzählungen (z. B. Listen, Gliederungen) vor. Oft wird zur **optischen Gliederung** dann jedem einzelnen Punkt der Aufzählung ein sogenannter **Spiegelstrich** (oder ein anderes Aufzählungszeichen) vorangestellt.

In **Aufzählungen**, die aus zeilenweise abgesetzten **einzelnen Wörtern** (Wortgruppen) bestehen, setzt man üblicherweise keine Kommas (am Ende steht dann natürlich auch kein Schlusspunkt):

Wir bieten:
- leistungsgerechtes Gehalt
- branchenübliche Sozialleistungen
- Firmenwagen

Man kann allerdings eine solche listenartige **Aufzählung** auch **wie einen zusammenhängenden Satz** behandeln. Dann muss man nach jedem Aufzählungsglied ein Komma setzen und am Ende des Satzes einen Punkt.

Wir bieten:
leistungsgerechtes Gehalt**,**
branchenübliche Sozialleistungen**,**
Firmenwagen**.**

! Sind **gleichrangige Nebensätze** Glieder einer längeren **Aufzählung**, kann man sie zur besseren Übersicht ebenfalls zeilenweise absetzen. Nach jedem Aufzählungsglied muss ein Komma stehen, der letzte Satz schließt mit Punkt:

Zum Bundespräsidenten gewählt werden kann**,**
wer die deutsche Staatsbürgerschaft besitzt**,**
das Wahlrecht zum Deutschen Bundestag hat**,**
das vierzigste Lebensjahr vollendet hat**.**

73 Mehrere Adjektive durch Komma trennen?

Bei mehreren Adjektiven vor einem Nomen gilt: **Sind die Adjektive gleichrangig, werden sie durch Komma getrennt.**

Gleichrangig bedeutet, dass sich beide Adjektive in gleichem Maß auf das nachfolgende Nomen beziehen. Hierfür gibt es einen einfachen Test. Setzen Sie das Wort ***und*** zwischen die Adjektive. Wenn es dann immer noch sinnvoll klingt, sind die Adjektive gleichrangig und Sie brauchen ein Komma.

eine einfache**,** schnelle Abwicklung = eine einfache **und** schnelle Abwicklung

kostenloses**,** unverbindliches Angebot = kostenloses **und** unverbindliches Angebot

warmes**,** sonniges Wetter = warmes **und** sonniges Wetter

Sind die Adjektive nicht gleichrangig, darf kein Komma stehen.

Beispiel:

Das neue britische Kreuzfahrtschiff läuft heute aus.

Das Kreuzfahrtschiff ist nicht neu und britisch, sondern es handelt sich um ein britisches Kreuzfahrtschiff, das neu ist. Das Adjektiv *neu* gilt als Attribut zu dem Ausdruck *britisches Kreuzfahrtschiff*. Beide Adjektive sich also nicht gleichrangig, daher kein Komma. Weitere Beispiele:

Die allgemeine politische Lage ist schwierig.
Deine schönen neuen Schuhe sind nass.
Sie hatte große blaue Augen.
Siehst du die verspielten jungen Katzen dort?

Hier ergäbe ein *und* zwischen den Adjektiven keinen Sinn, es darf also kein Komma stehen.

Es gibt Fälle, in denen sich die Aussage ändert, je nachdem ob man ein Komma einsetzt oder nicht:

die letzte schwierige Aufgabe = die letzte von mehreren schwierigen
Aber:
die letzte, schwierige Aufgabe = die Aufgaben zuvor waren einfacher

weitere energiesparende Maßnahmen = noch mehr energiesparende Maßnahmen
Aber:
weitere, energiesparende Maßnahmen = weitere Maßnahmen, aber diesmal energiesparende

Zwischen Haupt- und Nebensatz steht ein Komma 74

Das gilt für vorangestellte und für nachgestellte Nebensätze:

Wenn du mich nicht in Ruhe lässt, gehe ich sofort.
Ich weiß wirklich nicht, was du von mir willst.

Eingeschobene Nebensätze werden in Kommas eingeschlossen, egal ob sie nur einen Hauptsatz unterbrechen oder zwei Hauptsätze trennen. Vergessen Sie also nie das Komma am Ende des Nebensatzes!

Seine Überzeugung, dass Politik den Charakter verdirbt, prägt sein Handeln.

Ich glaubte, als das Unwetter losbrach, nicht mehr an einen gemütlichen Abend.

Du kannst, wenn du willst, noch zum Essen bleiben.

Ich glaube, dass ich die Richtige für Sie bin, und würde mich über Ihre positive Antwort sehr freuen.

→ siehe auch R 76 (Komma bei Infinitiven)

Es gibt nicht eingeleitete ***dass*-Sätze, die wie ein Hauptsatz aussehen**; dennoch sind sie Nebensätze und müssen durch Kommas vom Hauptsatz getrennt werden:

Ich glaube**, du kannst es schaffen,** und wünsche dir viel Glück.
→ Ich glaube, dass du es schaffen kannst, und wünsche dir viel Glück.

Ich denke**, wir können den Termin halten,** und verlasse mich ganz auf Sie.
→ Ich denke, dass wir den Termin halten können, und verlasse mich ganz auf Sie.

Er versprach schon oft**, er käme pünktlich,** und dann kam er doch viel zu spät.
→ Er versprach schon oft**,** dass er pünktlich käme**,** und dann kam er doch viel zu spät.

Einfache Vergleiche mit *als* oder *wie* sind keine Nebensätze und stehen deswegen auch nicht mit Kommas:

Unpünktlicher **als** meine Freundin kann man wohl nicht sein.
Sie kommt **wie** immer eine Stunde später.

Das Adverb ***so*** kann mit ***als, als ob, als wenn,* wie** und ***dass*** Fügungen bilden, die als Einheit empfunden werden. Das **Komma** steht **vor *so***:

Er lud sich am Büfett seinen Teller voll**, so** als gäbe es nichts mehr zu essen.
Die Artistin lief über das Hochseil**, so als ob** unter ihr fester Boden wäre.
Er wirft mit Geld um sich**, so als wenn** er im Lotto gewonnen hätte.
Das Wetter ist heute schlecht**, so wie** es vorhergesagt war.

Er setzte sich in den hinteren Teil des Lokals**, sodass (so dass)** er die Tür beobachten konnte.

→ siehe auch R 33 (*so dass* und *sodass*)

Sieht man dieses *so* aber als **verkürzten Auslassungssatz** an (ungekürzt: *es ist / war so*) und will es **besonders betonen**, kann man ein zusätzliches Komma setzen:

Er lud sich am Büfett seinen Teller voll, so**(,)** als gäbe es nichts mehr zu essen.
Die Artistin lief über das Hochseil, so**(,)** als ob unter ihr fester Boden wäre.
Er wirft mit Geld um sich, so**(,)** als wenn er im Lotto gewonnen hätte.
Das Wetter ist heute schlecht, so**(,)** wie es vorhergesagt war.
Er setzte sich in den hinteren Teil des Lokals, so**(,)** dass er die Tür beobachten konnte.

Ist hingegen so in den übergeordneten Satz einbezogen, leiten ***als, als ob, als wenn, wie*** und ***dass*** einen Nebensatz ein, der durch Komma abgetrennt wird:

Er lud sich am Büfett seinen Teller **so** voll**,** als gäbe es nichts mehr zu essen.
Die Artistin lief **so** über das Hochseil**,** als ob unter ihr fester Boden wäre
Das Wetter ist heute wirklich **so** schlecht**,** wie es vorhergesagt war.
Er setzte sich im Lokal **so,** dass er die Tür beobachten konnte.

Wenn ein **Nebensatz** gemeinsam **mit einer Wortgruppe mit Präposition** auftritt, wird nur dann ein Komma zwischen Haupt- und Nebensatz gesetzt, wenn der Nebensatz direkt neben dem Hauptsatz steht.

Wortgruppe — Nebensatz — Hauptsatz
Wegen deines Gejammers und weil du böse warst**,** gehen wir nicht schwimmen.

Aber:

Nebensatz / Wortgruppe / Hauptsatz
Weil du böse warst und wegen deines Gejammers gehen wir nicht schwimmen.

Hauptsatz / Nebensatz / Wortgruppe
Wir gehen nicht schwimmen, weil du böse warst und wegen deines Gejammers.

Aber:

Hauptsatz / Wortgruppe / Nebensatz
Wir gehen nicht schwimmen wegen deines Gejammers und weil du böse warst.

Weitere Beispiele:

Bei Schneefall oder wenn der Schnee taut, besteht höchste Unfallgefahr.
Aber: Wenn der Schnee taut oder bei Schneefall besteht höchste Unfallgefahr.

Es besteht höchste Unfallgefahr, wenn der Schnee taut oder bei Schneefall.
Aber: Es besteht höchste Unfallgefahr bei Schneefall oder wenn der Schnee taut.

75 Das Komma bei Satzellipsen (Auslassungssätzen)

Treten in Hauptsätzen und gleichrangigen Nebensätzen gemeinsame Satzteile auf, können sie bis auf einen ausgespart werden. Solche Sätze mit bewussten Auslassungen werden **Satzellipsen** (Auslassungssätze) genannt. Bei der Kommasetzung werden Satzellipsen üblicherweise so wie vollständige Sätze behandelt:

Petra bestellte ein Schokoladen-, ich [bestellte] ein Himbeereis.

Die Schulleiterin war der Ansicht, dass die Eltern zu einem Gespräch eingeladen [werden sollten] und [dass] auch die Fachlehrer anwesend sein sollten.

Ein Blick auf die fast leere Wodkaflasche [reichte aus] und sie wusste, was los war.

Dieses Modell wurde, weil [es] leicht handhabbar und pflegeleicht [war], bald zum Verkaufsschlager.

→ siehe auch R 74 (Komma zwischen Haupt- und Nebensatz)

Eine Reihe von Nebensätzen, die zu Satzellipsen verkürzt worden sind, werden fast nur noch in dieser Kurzform verwendet. Diese sogenannten **formelhaften Nebensätze** werden nicht durch Komma abgetrennt.

Solche formelhaften Auslassungssätze sind vor allem **unvollständige Nebensätze**, deren Vollform mit den Konjunktionen ***wie, wenn*** oder ***falls*** eingeleitet wird. Man fasst diese Verkürzungen meist als **einfache adverbiale Bestimmungen** auf, die als Satzglied in den Satz einbezogen sind und trennt sie **nicht durch Komma** ab. Das **Komma kann** allerdings gesetzt werden:

Ich habe, **wie ich es schon angedeutet habe**, erste Gespräche mit dem Verein geführt.
→ Ich habe(,) **wie schon angedeutet**(,) erste Gespräche mit dem Verein geführt.

Falls es erforderlich ist, können Sie heute Abend noch eine Tablette nehmen.
→ **Falls erforderlich**(,) können Sie heute Abend noch eine Tablette nehmen.

Weitere Beispiele:

Wie angekündigt(,) sende ich Ihnen heute unseren neuesten Katalog.
Würden Sie(,) **falls möglich**(,) Ihre Unterlagen mitbringen?
Dieses Buch ist(,) **wie gesagt**(,) sehr empfehlenswert.
Ich komme(,) **wenn nötig**(,) nochmals vorbei.

Auch **mit *wo* eingeleitete unvollständige Nebensätze** sind häufig formelhaft geworden. Ein Komma kann, braucht aber nicht gesetzt zu werden:

Wo nötig(,) werden wir weitere Hinweise geben.
Bitte tragen Sie(,) **wo gekennzeichnet**(,) die gewünschten Angaben ein.
Die Stadtverwaltung wird versuchen, Straßensperrungen nur dort vorzunehmen(,) **wo unbedingt nötig**.

Wird ein **Fragesatz auf sein Fragewort reduziert**, kann dieses mit oder ohne Komma angeschlossen werden:

Ich habe das vor Kurzem noch gelesen, weiß aber nicht mehr(,) **wo**.
Sie hat nicht gesagt(,) **warum**, aber sie kommt nicht.
Er war plötzlich verschwunden. **Wohin**(,) weiß ich nicht.
Wir müssen ihm unbedingt etwas schenken, aber weißt du(,) **was**?

! Vor den folgenden mehrteiligen Wendungen muss **immer ein Komma** gesetzt werden, sofern sie nicht am Satzanfang stehen. Das Komma zwischendrin kann entfallen.

, angenommen(,) dass ...
, ausgenommen(,) wenn ...
, vor allem(,) wenn ...
, das heißt (d. h.) ...*
, egal(,) ...
, je nachdem(,) (ob) / wie ...
, und zwar ...

* Aufgepasst: Wenn nach ***das heißt*** ein kompletter Nebensatz folgt, muss ein weiteres Komma gesetzt werden:

Er rief erst abends an, **das heißt,** als er vom Büro zurückkam.

76 *Er kam, um zu siegen* – das Komma bei Infinitiven

Kommas können entfallen, wenn **bloße Infinitive** vorliegen:

Ich denke nicht daran(,) aufzuhören.
Wir beschlossen(,) zu hören, was er zu sagen hatte.

Vorsicht allerdings, wenn **Missverständnisse** möglich sind. Dann muss ein Komma stehen:

Der Lehrer verbot mir ständig zu widersprechen könnte bedeuten:
Der Lehrer verbot mir ständig**,** zu widersprechen.

Oder: Der Lehrer verbot**,** mir ständig zu widersprechen.

Kommas stehen bei **Infinitivgruppen mit *zu***,

die durch *als, (an)statt, außer, ohne, um* eingeleitet sind:

Ich ging auf den Hof**,** um das Auto zu waschen.
Niemand läuft über die Straße**,** ohne nach rechts und links zu schauen!
Dir bleibt nichts anderes übrig**,** als endlich den Mund zu halten.

die von einem Nomen abhängen, das den Infinitiv ankündigt:

Plötzlich hatte sie die Idee**,** sich einen Hund zuzulegen.
Seine Angewohnheit**,** immer die Wahrheit zu sagen**,** macht den Umgang mit ihm nicht einfach.

wenn auf die Infinitivgruppe durch ein anderes Wort hingewiesen wird:

Susanne genießt **es,** lange unter der heißen Dusche zu stehen.
Lange unter der heißen Dusche zu stehen**, das** genießt Susanne sehr.
Sie rechnet nicht **damit,** eine erhöhte Wasserrechnung zu bekommen.
Ich freue mich **darauf,** Sie bald in unserem Hause begrüßen zu dürfen.

(!) Sie dürfen allerdings **kein Komma** setzen bei **Infinitivgruppen**, die von den Hilfsverben ***haben*** oder ***sein*** oder von Verben wie ***brauchen, pflegen, scheinen*** abhängig sind.

Dieser Mensch hat hier nichts zu sagen.
Das Firmengebäude war schon von weitem zu sehen.
Meine Oma pflegte sich mittags hinzulegen.
Nach wenigen Minuten schien sie ihre Müdigkeit überwunden zu haben.

Ebenfalls **kein Komma** steht, wenn die Infinitivgruppe von ***es gibt*** abhängt.

Bei unserer Tombola gibt es tolle Preise zu gewinnen. / Es gibt bei unserer Tombola tolle Preise zu gewinnen.

Bei allen anderen Infinitivgruppen, die in den vorstehenden Regeln nicht erfasst sind, ist das Setzen eines Kommas freigestellt:

Seine liebste Freizeitbeschäftigung ist(,) mit den Kindern zu spielen.
Alles, was er tun muss, ist(,) diesen Brief zu überbringen.
Ihm immer Recht zu geben(,) wäre ein Fehler.
Deinen Gefühlen hier nachzugeben(,) ist wohl nicht die richtige Entscheidung.
Wir waren begierig(,) Näheres zu erfahren.

Ein **Komma** sollte aber unbedingt gesetzt werden, **wenn Missverständnisse möglich** sind:

Wir empfehlen ihm keine Antwort zu geben.

Hier wird die Aussageabsicht nur klar, wenn ein Komma gesetzt wird:

Entweder: Wir empfehlen**,** ihm keine Antwort zu geben.
Oder: Wir empfehlen ihm**,** keine Antwort zu geben.

Die **Infinitivgruppe** wird auch dann **nicht durch Komma abgetrennt**, wenn sie einen **übergeordneten Satz umschließt**. Diese Wortstellung ergibt sich dann, wenn ein Glied der Gruppe an die Spitze des Satzes gestellt wird, weil man es besonders betonen will. Es steht dann in **Spitzenstellung**.

Beispiel für die normale Wortstellung, bei der Hauptsatz und Infinitivgruppe getrennt sind:

Das Parlament beschloss(,) **die Wirtschaftshilfen sofort zu gewähren.**

übergeordneter Satz — Infinitivgruppe

Tritt ein Glied der Infinitivgruppe in die **Spitzenstellung**, darf vor dem restlichen Teil der Gruppe kein Komma gesetzt werden:

Die Wirtschaftshilfen beschloss das Parlament **sofort zu gewähren.**

Weitere Beispiele:

Normale Stellung:
Wir hoffen(,) **bis heute Abend genauere Informationen aus dem Katastrophengebiet vorliegen zu haben.**

Spitzenstellung:
Genauere Informationen aus dem Katastrophengebiet hoffen wir **bis heute Abend vorliegen zu haben.**
Aus dem Katastrophengebiet hoffen wir **bis heute Abend genauere Informationen vorliegen zu haben.**
Bis heute Abend hoffen wir **genauere Informationen aus dem Katastrophengebiet vorliegen zu haben.**

Kein Komma setzt man auch dann, wenn die **Infinitivgruppe** mit dem übergeordneten Satz **verschränkt** ist. Die zur Gruppe gehörenden Wörter sind auseinandergerissen und stehen vermischt mit den Wörtern des übergeordneten Satzes. Hier würde ein **Komma** den **Satzzusammenhang stören**.

Beispiel für die normale Wortstellung, bei der Hauptsatz und Infinitivgruppe getrennt sind:

Wir wollen versuchen(,) **diese Familientradition zu verstehen.**

übergeordneter Satz | Infinitivgruppe

Verschränkt:
Diese Familientradition wollen wir **zu verstehen** versuchen.

Weitere Beispiele :

Das ganze Ausmaß der Katastrophe werden die Menschen erst in einigen Tagen **zu begreifen** beginnen.
Er hat **die neue Kollegin** gleich **anzusprechen** versucht.
Er ist nicht einmal **sich selbst zu versorgen** imstande.

> Wenn die Infinitivgruppe lediglich aus ***zu* + Infinitiv** besteht, ist das Komma freigestellt:
>
> Es gab für sie die Hoffnung(,) gesund zu werden.

77 *Tina, meine Freundin* – das Komma bei Appositionen

Appositionen müssen in Kommas gesetzt werden. Stehen sie am Satzende, steht nur ein Punkt.

Wilhelm II**,** der letzte deutsche Kaiser**,** starb im Exil.
Sie liebt ihn**,** den besten aller Männer.
Meinem Enkel**,** dem frechen Bürschchen**,** werd ich's zeigen.
Der Ätna**,** größter Vulkan Europas**,** brach gestern wieder aus.

! In den folgenden Fällen haben Sie die Wahl:

bei dem Kürzel *geb.* (geborene):

Frau Anna Traubel(,) geb. Schwalm(,) starb im Alter von 99 Jahren.

wenn der Name erst danach steht:

Der leitende Direktor(,) Konrad Feld(,) hielt gestern eine schöne Rede.
Wir sind dem Vorsitzenden des FC Ellenheim(,) Karl Brauch(,) zu größtem Dank verpflichtet.

78 Das Komma bei Partizip-, Adjektiv- und anderen Wortgruppen

Partizip- und Adjektivgruppen oder auch sonstige Wortgruppen **können** Sie durch ein Komma vom restlichen Satz trennen. Aber aufgepasst: Wenn die Gruppe zwischen das Subjekt am Satzanfang und das Prädikat geschoben wird, **müssen** Sie sie in Kommas einschließen. Vergleichen Sie:

Völlig überrascht von dieser Nachricht(,) **ließ** sie den Löffel fallen.

Sie **ließ**(,) völlig überrascht von dieser Nachricht(,) den Löffel fallen.

Aber: Sie**,** völlig überrascht von dieser Nachricht**,** **ließ** den Löffel fallen.

Zum Angriff bereit(,) setzten sich die Hooligans in Bewegung.

Die Hooligans setzten sich(,) zum Angriff bereit(,) in Bewegung.

Aber: Die Hooligans, zum Angriff bereit, setzten sich in Bewegung.

Den Koffer in der Hand(,) sprang er einfach in den Fluss.

Er sprang(,) den Koffer in der Hand(,) einfach in den Fluss.

Aber: Er, den Koffer in der Hand, sprang einfach in den Fluss.

→ vergleiche jedoch mit R 83

79 *Du, Peter, …* – das Komma bei Anreden

Direkte Anreden setzt man **normalerweise in Kommas**.

Das, **meine liebe Susanne,** geht entschieden zu weit.
Lass das, **mein Freund,** ich bitte dich.

Wenn die **Anrede am Satzanfang oder Satzende** steht, wird sie durch ein Komma abgetrennt:

Sehr geehrter Herr Wohl, ich hoffe, ich konnte Ihnen in diesem Brief darlegen, …
Könnten Sie mal kurz kommen, Frau Meier?

! Bei der **Anrede im Brief- und Mailverkehr** haben Sie folgende Möglichkeiten bei der Kommasetzung:

Sehr verehrter, lieber Herr Probst,
Hallo, lieber Bruder,
Hallo, alter Freund,
Guten Tag(,) Frau Forst,

Sehr geehrter Herr Wading,
Hallo(,) Peter,
Hallo(,) Frau Forst,
Guten Tag, liebe Frau Forst,

Wenn Sie mit jemandem vertraut sind, können Sie statt des Kommas ans Ende der Anrede auch ein Ausrufezeichen setzen: Hallo(,) Frau Forst**!**

Aufgepasst: Nach der **Grußformel am Ende** des Briefes / der E-Mail steht **kein Komma**!

Mit freundlichen Grüßen	Grüße
Beste Grüße aus Stuttgart	Herzlichst

80 *Ach, das wusste ich nicht* – das Komma bei Ausrufen (Interjektionen)

Ausrufe (Interjektionen) werden durch ein Komma abgetrennt, wenn sie betont sind:

Ach, wie schön ist das!
Das ist doch**, zum Donnerwetter,** das Letzte!
Oh, wenn ich dich kriege!
Puh, jetzt bin ich aber fertig!

Sind die Ausrufe jedoch **nicht betont**, steht **kein Komma**:

Ach geh doch!
Oh du lieber Himmel!

81 Das Komma bei Parenthesen (Einschüben)

Parenthesen sind komplette Sätze oder Hauptsätze, die nicht Teil der eigentlichen Satzstruktur sind. Sie **müssen deshalb durch Kommas eingeschlossen werden**.

Die Wolkentürme entluden sich**, es war wohl so gegen acht,** in einem Platzregen.

Ihre fristlose Kündigung**, um das deutlich zu betonen,** ist unangemessen.

Ich werde mir morgen**, glaub mir's oder nicht,** diesen tollen Fernseher holen.

Statt Kommas können Sie hier auch **Gedankenstriche** setzen.

Das Komma bei Datums- und Ortsangaben

82

Bei Datums- und Ortsangaben werden die einzelnen Bestandteile durch Kommas getrennt. Das letzte Komma kann entfallen.

Die Ferien werden Donnerstag**, (den) 21. Juni**(**,**) beginnen.

Der Bus startet am Montag**, dem 16. Juli, 9.00 Uhr**(**,**) vom Marktplatz aus.

Sarah Müller**,** wohnhaft in Hannover**, Heinrichplatz 64, 1. Stock**(**,**) angeklagt.

Aber: Sie wohnt in Düren in der Thomasgasse 25 im 1. Stock.

Kein Komma bei Adverbialen am Satzanfang!

83

Adverbiale können sehr lang sein. Dennoch darf man sie nicht durch Kommas vom restlichen Satz abtrennen, wenn sie am Satzanfang noch **vor dem konjugierten Verb** stehen.

Wegen des anhaltend schlechten Wetters konnten die Arbeiten nicht voranschreiten.

Seit seiner Wahl zum Vereinsvorsitzenden ist er richtig rechthaberisch geworden.

Schon lange vor ihrer fünfmonatigen Weltreise hatte Frau Richter alles bis ins Kleinste geplant.

Nach unserer Besprechung vor zwei Tagen können wir nun richtig loslegen!

Stehen Adverbiale erst **nach dem konjugierten Verb**, kann man sie wahlweise in Kommas setzen oder nicht. Indem Sie solche Adverbiale in Kommas setzen, wird ihr Inhalt stärker betont. Sie sind ein Zusatz.

Er konnte(,) allerdings erst nach vielen schmerzhaften Untersuchungen(,) das Krankenhaus gestern wieder verlassen.

Das Essen kostete uns(,) einschließlich/inklusive der Getränke(,) nur 23 Euro.

Sie fahren(,) trotz der Absage des Konzerts(,) am Wochenende nach München.

Könnten Sie(,) bitte(,) das Fenster schließen?

Sie schrieb(,) entgegen dem Rat der anderen(,) den Brief noch am selben Tag.

Stehen **Adverbiale als Zusatz am Satzende**, sollte man sie immer durch Komma abtrennen.

Wir haben den früheren Zug nicht mehr erreicht, leider.
Sie ging stundenlang im Regen spazieren, trotz ihrer Erkältung.

(!) **Bei Zusätzen, die mit *zum Beispiel (z. B.)*** beginnen, müssen meistens Kommas gesetzt werden, weil sie aus dem Satzmuster fallen.

Ich liebe die südlichen Länder, z. B. Italien.
Blattsalate, z. B. Kopfsalat und Eichblattsalat, sollte man im Winter nicht essen.
Aber: Ich war zum Beispiel (z. B.) noch nie in Italien. (kein Zusatz → kein Komma)

Wenn Beispiele mit dem Wörtchen ***wie*** aufgelistet werden, hat man die Wahl:

Kinderkrankheiten(,) wie Masern und Windpocken(,) sind heute weitestgehend ausgerottet.

Vermeiden Sie die Ausdrucksweise *wie zum Beispiel*. Das ist ein Pleonasmus, also eine unnötige Dopplung. Entscheiden Sie sich einfach zwischen ***wie*** und ***z. B.***

halb Punkt, halb Komma – das Semikolon

84

Das Semikolon (Strichpunkt) verwendet man, um gleichrangige längere Sätze oder Wortgruppen voneinander abzugrenzen, wenn ein Komma zu schwach, ein Punkt aber zu stark erscheint. Da es keine festen Regeln für den Einsatz des Semikolons gibt, bleibt es dem Schreibenden überlassen, welches Zeichen er wählt, um den Grad an Abgrenzung zu erreichen, den er möchte.

Ein **Semikolon** kann stehen

zwischen unverbundenen Hauptsätzen und Wortgruppen:

Wir hatten lange nichts gegessen**;** wir froren und waren erschöpft**;** wir waren drauf und dran, mit unserem Leben abzuschließen.

Sie hatten einfach keinen Nerv mehr, ihn länger zu ertragen**;** seinen endlosen Reden zuzuhören**;** gegen seine Unbehlehrbarkeit anzukämpfen.

in Satzreihen, die durch Konjunktionen wie *aber, denn, deshalb, doch* verbunden sind:

Die Nord- und die Ostsee werden von deutschen Urlaubern gerne besucht**;** doch der Harz und die Eifel erfreuen sich wachsender Beliebtheit.

Das Problem hat sich von selbst erledigt**;** deshalb können wir uns jetzt anderen Dingen zuwenden.

um Satzgefüge voneinander abzugrenzen, zwischen denen ein Komma zu schwach ist:

Ich kann verstehen, dass du mir nicht glaubst; wenn du mich aber als Lügner hinstellst, werde ich mich wehren.

Sie überlegten noch, welchen Flug sie nehmen sollten; als sie sich dann entschieden hatten, war alles ausgebucht.

zwischen Gruppen gleichartiger Glieder einer längeren Aufzählung:

Um eine Holzvertäfelung anzubringen benötigt man Paneele, Latten, Abschlussleisten; Schrauben, Nägel, Klammern, Dübel; Bohrschrauber, Hammer, Zollstock, Wasserwaage.

° Wie gehe ich mit Doppelpunkt und Anführungszeichen um?

TESTEN SIE IHR WISSEN

1 Kommen Sie auf den (Doppel-)Punkt!

∴ 85

Wird in den folgenden Beispielen das erste Wort nach dem Doppelpunkt groß- oder klein geschrieben? Unterstreichen Sie.

a) Job, Haus, Boot, Frau, Vermögen: **alles / Alles** war weg.
b) Was ich sah, schockierte mich: **die / Die** ganze Ernte war zerstört.
c) Die Welt unter Wasser ist ganz anders: **Dunkel / dunkel**, kalt, nass, feindlich.
d) Keine Hausaufgaben machen, Schule schwänzen, Lehrer belügen: **das / Das** wird nicht geduldet.

2 Setzen Sie Zeichen!

∴ 86

Und zwar die in den Beispielen fehlenden Satzzeichen.

a) Kannst du fragte Mutter mich bitte mit in die Stadt nehmen und zog den Mantel an.
b) So also stellte er fest ist das mit den Satzzeichen.

3 Auf dem Boden des Grundgesetzes

∴ 87

Lassen Sie in diesem Text aus dem Grundgesetz die markierten Stellen weg und ersetzen Sie sie durch Auslassungspunkte.

Die Parteien wirken bei der politischen Willensbildung **des Volkes** mit. **Ihre Gründung ist frei**. Ihre innere Ordnung muss demokratischen Grundsätzen entsprechen.

4 Spiels noch einmal, Sam!

88

Machen Sie mithilfe verschiedener Anführungszeichen kenntlich, dass es sich hier um ein Zitat und Zitate innerhalb dieses Zitats handelt.

Ich zitiere aus dem Filmlexikon: Mit den Worten Louis, ich glaube, das ist der Beginn einer wunderbaren Freundschaft endet der zum Kultfilm gewordene amerikanische Film Casablanca mit Humphrey Bogart und Ingrid Bergman.

5 Hätten Sie's gewusst?

Welche der folgenden Kombinationen von Satzzeichen gibt es nicht?

a) : „
b) , „
c) ?“
d) ,“
e) !“

LÖSUNGEN

1 a) Alles/alles, **b)** Die, **c)** dunkel, **d)** Das/das • **2 a)** „Kannst du“, fragte Mutter, „mich bitte mit in die Stadt nehmen?“, und zog den Mantel an. **b)** „So also“, stellte er fest, „ist das mit den Satzzeichen.“ • **3** Die Parteien wirken bei der politischen Willensbildung ... mit. ... Ihre innere Ordnung muss demokratischen Grundsätzen entsprechen. • **4** Ich habe in einem Filmlexikon folgenden Eintrag gefunden: „Mit den Worten ‚Louis, ich glaube, das ist der Beginn einer wunderbaren Freundschaft‘ endet der zum Kultfilm gewordene amerikanische Film ‚Casablanca‘ mit Humphrey Bogart und Ingrid Bergman.“ • **5 d)**

85 Schreibe ich nach dem Doppelpunkt groß oder klein?

Der Doppelpunkt ist das Zeichen dafür, dass danach etwas folgt, das vor dem Doppelpunkt angekündigt wurde. Als Grundregel gilt: Folgt auf den Doppelpunkt ein **ganzer Satz oder wenigstens ein Kurzsatz**, so schreibt man den ersten Buchstaben **groß**.

Was ich sah, schockierte mich**:** **D**ie ganze Ernte war zerstört.
Alles in mir verbog sich zu einem Fragezeichen**:** **W**arum?

In anderen Fällen schreibt man **der Wortart entsprechend groß (Nomen) oder klein**.

Er warf alles aus dem Fenster**:** **d**ie Stühle, den Fernseher und die Kommode.
Die Welt unter Wasser ist ganz anders**:** **d**unkel, kalt, nass, feindlich.

Weitere Anwendungsbeispiele:

Wir suchen**:** Zerspanungsmechaniker
Mechatroniker
Aushilfskräfte
Auszubildende

Französisch**:** mangelhaft

Wenn **nach dem Doppelpunkt zusammengefasst** wird, was vorher ausgeführt wurde, kann man klein oder groß weiterschreiben:

Job, Haus, Boot, Frau, Vermögen**:** **a**lles / **A**lles war weg.
Keine Hausaufgaben machen, Schule schwänzen, Lehrer belügen**:** **d**as / **D**as wird nicht geduldet.

Theodor Fontane**:** Irrungen, Wirrungen

Oft vermeidet man durch **Satzkonstruktionen mit dem Doppelpunkt** auch eine Konstruktion aus Haupt- und Nebensatz. Dadurch wird der Text zwar leichter lesbar, klingt jedoch nicht mehr so elegant. Statt

Für alle war klar**:** Was im Überfluss vorhanden ist, ist nur wenig wert.
Hinzu kommt**:** Sie haben mit Preissteigerungen gedroht.

kann man auch schreiben:

Allen war klar, dass nur wenig wert sein kann, was im Überfluss vorhanden ist.
Sie haben darüber hinaus mit Preissteigerungen gedroht.

86 Welche Zeichen benötige ich bei der wörtlichen Rede?

Was wörtlich wiedergegeben wird, schließt man in **Anführungszeichen** ein:

„So also ist das.**“**

Leitet man die wörtliche Wiedergabe durch einen **Begleitsatz** ein, benötigt man den Doppelpunkt:

Er stellte fest**: „**So also ist das.**“**

Unterbricht der Begleitsatz die Wiedergabe der wörtlichen Rede, werden Kommas gebraucht, die den Begleitsatz einschließen:

„So also**“,** stellte er fest**, „**ist das mit den Satzzeichen.**“**

Tritt der Begleitsatz ans Ende, entfällt der Schlusspunkt bei der wörtlichen Rede:

„So also ist das**“,** stellte er fest.

Beim wiedergegebenen Satz lässt man den Punkt auch weg, wenn er im Inneren eines Gesamtsatzes steht:

Er versprach: „Ich hole dich gleich ab**“,** und verschwand um die Ecke.

Handelt es sich bei der wörtlichen Rede um eine **Aufforderung, einen Ausruf oder eine Frage**, werden Ausrufe- bzw. Fragezeichen benötigt. Dabei kann es zur Zeichenhäufung kommen:

„Gib mir gefälligst die Zange**!“,** herrschte ich ihn an.
„Das also hat man nun davon**!“,** schimpfte sie.
„Kann ich bitte das Salz haben**?“,** fragte Susanne.
Sie sagte: „Hol schon mal das Auto**!“,** und wandte sich dem Spiegel zu.
„Kannst du**“,** fragte Mutter**,** „mich bitte mitnehmen**?“,** und zog den Mantel an.

Wenn auch der **Begleitsatz eine Aufforderung, ein Ausruf oder eine Frage** ist, behalten sowohl der Begleitsatz wie auch die wörtliche Rede ihre Satzzeichen. Das Zeichen für den Begleitsatz steht dann ganz am Ende:

Sag ihm endlich**:** „Halt den Mund**!“!**
Wenn doch irgendjemand endlich fragte**:** „Was soll das Ganze**?“!**
Fragte sie tatsächlich**:** „Wo bin ich geboren**?“?**
Frag sie doch endlich**:** „Wo ist das Testament**?“!**

87 Wie zitiert man richtig?

Fürs Zitieren gelten ähnliche Regeln wie für die wörtliche Rede, weil es sich hier ebenso um die wörtliche Wiedergabe von Äußerungen handelt.

> **!** Geben Sie ein **Zitat immer unverändert**, das heißt in der Originalform, mit den entsprechenden Zeichen wieder:
>
> Das Buch „Verliebe dich oft, verlobe dich selten, heirate nie?“ von Felicitas von Lovenberg hat mir sehr gut gefallen.

Das gilt auch, wenn das Verb des Satzes eigentlich einen anderen Kasus verlangt:

Viel Vergnügen mit „Das Quiz" mit Jörg Pilawa!
Ich habe gestern ein wenig in „Die Akte" von John Grisham gelesen.

Meist zitiert man

Wörter oder Ausdrücke, zu denen man eine Aussage machen will:

Seine Frau nennt ihn immer „Pummelchen", was ich gar nicht gut finde.
Der Begriff „freiwillige Ausreise" wurde zum Unwort des Jahres gewählt.

Überschriften, Buchtitel, Namen von Zeitungen und Zeitschriften etc.

Ich las in „FOCUS online" den Artikel „Paris Hilton leckt ihre Wunden".
In „Der Zauberberg" von Thomas Mann wird Davos genau beschrieben.
Die nächste Ausgabe des „Stern" erscheint am Montag.
Erinnern Sie sich an die Sendung „Was bin ich?"?

Äußerungen, Sprichwörter etc., zu denen man eine Bemerkung macht:

Sein fröhliches „Na, ihr Lausebande" munterte uns immer wieder auf.
Sag nicht „Wer einmal lügt, dem glaubt man nicht", denn es ist unfair.
Wenn unser Lehrer „Stop talking!" rief, schwiegen alle sofort.

ironisch gemeinte Bemerkungen, die als solche deutlich gemacht werden sollen:

Er tut immer so, als sei er der „liebe Onkel", er ist aber ein gemeiner Kerl.
Wenn Politiker abtauchen wollen, bekommen sie die „politische Grippe".
Die Polizei, „dein Freund und Helfer", hat meinen „Lappen" eingezogen.

Auszüge aus Büchern oder Texten. Wenn man den Auszug gekürzt zitiert, muss man die Stellen, an denen man kürzt, durch **Auslassungspunkte** kennzeichnen:

Aus Theodor Fontanes „Irrungen Wirrungen"**:** „Aber da sind ja noch Erdbeeren ... und wenn wir eine recht große finden, dann wollen wir sie mitnehmen ... und dann freut er sich. Denn ... er ist ein Mann wie'n Kind und eigentlich der Beste.**"**

Für **Auslassungspunkte** gilt folgende Regel:

Wenn man **ganze Wörter oder Sätze** auslässt, setzt man vor und hinter die Auslassungspunkte einen Leerschritt → siehe auch das Fontane-Zitat über diesem Tipp.

Am Nachmittag wird ein Wetterumschwung für Regen sorgen. **...** Insgesamt ist es für diese Jahreszeit zu kühl.

Werden **bei einem einzelnen Wort** Buchstaben ausgelassen, setzt man keinen Leerschritt vor den Auslassungspunkten:

Es gibt verschiedene Wege, das Wort „versch**...**e" zu vervollständigen.
So eine Sch**...**!

Am Satzende wird kein zusätzlicher Punkt gesetzt. Ausrufe- und Fragezeichen können gesetzt werden; dann aber ohne Leerschritt:

Er ging langsam die Treppe hinunter **...**
Warum nur hatte er **...?**

In wissenschaftlichen Texten werden Auslassungspunkte häufig zusätzlich in eckige Klammern gesetzt:

Anhand dieser Versuchsreihe **[...]** konnte der Nachweis erbracht werden.

Wenn man etwas **mündlich zitiert**, zum Beispiel während einer offiziellen Rede, muss man den Zuhörern ebenfalls deutlich machen, wo das Zitat beginnt und wo es endet:

„Ich zitiere aus dem Brief vom 25. Mai: [Zitat] – **Ende des Zitats."**

Wie kennzeichne ich ein Zitat innerhalb einer wörtlichen Rede? 88

Es kommt vor, dass in einem Text, der bereits in Anführungszeichen steht, ein weiterer Text in Anführungszeichen enthalten ist. Dieser steht dann **in einfachen (halben) Anführungszeichen**:

Unser Lehrer erklärte**:** **„**Der Satz **‚**Das Wesentliche ist für die Augen unsichtbar**‘** stammt aus **‚**Der kleine Prinz**‘** von Antoine de Saint Exupéry.**“**

Es gibt noch andere Möglichkeiten, wörtlich Wiedergegebenes kenntlich zu machen, z. B. die **Kursivschrift**:

Mit dem Gedanken *Hoffentlich ist morgen alles vorbei!* schlief ich ein.

Es gibt auch **andere Formen der Anführungszeichen**:

»Dann ist es aussichtslos**«,** sagte der kleine Prinz.

Viele Schriftsteller **verzichten** heutzutage **auf jegliche Kennzeichnung** der wörtlichen Rede:

Ich kann dich erledigen, sagte der Neue.

GRAMMATIK

Nomen und ihre Deklination

TESTEN SIE IHR WISSEN

1 Was zum Schwitzen → 91

Welches der markierten Wörter ist richtig? Unterstreichen Sie es.

Wie macht man es einem **Eisbär / Eisbären** bei 25 Grad plus bequem?

2 Zähne zeigen → 93

Welches der markierten Wörter ist richtig? Unterstreichen Sie es.

Wie viele Zähne besitzt das Maul eines **Zackenbarsches / Zackenbarschs**?

3 Jahresläufe → 90 → 93

Welche der markierten Wörter sind richtig? Unterstreichen Sie.

Wie viel Heu frisst ein Kamel im **Lauf / Laufe** eines **Jahrs / Jahres**?

4 Nicht mit dir, aber auch nicht ohne dich - gilt auch fürs Dativ-e → 90

Welche der markierten Wörter sind richtig? Unterstreichen Sie es.

Da stehen mir ja die Haare zu **Berg / Berge**, und ich kann nur hoffen, dass die ganze Sache im **Sand / Sande** verläuft.

5 Probleme mit dem starken Geschlecht → 89

Welches der markierten Wörter ist richtig? Unterstreichen Sie es.

Welcher Hund hat dich gebissen, der des **Bauern** oder der des **Bauers**?

6 Grammatikprobleme eines Großwildjägers → 91

Welche der markierten Wörter sind richtig? Unterstreichen Sie.

Erst gab's Ärger mit dem **Journalist /Journalisten** vom Tierschutzmagazin, dann lief er einem **Elefant / Elefanten** vor die Füße.

7 Grammatisch einwandfreie Besitzverhältnisse

∴ 96

Kreuzen Sie die richtige Lösung an.

Wenn Ihnen Ihre Freundin ihr Auto geliehen hat und Sie es nicht ordnungsgemäß benutzt haben, sagen Sie ...

a) Ich habe meiner Freundin ihr Auto zu Schrott gefahren.
b) Ich habe das Auto meiner Freundin zu Schrott gefahren.
c) Ich habe das Auto von meiner Freundin zu Schrott gefahren.

8 Nur ganz friedlich geglaubt

∴ 101

Welche der markierten Wörter sind richtig? Unterstreichen Sie

Fehlt mir der **Glaube / Glauben** an mehr **Friede / Frieden**?

9 Immer schön richtig adressieren

∴ 97

Welche Anschrift auf einem Briefumschlag ist richtig? Kreuzen Sie an.

a) **Herr** Max Meier, Müllerstr. 3, 45678 Musterhausen
b) **Herrn** Max Meier, Müllerstr. 3, 45678 Musterhausen

10 Verbote müssen auch sein – aber bitte grammatisch korrekt!

∴ 96

Wie drücken Sie diesen Satz stilistisch und grammatisch korrekt aus?

Das Betreten von dem Rasen ist verboten!

LÖSUNGEN

1 Eisbären • **2** Beide Varianten möglich: Zackenbarschs / Zackenbarsches • **3** Alle Varianten möglich: Lauf / Laufe, Jahr / Jahres • **4** Beide Varianten möglich: zu Berg / Berge, im Sand / Sande • **5** Beides ist möglich, allerdings haben die Wörter unterschiedliche Bedeutung: Schwache Deklination (des Bauern) = der Landwirt; starke Deklination (des Bauers) = Erbauer • **6** mit dem Journalisten; einem Elefanten • **7** b) • **8** Beide Varianten möglich: Friede / Frieden, Glaube / Glauben • **9** b) • **10** Das Betreten des Rasens verboten; oder ganz kurz und knapp: Betreten des Rasens verboten!

Grammatikalisch schwach

Traditionell gelten Frauen als das schwache Geschlecht, Männer als das starke. Darüber kann man natürlich völlig unterschiedlicher Meinung sein, und die Diskussionen über dieses Thema füllen folglich viele Bücherregale und fast alle Medien.

Auch in der Grammatik gibt es bekanntlich verschiedene Geschlechter, aber starke und schwache Rollen sind hier ganz anders verteilt als im wirklichen Leben. Probleme bereitet hier hauptsächlich das nur vermeintlich starke Geschlecht, die maskulinen Nomen nämlich! Feminine Nomen sind dagegen völlig unkompliziert. Denn egal ob sie stark oder schwach gebeugt werden, sie bleiben im Singular endungslos und bereiten auch im Plural keine nennenswerten Probleme. Zu denken gibt, dass die meisten männlichen Lebewesen schwach dekliniert werden. Ob Jacob Grimm, der die Begriffe *starke* und *schwache Deklination* einführte, in Wirklichkeit ein heimlicher Vorreiter der Frauenemanzipation war? Fest steht aber, dass sich Jacob Grimm mit seinem Bruder und vielen Nachfolgern und Nachfolgerinnen um die deutsche Sprache verdient gemacht hat.

Weil maskuline Nomen so viele grammatische Probleme bereiten, dominieren sie das folgende Kapitel – vielleicht sind die Unterschiede zwischen Grammatik und Leben also doch gar nicht so groß.

89 Merkmale für starke, schwache und gemischte Deklination

Merkmale für starke Deklination:

- Maskuline und neutrale Nomen enden im Genitiv Singular auf **-s** oder **-es** (→ R 93).
  Die Endung **-es muss angehängt** werden, wenn ein **Nomen *auf* -s, -ß, -ss, -x, -z, -tz** endet: des Glas**es**, des Fuß**es**, des Fluss**es**, des Komplex**es**, des Geiz**es**, des Platz**es** …
  Die Vollform **-es** oder die verkürzte Endung **-s kann angehängt** werden, wenn das Nomen einsilbig ist, z. B. des Tag(e)s, des Wort(e)s, oder wenn die letzte Silbe betont ist, z. B. des Erfolg(e)s, des Gemüt(e)s.
  (→ vgl. hierzu jedoch R 93, Pkt. 3)

- Alle maskulinen, femininen und neutralen Nomen enden im Nominativ Plural auf **-e** oder ***-er*** oder bleiben endungslos.
- Viele stark deklinierte Nomen, besonders die femininen, weisen im Plural einen Umlaut auf.

Starke Deklination, Singular

	maskulin	feminin	neutral
Nominativ	der Rat/Lehrer	die Hand	das Rad
Genitiv	des Rat(**e**)**s**/Lehrer**s**	der Hand	des Rad(**e**)**s**
Dativ	dem Rat/Lehrer	der Hand	dem Rad
Akkusativ	den Rat/Lehrer	die Hand	das Rad

Starke Deklination, Plural

Nominativ	die R**ä**t**e**/Lehrer	die H**ä**nd**e**	die R**ä**d**er**
Genitiv	der R**ä**t**e**/Lehrer	der H**ä**nd**e**	der R**ä**d**er**
Dativ	den R**ä**t**en**/Lehrer**n**	den H**ä**nd**en**	den R**ä**d**ern**
Akkusativ	die R**ä**t**e**/Lehrer	die H**ä**nd**e**	die R**ä**d**er**

Merkmale für schwache Deklination:

- Maskuline Nomen enden in allen Fällen des Singulars und des Plurals auf ***-en*** bzw. ***-n***. Nur im Nominativ Singular enden sie auf **-e** oder sind endungslos.
- Feminine Nomen enden in allen Fällen des Plurals auf ***-en*** bzw. ***-n***.

Schwache Deklination, Singular

	maskulin	feminin	neutral
Nominativ	der Prinz	die Frau	–
Genitiv	des Prinz**en**	der Frau	–
Dativ	dem Prinz**en**	der Frau	–
Akkusativ	den Prinz**en**	die Frau	–

Schwache Deklination, Plural

Nominativ	die Prinz**en**	die Frau**en**	–
Genitiv	der Prinz**en**	der Frau**en**	–
Dativ	den Prinz**en**	der Frau**en**	–
Akkusativ	die Prinz**en**	die Frau**en**	–

90 Bei *Tage* betrachtet – Dativ Singular mit oder ohne -*e*?

Das **Dativ-e** im Singular bei stark deklinierten Nomen gilt heute als veraltet und ist nur noch in wenigen Wendungen gebräuchlich, z. B.:

im Sinn**e** von, im Fall**e** des, im Lauf**e** des; Haare, die zu Berg(**e**) stehen; nach Haus**e** gehen, bei Tag**e**, im Jahr(**e**) 2000, jemanden zu Rat**e** / zurat**e** ziehen, das Kind im Mann**e**, zu Kreuz**e** kriechen, zu Buch**e** schlagen, auf dem Land**e**, im Grund**e**, am Fuß**e** des Berges, im Sand(**e**) verlaufen, im Stand(**e**) / imstand(**e**) sein, jemandem etwas zu Leid(**e**) / zuleid(**e**) tun, hier zu Land**e** / hierzuland**e**, zu Tag**e** / zutag**e** treten

Einige solcher Ausdrücke existieren inzwischen nur noch als Adverb, z. B.:

zumute sein, beileibe

91 Sieh den *Knaben*! – Nomen mit Endung -*en* im Akkusativ und Dativ Singular

Schwach dekliniert werden alle Bezeichnungen für **maskuline Lebewesen, die im Nominativ Singular auf -*e*** enden; das bedeutet, dass sie im Akkusativ und Dativ Singular auf ***-en*** enden müssen, z. B.:

der Aff**e**, des Aff**en**, dem Aff**en**, den Aff**en**

→ R 89 (starke und schwache Deklination)

Ebenso z. B.: der Bote, der Hase, der Junge, der Knabe, der Laie, der Löwe, der Neffe, der Rabe, der Riese, der Schöffe, der Zeuge

Hierzu gehören auch **männliche Nationalitätsbezeichnungen**, z. B.:

der Brite, der Chinese, der Franzose, der Kroate, der Monegasse, der Serbe, der Singhalese, der Türke

Auch einige männliche **Lebewesen**, die inzwischen das **-e** im Nominativ Singular verloren haben, werden schwach dekliniert, z. B.:

der Bär, des Bär**en**, dem Bär**en**, den Bär**en**

Ebenso z. B.: der Fürst, der Graf, der Held, der Mensch, der Narr, der Tor, der Vorfahr

Alle **maskulinen Nomen** auf ***-ant, -ent, -at, -ist, -oge*** werden ebenfalls schwach gebeugt, erhalten also im Genitiv, Dativ und Akkusativ Singular die Endung ***-en***, z. B.:

der Elefant, des Elefant**en**, dem Elefant**en**, den Elefant**en**

Ebenso: der Jurist, der Konsonant, der Konsument, der Kontrahent, der Literat, der Musikant, der Pädagoge, der Pianist, der Polizist ...

→ siehe auch R 104 - 106 (Fremdwörter)

> (!) Keine Regel ohne Ausnahme. Bei dem Nomen ***Herr*** fällt das **-e** bei den Singularendungen weg:
>
> der Herr, des Herr**n**, dem Herr**n**, den Herr**n**
> → siehe auch R 101
>
> Das ***Herz*** fällt völlig aus dem Rahmen, es wird unregelmäßig gebeugt:
>
> das Herz, des Herz**ens**, dem Herz**en**, das Herz

Die Umgangssprache, aber auch die medizinische Fachsprache, neigt jedoch dazu, im Dativ Singular nicht die schwach gebeugte Form *des Herzens* zu benutzen, sondern hier die ungebeugte Form *Herz*:

Er hat es am Herz / mit dem Herz.

In gutem Deutsch sollte hier aber korrekt gebeugt werden:

Er hat es am Herz**en** / mit dem Herz**en**.

Einige maskuline Nomen werden **schwach und stark dekliniert**:

der **Ahn**, des Ahnen / Ahn(e)s, dem Ahnen / Ahn, den Ahnen / Ahn
der **Nachbar**, des Nachbarn / Nachbars, dem Nachbarn / Nachbar, den Nachbarn / Nachbar ...

→ siehe auch R 101

Der ***Bauer*** wird je nach Bedeutung **stark oder schwach dekliniert**:
Bauer = *Landwirt* → schwache Deklination:
des Bauer**n**, dem Bauer**n**, den Bauer**n**

Bauer = *Erbauer oder Vogelkäfig* → starke Deklination:
des Bauer**s**, dem Bauer, den Bauer

92 Fehler des *Autors*? – Nomen auf *-or*: Genitiv Singular mit *-s* oder *-en*?

Nomen, die im Nominativ Singular auf **unbetontes *-or*** enden, werden im Singular stark dekliniert, erhalten also im Genitiv Singular die Endung ***-s***.

der Autor, des Autor**s**, dem Autor, den Autor

Ebenso: der Kurator, der Motor, der Rotor, der Tenor (*Haltung, Sinn, Wortlaut*), Traktor ...

Den ***Matador*** dürfen Sie **stark oder schwach** deklinieren, obwohl er auf der letzten Silbe betont wird → des Matador**s** / des Matador**en**.

Im Plural werden all diese Nomen jedoch nur **schwach** dekliniert:

die Autor**en**, der Autor**en** ... (→ R 89)

Auch der ***Tenor*** (*Sänger*) unterliegt der starken Deklination, und zwar auch im Plural:

des Tenor**s**, dem Tenor, den Tenor, die Ten**öre**

Zeichen des *Erfolges* – Genitiv Singular nur mit -*s* oder mit -*es*? 93

Für die Genitivendungen der stark deklinierten maskulinen und neutralen Nomen gelten folgende Regeln:

- Endet das Nomen im Nominativ auf ***-s, -ss, -ß, -x, -tz*** oder ***-z***, **muss** der Genitiv Singular mit der Endung ***-es*** gebildet werden. Das **e** wird hier aus lautlichen Gründen eingeschoben. Es erleichtert die Aussprache. Beispiele: des Haus**es**, des Schloss**es**, des Schoß**es**, des Präfix**es**, des Platz**es**, des Schmerz**es**

- Endet das Nomen im Nominativ auf ***-sch, -tsch, -st***, überwiegt die Endung ***-es***. Die kürzere Endung ***-s*** ist aber ebenfalls möglich. Beispiele: des Fisch**es**/des Fisch**s**, des Matsch**es**/des Matsch**s**, des Mast**es**/des Mast**s**

Grundsätzlich wird der Genitiv in allen anderen Fällen mit ***-s*** gebildet. Einige Tendenzen sind jedoch erkennbar:

- Besteht das **Nomen aus nur einer Silbe**, wird häufig die Genitivendung ***-es*** benutzt. Das betrifft vor allem Wörter des Grundwortschatzes wie des Jahr**es**, des Tag**es**, des Mann**es**. Die Endung ***-s*** ist jedoch auch erlaubt.
- Auch der Genitiv von **Nomen mit betonter Endsilbe** wird oft mit ***-es*** gebildet: des Ertrag**es**, des Erfolg**es**, des Gewinn**es**, des Produkt**es**.

→ siehe auch R 119 (Deklination von *jeder*), sowie R 124 (Fragepronomen *welcher*)

94 die Schenkung *Pippins des Jüngeren* – parallele Beugung mehrteiliger Eigennamen

Steht nach **Eigennamen im Genitiv** eine **Apposition** (Beifügung) aus Artikel + Adjektiv, dann wird diese Apposition parallel gebeugt, steht also ebenfalls im Genitiv:

am Hofe **Ludwigs des Frommen**
die Regierungszeit **Augusts des Starken**
ein Bild **Katharinas der Großen**

Steht vor dem Eigennamen ein **Titel ohne vorangehenden Artikel**, werden nur der Name und die Apposition dekliniert, der **Titel bleibt ungebeugt**:

am Hofe **Kaiser Ludwigs des Frommen**
die Regierungszeit **König Augusts des Starken**
ein Bild **Zarin Katharinas der Großen**
Präsident Obamas erste Reise nach Moskau
eine Enzyklika **Papst Johannes' XXIII. (des Dreiundzwanzigsten)**

Steht **vor dem Titel** jedoch ein **Artikel**, wird nur der Titel dekliniert, der Name bleibt endungslos. Eine **Apposition** steht **im gleichen Kasus** wie das bestimmende Nomen:

eine Urkunde **des Kaisers Ludwig**,
(mit Apposition:) am Hofe **des Kaisers Ludwig des Frommen**

die Regierungszeit **des mächtigen Königs August**
(mit Apposition:) die Regierungszeit **des mächtigen Königs August des Starken**

die Ehe **der schottischen Königin Maria** mit Philipp von Spanien
(mit Apposition) die Ehe **der schottischen Königin Maria der Katholischen** mit Philipp von Spanien

die erste Auslandsreise **des Präsidenten Obama**

Plenzdorfs Version der Leiden des jungen *Werther* – das Genitiv-*s* bei Personennamen und geografischen Namen

95

Wenn **Eigennamen** (Familiennamen, Personennamen, Vornamen) sowie geografische Namen ohne Artikel stehen, erhalten sie **im Genitiv** die Endung **-*s***. In allen anderen Kasus sind sie endungslos:

Wir haben **Shakespeares** „Macbeth" im Unterricht gelesen.
Bei Livius wird von **Hannibals** Zug über die Alpen berichtet.
Der Schauspieler hat **Mephistos** Rolle sehr eigenwillig interpretiert.
Maradonas mit der Hand erzieltes Tor ist in die Fußballgeschichte eingegangen.
Das ist **Marks** neue Freundin.
Ich habe das von **Petras** Mutter gehört.
Hamburgs Innensenator will zurücktreten.
Deutschlands Verfassung trägt den Namen Grundgesetz.

Geht einem Familien-, Personen-, oder Vornamen ein **Artikel** oder ein anderer Begleiter voraus, hat er keine Deklinationsendung. Der Genitiv wird durch den Artikel (das Artikelwort) angezeigt:

Die Partie **des Othello** war glänzend besetzt.
In den Kriminalromanen **der Donna Leon** wird unverhohlen Kritik am korrupten bürokratischen System geübt.
Es war die unnachahmliche Spielweise **dieses Manni Kaltz**, die ihn bei den Fans zum „Flankengott" machte.

Auch bei vorausgehendem Artikel + Attribut bleibt der Name ohne Deklinationsendung; auch hier wird der Kasus im Artikel bzw. Begleiter angezeigt:

Die Ausstellung zeigt Bilder **des jungen Picasso** (nicht: des jungen ~~Picassos~~).
Es bedarf **keines zweiten weisen Salomo** (nicht: keines zweiten weisen ~~Salomos~~), um in diesem Fall das richtige Urteil zu sprechen.

Eigennamen, die auf ***-s, -ss, -ß, -z, -tz, -x,*** oder ***-ce*** enden, haben keine Genitivendung. Stattdessen wird der Genitiv durch einen **Apostroph** markiert:

Das ist **Max'** Computer.
Dies sind **Grass'** Werke.
Auf Drängen Papst **Innozenz'** III. (des Dritten) ließ Friedrich I. sich zum Gegenkönig ausrufen.
Eine der Erfindungen Henri de **France'** ist das SECAM-System.

Geografische Namen, die Maskulina oder Neutra sind, erhalten im Genitiv zumeist die Endung ***-s***:

die Anlieger des Rhein**s**
die Erstbesteigung des Matterhorn**s**
die Weine des Bodensee**s** (entsprechend der Deklination des Grundworts *See*)
die Nordwand des Eiger**s**
die Wintersportorte des Schwarzwald**s** (entsprechend der Flexion des Grundworts *Wald*)

Bei einer Reihe von **geografischen Namen** kommen neben flektierten auch **endungslose Formen** vor:

die höchste Erhebung des Rigi**s**/Rigi
die Quelle des Inn**s**/Inn in Graubünden
die Länge des Nil**s**/Nil
die Regierungschefs des Irak**s**/Irak, des Kongo**s**/Kongo und des Jemen**s**/Jemen

Bei geografischen Namen, die auf ***-s, -ss, -x*** oder ***-z*** enden, schwankt der Gebrauch flektierter und unflektierter Formen:

am Fuße **des Harzes** (nicht: ~~des Harz~~)
Nördlingen als wirtschaftlicher Mittelpunkt **des** Nördlinger **Rieses** (nicht: ~~des Ries~~)
der höchste Berg des Kaukasus (nicht: ~~des Kaukasuses~~)
der höchste Berg **des Taunus** (nicht: ~~des Taunusses~~)
Aber:
einer der bekanntesten Weinorte **des Elsasses / des Elsass**

96 Ist das *Betreten von diesem Rasen* verboten? – Wann darf man statt des Genitivs *von* + Dativ benutzen?

Der Genitiv folgt häufig auf ein Nomen. Dann wird er als **attributiver Genitiv** oder **Genitivattribut** bezeichnet. Das Genitivattribut kann verschiedene Aufgaben übernehmen:

Nicht erlaubt ist die Umschreibung mit ***von*** + **Dativ** in den folgenden Fällen:

- Das Genitivattribut drückt ein **Besitzverhältnis** aus; das Genitivattribut ist also der Besitzer des davorstehenden Nomens:

  besitzt besitzt besitzt
  der Computer **der Frau**, das Auto **des Kindes**, die Tasche **des Mannes**

  In der Umgangssprache wird gerade in diesen Fällen statt der Genitivkonstruktion oft eine Fügung aus ***von* + Dativ** benutzt:

  der Garten **von der Familie** statt der Garten **der Familie**
  das Haus **von Herrn Müller** statt **Herrn Müllers** Haus
  (Das Genitivattribut ist beim zweiten Beispiel ein Eigenname, deshalb steht es vor dem Bezugswort)

> (!) Im Schriftlichen sollte man bei Besitzverhältnissen die Umschreibung mit ***von* + Dativ** unbedingt **vermeiden**!
>
> Völlig falsch ist die Konstruktion ~~meiner Oma ihr Häuschen.~~ Das Besitzverhältnis darf nicht durch einen Dativ in Verbindung mit einem Possessivbegleiter ausgedrückt werden. Richtig ist nur das Häuschen meiner Oma.

- Das Genitivattribut vertritt die Person oder den Gegenstand, **von dem die Handlung oder ein Zustand ausgeht**, der im davorstehenden Nomen zum Ausdruck gebracht wird.

  Handlung
  die Abfahrt **der Gäste** (Genitiv) ~~die Abfahrt von den Gästen~~

  Tipp: Wenn Sie aus der Genitivkonstruktion einen Satz bilden können, bei dem das Genitivattribut zum **Subjekt** (wer?) wird, dürfen Sie den Genitiv **nicht durch *von* + Dativ ersetzen:**
  Die Gäste (Subjekt) fahren ab.

- Das Genitivattribut benennt die Person oder den Gegenstand, **auf den sich die Handlung** des davorstehenden Nomens **richtet**:

  Handlung
  die Vermessung **der Welt** (Genitiv) ~~die Vermessung von der Welt~~

  Tipp: Wenn Sie aus der Genitivkonstruktion einen Passivsatz bilden können, bei dem das Genitivattribut zum **Subjekt** (wer?) wird, dürfen Sie den Genitiv **nicht durch *von* + Dativ ersetzen:** Die Welt (Subjekt) wird vermessen.
  Deshalb ist auch „das Betreten von dem Rasen" verboten. Richtig heißt es nur: Das **Betreten des Rasens** ist verboten. *(Der Rasen darf nicht betreten werden.)*

> Wenn nicht eindeutig ist, ob das Genitivattribut den handelnden Part oder einen passiven Part darstellt, darf statt des Genitivs eine Konstruktion mit ***durch*** **+ Akkusativ** benutzt werden:
>
> die Beobachtung der Gelehrten (Genitiv) kann heißen:
> die Gelehrten beobachten **oder** die Gelehrten werden beobachtet
>
> Schreibt man die Beobachtungen **durch die Gelehrten**, wird klar, dass die Gelehrten Beobachtungen anstellen und nicht, dass sie beobachtet werden.

Erlaubt und üblich ist die Umschreibung mit ***von*** **+ Dativ**

- **bei geografischen Namen**:
  die Brücken **von** Amsterdam, die Dächer **von** Paris, der Kaiser **von** China ...
- in Verbindung mit einem **nicht gebeugten Zahlwort ohne Artikel**:
  der Preis **von** drei Theaterkarten

Erlaubt, aber sprachlich nicht elegant ist die Umschreibung mit ***von*** **+ Dativ**, wenn das Genitivattribut nach einer **Mengenbezeichnung** steht:

ein Teil von den Daten, aber **besser**: ein Teil der Daten
die Hälfte von den Anwesenden, aber **besser**: die Hälfte der Anwesenden
der Rest von unserem Urlaub, aber **besser**: der Rest unseres Urlaubs

Geben Sie *Name* und *Adresse* an! – Wann muss ich nicht deklinieren? 97

Jedes Nomen kann und muss im Normalfall die vier Fälle Nominativ, Genitiv, Dativ und Akkusativ nach der starken, schwachen oder gemischten Deklination bilden (→ R 89). Dennoch gibt es Ausnahmen, in denen die Deklination des Nomens unterbleibt:

- **Wegfall des Genitiv-*s* bei Personennamen** (vollständiger Name oder Nachname), **die von einem Artikel begleitet sind**:

  Hast du die Filme **der** Sophia Loren gesehen?
  Wer übernimmt die Rolle **des** Faust?

- **Wahlweise mit oder ohne Genitiv-*s*** können Monatsnamen, Sprachbezeichnungen, Fachbegriffe und manche Fremdwörter stehen:

  in den letzten Tagen des September / September**s**, der Einfluss des Islam / Islam**s**, die Ursprünge des Deutsch / Deutsch**s** …

- **Ohne Genitiv-*s*** werden üblicherweise **Kurzwörter** geschrieben, die beim Sprechen buchstabiert werden:

  eines Lkw, des HGB …
  → siehe auch R 63 (Deklination der Kurzwörter)

Bei **Kurzwörtern**, die nicht buchstabiert, sondern so gesprochen werden, wie man sie schreibt, wird bei Maskulina und Neutra im Genitiv Singular und bei allen drei Geschlechtern im Plural ein **-s** angehängt:

das Abo / des Abo**s** / die Abo**s**; der Akku / des Akku**s** / die Akku**s**; der Prof / des Prof**s** / die Prof**s**; der Promi / des Promi**s** / die Promi**s**; die Uni / der Uni / die Uni**s** …

Während man früher allgemein von **Abkürzungen** sprach, werden heute unter diesem Begriff nur noch abgekürzte Wörter wie z. B., usw., Tel., Dr. verstanden. Sie werden nur im Schriftlichen abgekürzt, während sie in der gesprochenen Sprache niemals abgekürzt, sondern als ganze Wörter ausgesprochen werden.

Alle anderen Verkürzungsarten sind **Kurzwörter** verschiedener Art. Dazu gehören **Initialwörter**, die sich aus den Anfangsbuchstaben mehrerer Wörter zusammensetzen und entweder beim Sprechen buchstabiert werden (ARD, Lkw, THW) oder wie ein Wort ausgesprochen werden (Aids, NATO, UNO, PISA). Außerdem gibt es so genannte

Kopfwörter, bei denen einfach die hinteren Teile eines längeren Wortes weggelassen werden (Alu = Aluminium, Foto = Fotografie, Info = Information).

Wegfall der Endung *-en* bei Nomen ohne Begleiter im Dativ und Akkusativ Singular:

Ohne Begleiter	Mit Begleiter
Geben Sie **Name** und Adresse an!	Geben Sie **Ihren Namen** und Ihre Adresse an!
Sie kam mit **Assistent** Müller.	Sie kam mit **ihrem Assistenten Müller**.
Diese Aufgabe wird **Kandidat** Meier übertragen.	Diese Aufgabe wird **dem Kandidaten Meier** übertragen.
Das Verhältnis zwischen **Arzt** und **Patient** muss gut sein.	Das Verhältnis zwischen **dem Arzt** und **seinem Patienten** muss gut sein.

! Der **Empfänger eines Briefs** steht im Akkusativ. Die Anschrift *Herr Meier* auf einem Briefumschlag ist also falsch. Richtig lautet sie:

Herrn Max Meier, Müllerstr. 3, 45678 Musterhausen

98 Herr Ober, *zwei Kaffee* bitte! – Gemessenes ohne Behälterbezeichnung im Singular

In der Alltagssprache wird sehr häufig – besonders bei Getränken – die sonst nach einem Zahlwort größer als eins stehende Behälterbezeichnung weggelassen. Das Gemessene steht dabei meist im Singular:

Statt:	**Sagt man:**
Herr Ober, **zwei Tassen Kaffee** bitte!	Herr Ober, **zwei Kaffee** (selten: **Kaffees**) bitte!
Nach **sechs Glas/Gläsern Bier** darf man nicht mehr Auto fahren. → vgl. R 99	Nach **sechs Bier** darf man nicht mehr Auto fahren.
Ich hatte **drei Glas/Gläser Whisky** getrunken. → vgl. R 99	Ich hatte **drei Whisky** (selten: **Whiskys**) getrunken.
Sie bestellte **zwei Becher/Portionen gemischtes Eis**.	Sie bestellte **zwei gemischte Eis** (nicht: ~~Eise~~).

99 *ein Glas Bier* und *zwei Tassen Kaffee* und *zwei Stück Kuchen* – Maß- und Mengenbezeichnungen im Singular

Maß- und Mengenbezeichnungen im **Maskulinum** und **Neutrum** stehen auch nach einem Zahlwort größer als eins im Singular:

zwei Kilo **Mehl**, drei **Dutzend** Eier, zwei **Stück** Kuchen, zwei **Bund** Radieschen, 50 **Euro** ...

Kommt es nicht auf das Maß an oder handelt es sich um unbestimmte Mengenangaben, ist sowohl der Singular als auch der Plural korrekt:

Du könntest ruhig **einige Kilo / Kilos** abnehmen.
Ich habe **mehrere Stück / Stücke** Kuchen gegessen.
Er hatte **ein paar Glas / Gläser** zu viel getrunken.
Mit den **paar Euro / Euros** kommen wir nicht weit.

Sind **Maß- und Mengenbezeichnungen Feminina**, stehen sie nach einem Zahlwort größer als eins immer im **Plural**:

zwei **Tassen** Kaffee, vier **Tafeln** Schokolade, hundert schwedische **Kronen** ...

Maßbezeichnungen wie **Fass, Glas** können im Singular oder Plural verwendet werden:

Herr Ober, drei **Glas / Gläser** Orangensaft bitte!
Für das Betriebsfest haben wir fünf **Fass / Fässer** Bier bestellt.

Immer im Singular wird die in Bayern und Österreich übliche Maßbezeichnung die Maß / Mass verwendet – und das auch nördlich des Weißwurstäquators:

Mit zwei **Maß / Mass** Bier sollte man auch in München nicht mehr Auto fahren.
Herr Ober, bringen Sie bitte noch drei **Maß / Mass**.

100

Paragraf 5 bis 9 auf den Seiten 10 bis 12 – Weglassen der Flexionsendungen bei Hinweiswörtern auf Textstellen

In Hinweisen auf Textstellen o. Ä. bleiben die Nomen Absatz, Abschnitt, Kapitel, Seite, Paragraf, Vers, Zeile ... **ungebeugt**, wenn sie **ohne Artikel** unmittelbar **vor den Zahlenangaben** stehen. Stehen sie **mit Artikel**, müssen sie **gebeugt** werden:

Vergleiche hierzu **Absatz** 5 - 7 dieser Darstellung.
Aber mit Artikel: ... die Absätze 5 - 7 dieser Darstellung.

Näheres finden Sie in **Abschnitt** 17 - 21 in diesem Kapitel.
Aber mit Artikel: ... in den Abschnitten 17 - 21 in diesem Kapitel.

Der Gedankengang wird in **Kapitel** 6 bis 9 des zweiten Bandes vertieft.
Aber mit Artikel: ... in den Kapiteln 6 bis 9 des zweiten Bandes vertieft.

Der Sachverhalt ist dargestellt in **Paragraf** 417 - 419 des BGB.
Aber mit Artikel: ... in den Paragrafen 417 - 419 des BGB.

Die Konjugationstabellen finden Sie auf **Seite** 144 - 159.
Aber mit Artikel: ... auf den Seiten 144 - 159.

Das Zitat findet sich in **Vers** 1410 bis 1412 in der Szene „Studierzimmer".
Aber mit Artikel: ... in den Versen 1410 bis 1412 in der Szene ...

Siehe dazu im Nibelungenlied **Strophe** 893 - 895 in der 15. Aventiure.
Aber mit Artikel: ... die Strophen 893 - 895 in der 15. Aventiure.

Vergleiche hierzu **Vers** 2345 - 2349 im vierten Gesang der Ilias.
Aber mit Artikel: ... die Verse 2345 - 2349 im vierten Gesang der Ilias.

101 ***Friede* oder *Frieden*? – Nomen, die im Nominativ Singular auf -e und *-en* enden**

Bei einigen Nomen existieren im Nominativ Singular zwei Formen: eine auf **-e** und eine auf ***-en***. Bei diesen Nomen hat im Laufe der Zeit ein allmählicher Wechsel von der schwachen zur starken Deklination stattgefunden. Beide Formen können verwendet werden und unterscheiden sich nicht in der Bedeutung. Die Übersicht zeigt, welche Form üblicher ist:

Form auf -e überwiegt: Funke, Gedanke, Glaube, Name, Wille ...
Form auf *-en* überwiegt: Frieden, Gefallen, Haufen, Samen, Schaden ...

Eine Ausnahme bildet ***der Drache / der Drachen***, denn die beiden Formen haben unterschiedliche Bedeutungen. Der schwach deklinierte *Drache* bezeichnet heute das Fabeltier, der stark deklinierte *Drachen* ein Spielzeug, Fluggerät, Segelboot oder eine streitsüchtige Person.

Das Nomen ***Buchstabe*** hat das ***-n*** im Nominativ inzwischen ganz verloren. In den übrigen Fällen taucht das *-n* aber auf:

des Buchstabe**ns**, dem Buchstabe**n**, den Buchstabe**n**

102 Gelder auf *Banken* oder *Bänken* – Nomen mit schwierigen Pluralformen

Manche Nomen haben zwei Pluralformen, die sich aber in der Bedeutung nicht unterscheiden, so z. B. bei den deutschen Wörtern Staus / Staue, Wracks / Wracke oder bei bestimmten Fremdwörtern, z. B. Kommas / Kommata. (→ R 105).
Ein Vokal im Wortstamm wird im Plural entweder umgelautet (der Koch → die K**ö**che) oder er bleibt erhalten (der Fund → die F**u**nde). Es gibt allerdings keine Regelung, wann ein Vokalwechsel stattfindet und wann nicht.

Bei einer kleineren Zahl von Nomen steht aber neben einer nicht umgelauteten eine Form mit Umlaut. Manchmal sind beide Formen in der Standardsprache üblich und korrekt, z. B. bei zwei Zwiebacke / Zwiebäcke, häufiger jedoch ist nur eine Pluralform allgemein gebräuchlich. Die jeweils andere gehört entweder dem landschaftlichen oder umgangssprachlichen Sprachgebrauch an, wird fachsprachlich verwendet oder ist selten geworden.

Singular	standardsprachlicher Plural	weitere Pluralform
der Boden	die Böden	selten: die Boden
der Bogen	die Bogen	süddeutsch, österreichisch, schweizerisch: die Bögen
der Kasten	die Kästen	seltener: die Kasten
der Kragen	die Kragen	süddeutsch, österreichisch, schweizerisch: die Krägen
der Kran	die Kräne	besonders fachsprachlich: die Krane
der Laden	die Läden	selten: die Laden
das Lager	die Lager	süddeutsch: die Läger (kaufmännisch: Warenvorräte)

der Magen	die Mägen	selten: die Magen
der Nachlass	die Nachlässe	oder: die Nachlasse
die Sau	die Säue	Jägersprache und Landwirtschaft: die Sauen
der Wagen	die Wagen	süddeutsch: die Wägen
der Wulst	die Wülste	besonders fachsprachlich: die Wulste
der Zwieback	die Zwiebäcke	oder: die Zwiebacke

Standardsprachlich nur eine korrekte Pluralform haben auch die Nomen ***Brot*** und ***Geschmack***:

das Brot → Plural: Brote; der Geschmack → Plural: Geschmäcke

In der Umgangssprache werden jedoch - meist scherzhaft - auch die Formen ***Bröter*** und ***Geschmäcker*** verwendet.

Der Plural von ***Licht*** lautet in der Standardsprache ***Lichter***, veraltet ist heute der Plural ***Lichte*** in der (poetischen) Bedeutung „Wachskerzen". Jedoch in der Zusammensetzung ***Teelicht*** wird, besonders im Handel, immer noch die alte Pluralform verwendet: die Teelichte.

Manche Nomen haben zwar im Singular **dasselbe Genus** (grammatische Geschlecht), aber trotz gleicher Lautung **unterschiedliche Bedeutung**, z. B. die Bank = *Sitzgelegenheit* ↔ die Bank = *Geldinstitut*). Solche Wörter nennt man **Homonyme**. Sie haben in der Regel auch **verschiedene Pluralformen** (die Bank → die Bänke ↔ die Banken).

Singular	Plural	Bedeutung des Wortes
die Bank	die Bänke	Sitzgelegenheit
die Bank	die Banken	Geldinstitut

der Bau	die Baue	Tierhöhle
der Bau	die Bauten	Gebäude
der Dorn	die Dornen	spitzer Pflanzenteil
der Dorn	die Dorne	Werkzeug; Metallstück
der Druck	die Drucke	Druckerzeugnis
der Druck	die Drücke	Kraft
das Kleinod	die Kleinode	Kostbarkeit
das Kleinod	die Kleinodien	Schmuckstück
das Kotelett	die Koteletts	Rippenstück
–	die Koteletten	Backenbart
das Mal	die Male / die Mäler	Zeichen, Fleck
das Mal	die Male	Zähleinheit
die Mutter	die Mütter	Frau, die ein Kind hat
die Mutter	die Muttern	Gegenstück einer Schraube
der Strauß	die Sträuße	gebundene Blumen
der Strauß	die Strauße	Laufvogel
das Tuch	die Tücher	gefertigtes Stück Stoff
das Tuch	die Tuche	unverarbeitetes Gewebe
das Wasser	die Wasser	Wassermasse
das Wasser	die Wässer	Wassersorte
das Wort	die Wörter	Einzelwörter
das Wort	die Worte	Äußerung

Das Nomen ***Block*** hat die Pluralformen ***Blöcke / Blocks***, die ebenfalls **bedeutungsdifferenzierend** verwendet werden:

Block = *Klotz, klotzförmiger Gegenstand, Brocken* → Plural: ***Blöcke***:
Eis-, Fels-, Marmor-, Metall-, Motor-, Stahl, Stein**blöcke**

Block = *zusammengeklebtes oder -geheftetes Papier* → Plural: ***Blocks***:
Abreiß-, Brief-, Notiz-, Quittungs-, Rezept-, Schreib-, Zeichen**block**

Wird *Block* in der Bedeutung **Gebäudekomplex** verwendet, hat es in der Regel den Plural ***Blocks***:

Häuser-, Kasernen-, Miet-, Wohn**blocks**

103 Tritt *der Erbe das Erbe* an? – Nomen mit unterschiedlichem Genus und unterschiedlichen Pluralformen

Einige deutsche Nomen kommen in **zwei verschiedenen Genera** (grammatischen Geschlechtern) vor, weil sie **zwei verschiedene Bedeutungen** besitzen. Meistens bilden sie **unterschiedliche Pluralformen**, aber nicht immer: Pluralformen, die auch bei unterschiedlicher Bedeutung gleich bleiben, sind in der folgenden Tabelle mit **(!)** gekennzeichnet.

Singular	Plural	Bedeutung des Wortes
der Band	die Bände	Buch
das Band	die Bänder	Stoffstreifen
das Band	die Bande	gehoben: Bindung, Beziehung
der Bauer	die Bauern	Landwirt
das Bauer	die Bauer	Vogelkäfig
der Bund	die Bünde	Bündnis
das Bund	die Bunde	Bündel, Gebinde
der Erbe	die Erben	Person, die erbt
das Erbe	(die Erbschaften)	Hinterlassenschaft
der Flur	die Flure	Korridor, Hausgang
die Flur	die Fluren	Feld und Wiese
der Gehalt	die Gehalte	Inhalt
das Gehalt	die Gehälter	Entgelt, Vergütung
der Heide	die Heiden	veraltet: Nichtchrist
die Heide	die Heiden **(!)**	Landschaftsform

der Kiefer	die Kiefer	Gesichtsknochen
die Kiefer	die Kiefern	Nadelbaum
der Kristall	die Kristalle	mineralischer Körper
das Kristall	kein Plural!	geschliffenes Glas
der Leiter	die Leiter	Vorgesetzter, Anführer
die Leiter	die Leitern	Steiggerät
das Wort	die Worte	Äußerung
der Mangel	die Mängel	Fehler
die Mangel	die Mangeln	Wäscherolle
der Marsch	die Märsche	Fußwanderung; Musikstück
die Marsch	die Marschen	Landschaftsform
der Mast	die Maste(n)	Stange, Mastbaum
die Mast	die Masten	Tierfütterung
der Moment	die Momente	Augenblick
das Moment	die Momente **(!)**	Umstand, Merkmal
die Partikel	die Partikeln	unflektierbare Wortart; Elementarteilchen
das Partikel	die Partikel	Elementarteilchen
der Reis	Sorten: die Reise	Nahrungsmittel
das Reis	die Reiser	dünner Zweig, Trieb
der Schild	die Schilde	Schutz
das Schild	die Schilder	Hinweistafel
die Steuer	die Steuern	Abgabe
das Steuer	die Steuer	Lenkvorrichtung
der Stift	die Stifte	Schreibgerät; Stäbchen
das Stift	die Stifte **(!)**	Kloster; Stiftung
der See	die Seen	Binnengewässer
die See	kein Plural!	Meer
der Tau	kein Plural!	Niederschlag
das Tau	die Taue	Seil
der Tor	die Toren	törichter Mensch
das Tor	die Tore	Eingang, große Tür
der Verdienst	die Verdienste	Einkommen

das Verdienst	die Verdienste **(!)**	Leistung
die Wehr	die Wehren	Verteidigung; kurz für: Feuerwehr
das Wehr	die Wehre	Stauanlage

Einige deutsche Wörter werden **ohne Bedeutungsunterschied** mit zwei Geschlechtern gebraucht, wobei das Geschlecht zwischen **Maskulinum und Neutrum** schwankt. Die häufigsten:

der/das **Bereich**
der/das **Bruch** (Sumpfland)
der/das **Dotter**
der/das **Erbteil** (BGB nur: der)
der/das **Knäuel** (fachsprachlich meist: das)
der/das **Pflichtteil** (österreichisch nur: das)
der/das **Schlüsselbund** (österreichisch nur: das; das Maskulinum wohl nach *der Bund = Zusammenschluss*)
der/das **Schnipsel**
der/das **Schrot**
der/das **Sims**
der/das **Zubehör** (seltener: der)

Das Nomen ***Teil*** in der Bedeutung ***etwas, das mit anderem zusammen ein Ganzes bildet,*** wird im Allgemeinen als Maskulinum gebraucht:

Der größte Teil des Urlaubs ist schon vorüber.
Heute läuft der dritte Teil der Serie im Fernsehen.

Im Sinne von ***einzelnes Stück*** ist es Neutrum. In dieser Verwendung wird mit *Teil* ein einzelnes Stück bezeichnet, das zwar zu einem Ganzen gehört, jedoch eine gewisse Selbstständigkeit besitzt. Oft ist ein solches Teil Bestandteil einer Maschine / eines Gegenstands bzw. kann mit anderen einzelnen Teilen (Neutrum) zu einem Ganzen „zusammengebaut" werden:

Der Mechatroniker hat das defekte Teil ausgewechselt.
Mist! Das letzte Puzzleteil fehlt!

Auch die Zusammensetzungen Einzelteil, Ersatzteil, Hinterteil, Oberteil, Seitenteil, Vorderteil sind Neutrum.

Mit unterschiedlichen Genera wird auch das Nomen ***Geschwulst*** verwendet. In der Standardsprache ist es meistens ein Femininum: die Geschwulst. Es wird aber zunehmend auch als Neutrum gebraucht: das Geschwulst.

Für beide Geschlechter gibt es die umgelautete Pluralform die Geschwülste, daneben tritt aber auch der nicht umgelautete Plural die Geschwulste auf.

→ zum unterschiedlichen Genus bei Nomen auf ***-mut*** (der Hochmut, die Großmut) siehe auch R 180

Fremdwörter

TESTEN SIE IHR WISSEN

1 Nicht fremd, sondern gut integriert!
Aus welcher Sprache kommen die folgenden Lehnwörter ursprünglich?

a) Fenster b) Soße c) Sport d) Bilanz

2 Einladung auf ein Date
Welche Wörter sind aus anderen Sprachen entlehnt?

Vielleicht könnten wir nach dem Film noch gemeinsam einen Wein oder einen Likör trinken?

3 Viren in Laptops sind gemein – grammatisch aber nur im Singular! 104
Welche Varianten sind richtig? Unterstreichen Sie.

Neulich ging **der / das** Laptop meiner Freundin kaputt. Sie hatte sich wohl **ein gemeines / einen gemeinen** Virus im Internet eingefangen. Heute erhielt ich endlich wieder **eine / ein** E-Mail von ihr!

4 Auf der Flucht – aber nicht vor korrekten Pluralformen! 105
Bilden Sie den richtigen Plural.

Von Paparazz__ verfolgt, setzten wir uns mit Hilfe unserer Vis__ ins Nachbarland ab. Zum Glück hatten wir mehrere Atla__ und zwei Glob__ dabei, so dass wir niemals die Orientierung verloren.

5 Auch hier mit dem richtigen Plural immer schön im Takt bleiben! 105
Bilden Sie den richtigen Plural.

Hoffentlich singen die vielen Sänger ihre Sol__ auch richtig und halten ihre Temp__ entsprechend ein, sonst kommen die tollen Rhythm__ dieser Lieder überhaupt nicht zur Geltung. Außerdem dürfen sie ihre schönen Duett__ nicht verpatzen. Zur Belohnung spendiert der Dirigent dann Spaghett__ mit einer Mousse aus Zucchin__.

6 CD und DVD – Und wenn man mehrere davon hat?

:· 105

Was ist hier falsch?

Räum endlich deine CD's und DVD's auf!

7 Gilt nicht für Ödipus!

:· 106

Welches Wort ist hier falsch?

Der Ursprung seines Komplex war unbekannt.

8 Auch beim Shopping wichtig: der korrekte Genitiv!

:· 106

Welche Varianten sind richtig? Unterstreichen Sie.

Auf dem Gebiet des modernen **Marketing / Marketings** ist dieser Vorfall unerhört: Der Name des **Sponsoren / Sponsors** auf dem Trikot ist der einer Sex-Shop-Kette!

9 Schwaches Geschlecht hat Probleme mit dem starken.

:· 106

Welche Formen sind korrekt? Unterstreichen Sie.

Als Klatschkolumnistin kannte sie viele **Autore / Autoren** auf diesem **Planet / Planeten**.

LÖSUNGEN

1 a) Latein, **b)** Französisch, **c)** Englisch, **d)** Italienisch • **2** Film: aus dem Englischen, Wein: aus dem Lateinischen, Likör: aus dem Französischen • **3** Alle Varianten sind möglich, also: das/der Laptop, das/der Virus, die E-Mail und süddeutsch, österreichisch und schweizerisch das E-Mail • **4** Paparazzi, Visen / Visa, Atlanten / Atlasse, Globen / Globusse • **5** Solos / Soli, Tempos / Tempi, Rhythmen, Duette, Spaghetti, Zucchini • **6** ohne Apostroph: CDs und DVDs • **7** Komplexes • **8** Marketings, Sponsors • **9** Autoren, Planeten

Fremd oder integriert?

Über Ausländer und deren Integration diskutieren Politiker viel. Auch unsere Sprache ist Einflüssen von außen ausgesetzt, ohne dass es uns immer bewusst ist. Jeder von uns benutzt täglich viele Fremdwörter, die wir gar nicht mehr als fremd empfinden. Die meisten dieser Fremdwörter sind nämlich inzwischen so gut „integriert", dass sie zu „Inländern" geworden sind, zu so genannten Lehnwörtern. Zu den Lehnwörtern gehören zum Beispiel ursprünglich lateinische Wörter wie *Fenster, Mauer* oder *Wein*, französische wie *Soße* und *Likör*, englische Wörter wie *Film* und *Sport* oder auch italienische wie *Konto* und *Bilanz*. Dass auch *Giro* aus dem Italienischen kommt, kann man noch an der Aussprache erkennen.

Englische und amerikanische Fremdwörter verwenden wir immer häufiger und versuchen, sie wie in der Ausgangssprache auszusprechen. Was dabei herauskommt, wenn sich diese Fremdwörter häufen, wird oft als „Denglisch" belächelt.

104 *Die* oder *das E-Mail*? – Das Genus von Fremdwörtern

Seit einigen Jahren werden immer mehr Fremdwörter im Deutschen benutzt, die ihre ursprüngliche Aussprache bewahren. Das betrifft vor allem **englische und amerikanische Fremdwörter**.
Bei diesen Fremdwörtern ist oft unklar, welches grammatische Geschlecht sie im Deutschen erhalten. Leider gibt es keine eindeutigen Regeln dafür. An einigen Anhaltspunkten kann man sich aber orientieren.

Oft wird das Geschlecht so gewählt, dass es mit einem sinnverwandten deutschen Wort übereinstimmt. Beispiele:

die E-Mail	- **die** elektronische Post	**die** Show	- **die** Schau
das T-Shirt	- **das** Hemd	**der** Catwalk	- **der** Laufsteg
das Fairplay	- **das** anständige Spiel/Verhalten	**die** Story	- **die** Geschichte

Das Video ist das Kurzwort für *das Videoband*. Da *Band* ein Neutrum ist, hat auch *Video* neutrales Geschlecht.

Bei manchen recht häufig benutzten englischen Nomen gelten zwei Geschlechter als richtig, z. B.:

das/der Event, **das/der** Laptop, **das/der** Blog, **die** E-Mail und besonders in Süddeutschland, Österreich und der Schweiz **das** E-Mail (entsprechend auch bei der Kurzform: **die/das** Mail).

Grundsätzlich gilt: Wörter mit derselben Endung erhalten in der Regel im Deutschen auch dasselbe Geschlecht, unabhängig von der Herkunftssprache.

Eine Regel gibt es für **englische Wörter**, die auf ***-er*** enden. Sie sind maskulin:

der Artdirector, der Barkeeper, der Beamer, der Computer, der Designer, der Manager; der MP3-Player, der Producer, der Reporter …

Auch **englische Wörter** auf ***-or*** oder ***-ant*** sind normalerweise maskulin:

der Consultant, der Cursor, der Monitor, der Sponsor …

Das gilt auch für solche Wörter, die der deutschen Rechtschreibung bereits angepasst sind:

der Projektor, der Prozessor …

Neutral sind Wörter auf ***-ing***:

das Aquaplaning, das Casting, das Controlling, das Meeting, das Mobbing, das Onlinebanking, das Piercing, das Recycling …

Feminin sind Wörter auf ***-ion***:

die Dekoration, die Diskretion, die Frustration, die Invasion, die Illustration …

Bei **Fremdwörtern aus der französischen Sprache** wird häufig das Geschlecht der Ursprungssprache beibehalten.

l'annonce	die Annonce	*le blouson*	der Blouson
la blouse	die Bluse	*la limonade*	die Limonade
la revanche	die Revanche		

Aber: Feminin sind im Deutschen Nomen, die auf ***-age*** enden, obwohl sie im Französischen maskulin sind. Grund hierfür ist die Tendenz, Wörtern mit gleichem Suffix (Nachsilbe, Wortanhängsel) auch das gleiche Genus (grammatische Geschlecht) zu geben. Zum Beispiel sind alle Nomen auf ***-heit, -keit, -ung*** weiblich. Hinzu kommt, dass im Deutschen viele Feminina die Endung **-e** haben, z. B. Ente, Güte, Leiste, Menge, Träne, Wende:

die Collage, die Drainage, die Etage, die Garage, die Massage, die Reportage ...

Manchmal orientiert sich der Artikel an einem passenden deutschen Wort:

la baguette	**das** Baguette (das Stangenweißbrot); auch möglich: die Baguette
la chanson	**das** Chanson (das Lied)

Oft sind auch zwei Formen üblich:

die Place de la Concorde (*la place*) und **der** Place de la Concorde (der Platz)

Aber:

la tour Eiffel	↔ **der** Eiffelturm
le tour de France	↔ **die** Tour de France
le Rhône (Fluss)	↔ **die** Rhone

Einige **Fremdwörter** werden **ohne Bedeutungsunterschied** mit zwei Geschlechtern gebraucht, wobei das Geschlecht zwischen **Maskulinum und Neutrum** schwankt:

der/das **Barock**
der/das **Bonbon**
der/das **Biotop**
der/das **Cartoon**
der/das **Curry**
der/das **Filter** (fachsprachlich meist: das)

der/das **Gelee**
der/das **Gulasch** (österreichisch und schweizerisch nur: das)
der/das **Gummi** (in der umgangssprachlichen Verwendung für *Gummiband* nur: das)
der/das **Keks**
der/das **Liter** (schweizerisch nur, fachsprachlich auch: das)
der/das **Radar**
der/das **Sakko**
der/das **Silo**
der/das **Virus** (fachsprachlich: das)
der/das **Zölibat** (Theologie nur: der)

(!) ***Gummi*** ist sehr flexibel, nicht nur als Material, sondern auch in Bezug auf das Genus. Es wird - je nach Bedeutung - als Maskulinum und/oder Neutrum verwendet: In der Bedeutung *vulkanisierter Kautschuk* heißt es ***der Gummi*** oder ***das Gummi***; ebenso kann man ***der Kaugummi*** und ***das Kaugummi*** sagen. Allerdings heißt es nur ***der Radiergummi*** (*das Radiergummi* ist allerdings in regionaler Umgangssprache öfter zu hören). Benutzt man statt eines Radiergummis aber die Kurzform *Gummi*, sind wiederum *der Gummi* und *das Gummi* korrekt. Und wenn man mit einem Gummi ein *Gummiband* meint, darf es nur ***das Gummi*** heißen.

Es gibt auch Fremdwörter, die alle drei Geschlechter haben können, zum Beispiel **Joghurt** (auch: Jogurt). ***Der*** *Joghurt* heißt es überwiegend, ***das*** *Joghurt* gibt es besonders im süddeutschen Sprachraum und ***die*** *Joghurt* findet man in Ostösterreich.

105 *Die Ballons* oder *die Ballone*? – Wie bildet man den Plural bei Fremdwörtern?

Auch die Pluralbildung bei Fremdwörtern folgt keinen völlig starren Regeln. Sie kann sich nach der Ursprungssprache richten, sie kann aber auch mit deutschen Pluralendungen erfolgen. Pluralendungen sind ***-e, -er, -(e)n***, aber auch ***-s***. Sie finden sich zum Beispiel bei folgenden Pluralen von Fremdwörtern:

die Telefon**e**, die Nation**en**, die Regiment**er**, die Metro**s** …

Andere Fremdwörter erhalten eine deutsche Pluralendung:

das Museum → die Muse**en**, die Firma → die Firm**en**, der Kaktus → die Kakt**een**, die Praxis → die Prax**en** (**aber:** der Krokus → die Krokus**se**) …

Vor allem bei Wörtern, die aus der lateinischen Sprache stammen, wird oft bis heute die lateinische Pluralform beibehalten:

das Antibiotikum → die Antibiotik**a** (**nicht:** ~~Antibiotikas~~), der Bonus → die Bon**i**, das Genus → die Gen**era**, der Modus → die Mod**i**, das Praktikum → die Praktik**a** (**nicht:** ~~Praktikas~~), der Stimulus → die Stimul**i**, das Tempus → die Temp**ora**, der Status → die Stat**us** (mit langem *u* gesprochen), das Visum → die Vis**a** …

→ siehe auch Tabelle unten

> **!** Hängen Sie an eine fremde Pluralendung nicht noch eine weitere Pluralendung an, also auch **kein -*s***! Das betrifft nicht nur lateinische Wörter, sondern häufig auch italienische.
>
> Die Endung ***-i*** bei italienischen Wörtern bedeutet, dass das Wort im Plural steht. Also:

die **Spaghetti** (**nicht:** ~~Spaghettis~~), die **Paparazzi** (**nicht:** ~~Paparazzis~~, Singular: Paparazzo), die **Graffiti** (**nicht:** ~~Graffitis~~, Singular: Graffito).

Die Gemüsebezeichnung ***Zucchini*** wurde als Plural aus dem Italienischen entlehnt, der Singular lautet ***Zucchino***, er wird im Deutschen nur selten verwendet. Durch häufigen Gebrauch schnell im Deutschen integriert wurde die Pluralform mehr und mehr als Singular empfunden. Dies gilt standardsprachlich als korrekt und man sagt heute ***die / eine Zucchini***. Der Plural ist endungslos: ***zwei Zucchini*** (**nicht:** ~~Zucchinis~~).

Bei einigen Fremdwörtern sind inzwischen **zwei oder noch mehr verschiedene Pluralformen** möglich: die ursprüngliche Form neben eingedeutschten Formen. Manche Formen werden nur fachsprachlich gebraucht. Und bei manchen Fremdwörtern gibt es inzwischen nur noch eine oder zwei eingedeutschte Varianten. Eine Auswahl der wichtigsten:

Singular	**Plural**
der Atlas	die Atl**anten**, die Atlas**se**
der Ballon	die Ballon**s**, die Ballon**e**
der Diskus	die Disk**en**, die Diskus**se**
der Espresso	die Espresso**s**, die Espress**i**
das Examen	die Exam**en**, die Exam**ina**
der Globus	die Glob**en**, die Globus**se**
der Index	die Ind**izes** (Indices), die Index**e**
das Klima	die Klima**ta**, die Klima**s**
das Komma	die Komma**ta**, die Komma**s**
das Konto	die Kont**en**, die Kont**os**, die Kont**i**
das Lexikon	die Lexik**a**, die Lexik**en**
der Lift	die Lift**e**, die Lift**s**
der Magnet	die Magnet**e**, die Magnet**en**
das Mineral	die Mineral**e**, die Mineral**ien**

der Motor	die Motor**e**, die Motor**en**
der Papagei	die Papage**ie** (stark), die Papage**ien** (schwach)
die Pizza	die Pizz**en**, die Pizza**s**
das Plenum	die Plen**en**
das Pronomen	die Pronom**en**, die Pronom**ina**
das Quantum	die Quant**en**
der Rhythmus	die Rhythm**en**
das Risiko	die Risik**en** (selten: die Risiko**s**)
das Schema	die Schema**s**, die Schema**ta**
das Solo	die Solo**s**, die Sol**i**
das Tempo	die Temp**os**, die Temp**i**
das Thema	die Them**en**, die Them**ata**
das/der Virus	die Vir**en**
das Visum	die Vis**en**, die Vis**a**

- Wenige **Fremdwörter auf *-al*** können beim Plural einen Umlaut bilden:

  der Choral → die Chor**ä**le, der Admiral → die Admirale / Admir**ä**le, der General → die Generale / Gener**ä**le ...

- Fremdwörter **aus dem Englischen, Spanischen und Französischen** bilden den Plural oft mit der Endung ***-s***:

  die Clown**s**, die Creme**s** / Krem**s**, die Croissant**s**, die Depot**s**, die Drink**s**, die Embargo**s**, die Moskito**s**, die Ragout**s**, die Shop**s**, die Tapa**s**, die Ticket**s** ...

- **Englische Wörter, die auf *-y* enden**, erhalten im Deutschen ein Plural-***s***. Das ***y*** bleibt unverändert:

  die Bab**ys**, die Bod**ys**, die Hobb**ys**, die Lad**ys**, die Pon**ys**, die Part**ys** ...

- **Englische Wörter, die auf *-er* enden**, bleiben in der Regel im Plural unverändert:

  die Computer, die Container, die Flyer, die Trendsetter ...

Auch im Deutschen benutzte **englische Kurzwörter** bilden den Plural mit einem **-s**. Dieses Plural-s darf **nie mit einem Apostroph** angeschlossen werden:

die CDs, die DVDs, die VIPs ...

Das Geschrei *des Papageis* – oder *des Papageien?* – der Genitiv bei Fremdwörtern

106

Viele Fremdwörter, die im Laufe der Zeit in die deutsche Sprache integriert wurden, erhielten irgendwann die deutschen Flexionsendungen. Manche Fremdwörter werden **sowohl schwach als auch stark dekliniert**. Die Tendenz geht jedoch zur starken Deklination, wenn ein Wort nicht mehr als Fremdwort empfunden wird. Der Unterschied zwischen starker und schwacher Deklination zeigt sich vor allem im Genitiv Singular und im Plural:

der Papagei → des Papagei**s** / des Papagei**en** (Genitiv)
der Magnet → des Magnet**s** / des Magnet**en** (Genitiv)

→ siehe auch R 105 (Plural bei Fremdwörtern)

Sind **schwach deklinierte Fremdwörter** mit einem Begleiter versehen, müssen die Nomen auch die schwachen Deklinationsendungen erhalten:

der Elefant → dem Elefant**en** (Dativ)
der Fotograf → den Fotograf**en** (Akkusativ)
der Konkurrent → dem Konkurrent**en** (Dativ)
der Präsident → den Präsident**en** (Akkusativ)
der Planet → des Planet**en** (Genitiv)

→ R 91

Stark deklinierte **Fremdwörter auf *-s, -ss, -x, -z*** bilden den Genitiv mit ***-es***. Die Genitivendung darf nicht wegfallen! (→ vgl. R 89)

der Index	→ des Index**es**	der Komplex	→ des Komplex**es**
der Proporz	→ des Proporz**es**	der Prozess	→ des Prozess**es**

Stark deklinierte Fremdwörter, die auf andere einfache Konsonanten enden, bilden in der Regel ebenfalls den Genitiv mit **-s**. Die Genitivendung darf auch hier nicht wegfallen!

der Aperitif	→ des Aperitif**s**	das Futur	→ des Futur**s**
das Interim	→ des Interim**s**	der Imperativ	→ des Imperativ**s**
der Konjunktiv	→ des Konjunktiv**s**	das Partizip	→ des Partizip**s**
das Passiv	→ des Passiv**s**	das Statut	→ des Statut(e)**s**

Das gilt auch für bestimmte fachsprachliche Verbindungen wie die Formen des Konjunktiv**s** II, die Bildung des Partizip**s** I, der Gebrauch des Futur**s** II.

Englische Wörter auf *-ing* bilden den Genitiv grundsätzlich mit ***-s***:

des Coaching**s**, des Controlling**s**, des Doping**s**, des Leasing**s**, des Lohndumping**s** ...

Die Deklination von **Fremdwörtern auf *-or*** hängt von der Betonung ab. Liegt die Betonung auf der letzten Silbe, werden sie im Singular und im Plural stark dekliniert. Von diesen Wörtern gibt es aber nur sehr wenige, z. B.:

der Major, des Major**s**, dem Major, den Major,
die Major**e**, der Major**e**, den Major**en**, die Major**e**

Werden sie auf der vorletzten Silbe betont, werden sie nur im Singular stark dekliniert, im Plural dagegen schwach

der Autor, des Autors, dem Autor, den Autor,
die Autoren, der Autoren, den Autoren, die Autoren

Ebenso z. B.: der Direktor, der Sponsor, der Transformator

→ R 89 (starke und schwache Deklination) sowie R 92 (Nomen auf *-or*)

° Adjektive

TESTEN SIE IHR WISSEN

1 Aktivurlaub für Sie mit richtigen Adjektivendungen

:· 107

Ergänzen Sie die richtigen Endungen.

Sie wollen Ihrem Alltag entfliehen? Sie mögen exzellent__ Wein, gut__ Essen und das anheimelnd_ Ambiente eines romantisch__ Landgasthofs? Sie haben aber nicht nur Freude an einer vollendeten Gastronomie, sondern auch an sportlich__ Aktivität? Dann buchen Sie doch für ein lang__ Wochenende ein komfortab__ Doppel- oder Einzelzimmer in unserem Rustical Resort.

2 Was zieh ich bloß an?

:· 108

Was ist richtig? Unterstreichen Sie.

Gehe ich nun mit **neuem weißem** oder mit **neuem weißen** Hemd zur Party und soll ich dazu meine neue Hose aus **hellem, pflegeleichtem** oder **hellem, pflegeleichten** Material anziehen?

3 Eine Klasse für sich

:· 109

Schön, wenn der Film klasse war, aber der folgende Satz ist grammatisch gar nicht klasse. Warum?

Wir waren gestern Abend in einem echt klassen Film.

4 Steigern Sie sich!

:· 110

Ergänzen Sie die richtigen Vergleichsformen:

arm	__rmer	am __rmsten
grob	________	am ________
gesund	________	am ________
nass	________	am ________

5 Vielleicht doch etwas übersteigert

111

Mag ja sein, dass mit dem Kollegen nicht alles stimmt. In keinem Falle stimmen aber die Vergleichsformen! Verbessern Sie sie.

Bei diesem inkompetenten Mitarbeiter wäre die **nächstliegendste** Lösung die **schnellstmöglichste** Kündigung.

6 Wie hast du's mit Adjektiven nach Personalpronomen?

112

Bekennen Sie sich zu den richtigen Endungen!

Du groß__ Held willst mir alt__ Goethekennerin die Gretchenfrage stellen? Für uns belesen__ Leute kein Problem!

7 Folgendes wäre da noch zu fragen:

114

Welche Adjektivendungen sind hier nach „folgend..." korrekt?

Zum Geburtstag überraschte er sie
a) mit folgendem originellem Geschenk
b) mit folgendem originellen Geschenk
c) mit folgender origineller Überraschung
d) mit folgender originellen Überraschung

LÖSUNGEN

1 exzellenten, gutes, anheimelnde, romantischen, vollendeten, sportlicher, langes, komfortables • **2** Korrekt ist die paralle (starke) Beugung: mit neuem weißem Hemd, aus hellem, pflegeleichtem Material. Die schwache Deklinationsendung beim zweiten Adjektiv ist nicht falsch (mit neuem weißen Hemd, aus hellem pflegeleichten Material), gilt aber als veraltet. • **3** Das Adjektiv *klasse* darf nicht dekliniert werden, korrekt wäre: einem echt klasse Film. Der attributive Gebrauch gilt jedoch als umgangssprachlich, besser ist eine Umschreibung: Der Film gestern Abend war echt klasse. • **4** ärmer - am ärmsten; gröber - am gröbsten; gesünder, selten: gesunder - am gesündesten, selten: gesundesten, nasser / nässer - am nassesten / am nässtesten • **5** Nur ein Bestandteil darf gesteigert werden, meistens ist das der erste Teil: nächstliegende, schnellstmögliche • **6** großer, alten / alter, belesene • **7** b) c)

107 Adjektive, einmal stark und einmal schwach

Bei Adjektiven wird wie bei Nomen zwischen starker, schwacher und gemischter Deklination unterschieden. Wie ein Adjektiv dekliniert wird, hängt vom jeweiligen Begleiter ab, der vor ihm steht.

→ R 115 - 119 (Pronomen)

All diese Begleiter können auch Pronomen sein.

→ siehe auch R 120 - 123 (Pronomen als Begleiter)

Grundregel:

Ein Adjektiv erhält die Endungen der **starken Deklination**, wenn ihm **kein Begleiter** vorausgeht. Denn dann muss die Adjektivendung die Aufgabe des Begleiters miterfüllen, damit der Fall eindeutig erkennbar wird.

Ein Adjektiv wird dagegen **schwach dekliniert**, wenn ihm der bestimmte Artikel ***der, die, das*** oder einer der Begleiter ***dieser, jener, derselbe, jeder, mancher, solcher, welcher*** vorausgeht (→ siehe auch R 120 - 123). Denn dann trägt bereits der Begleiter eine eindeutige Endung des geforderten Falles.

Nach dem unbestimmten Artikel ***ein***, nach ***kein*** und nach den Possessivbegleitern ***mein, dein, sein, unser, euer, ihr*** wird ein Adjektiv **gemischt dekliniert**, da diese Begleiter in manchen Fällen eine eindeutige Fallendung tragen und in anderen nicht.
Im Plural der schwachen und der gemischten Deklination lautet die Endung stets ***-en***.

Die folgende Übersicht gibt Beispiele für alle Geschlechter in den verschiedenen Deklinationsarten im Singular und im Plural:

Starke Deklination

		Maskulinum	Femininum	Neutrum
Singular	Nom.	stark**er** Sturm	golden**e** Kette	schön**es** Bild
	Gen.	wegen stark**en** Sturms	wegen golden**er** Kette	wegen schön**en** Bildes
	Dat.	mit stark**em** Sturm	mit golden**er** Kette	mit schön**em** Bild
	Akk.	für stark**en** Sturm	für golden**e** Kette	für schön**es** Bild
Plural	Nom.	stark**e** Stürme	golden**e** Ketten	schön**e** Bilder
	Gen.	wegen stark**er** Stürme	wegen golden**er** Ketten	wegen schön**er** Bilder
	Dat.	mit stark**en** Stürmen	mit golden**en** Ketten	mit schön**en** Bildern
	Akk.	für stark**e** Stürme	für golden**e** Ketten	für schön**e** Bilder

Schwache Deklination

		Maskulinum	Femininum	Neutrum
Singular	Nom.	der stark**e** Sturm	die golden**e** Kette	das schön**e** Bild
	Gen.	des stark**en** Sturms	der golden**en** Kette	des schön**en** Bildes
	Dat.	dem stark**en** Sturm	der golden**en** Kette	dem schön**en** Bild
	Akk.	den stark**en** Sturm	die golden**e** Kette	das schön**e** Bild
Plural	Nom.	die stark**en** Stürme	die golden**en** Ketten	die schön**en** Bilder
	Gen.	der stark**en** Stürme	der golden**en** Ketten	der schön**en** Bilder
	Dat.	den stark**en** Stürmen	den golden**en** Ketten	den schön**en** Bildern
	Akk.	die stark**en** Stürme	die golden**en** Ketten	die schön**en** Bilder

Gemischte Deklination

		Maskulinum	Femininum	Neutrum
Singular	Nom.	(k)ein stark**er** Sturm	(k)eine golden**e** Kette	(k)ein schön**es** Bild
	Gen.	(k)eines stark**en** Sturms	(k)einer golden**en** Kette	(k)eines schön**en** Bildes
	Dat.	(k)einem stark**en** Sturm	(k)einer golden**en** Kette	(k)einem schön**en** Bild
	Akk.	(k)einen stark**en** Sturm	(k)eine golden**e** Kette	(k)ein schön**es** Bild
Plural	Nom.	keine stark**en** Stürme	keine golden**en** Ketten	keine schön**en** Bilder
	Gen.	keiner stark**en** Stürme	keiner golden**en** Ketten	keiner schön**en** Bilder
	Dat.	keinen stark**en** Stürmen	keinen golden**en** Ketten	keinen schön**en** Bildern
	Akk.	keine stark**en** Stürme	keine golden**en** Ketten	keine schön**en** Bilder

Beispiele für schwache Deklination (hier tauchen die meisten Zweifel auf):

Das wurde aus jen**er** alt**en** Zeit überliefert. (Dativ Singular, feminin)

Sie gab schon manch**em** attraktiv**en** Mann einen Korb. (Dativ Singular, maskulin)

Solch**er** alt**e** Kram kommt mir nicht ins Haus! (Nominativ Singular, maskulin)

Welch**e** wichtig**en** Unterlagen meinst du? (Akkusativ Plural, feminin)

→ zu Deklination nach Begleitern siehe auch R 120

Bei Adjektiven, die auf ***-el*** enden, entfällt das letzte ***-e*** vor der Endung, wenn das Adjektiv dekliniert wird:

ein passa**bles** Essen; ein eit**ler** Mensch, ein peni**bler** Mann ...

Bei den Adjektiven ***sauer, teuer, ungeheuer*** sowie bei fremdsprachlichen Adjektiven auf ***-er***, z. B. ***integer, makaber, sinister***, entfällt das -*e* ebenfalls:

sau**re** Miene, teu**re** Schuhe, makab**re** Sprüche ...

108 Mit neuem *weißem* oder *weißen* Hemd? – Parallele Deklination

Stehen zwei Adjektive ohne vorausgehenden Artikel vor einem Nomen, werden sie beide stark gebeugt (→ R 89) und erhalten dieselbe Endung. Sie werden parallel gebeugt. Dies gilt ebenso für Partizipien, die als Adjektive benutzt werden.

mit neu**em** weiß**em** Hemd
mit veraltet**em**, rostend**em** Werkzeug

Die schwache Deklinationsendung beim zweiten Adjektiv ist nicht falsch (mit neu**em** weiß**en** Hemd), sie gilt heute aber als veraltet.

109 Dein *sexy* Top ist *spitze* und ganz *trendy*! – nicht deklinierbare Adjektive

Es gibt einige Adjektive, die **nicht dekliniert** werden können. Beispiele:

blanko, extra, groggy, klasse, prima, sexy, spitze, super, top, trendy

Meistens werden sie prädikativ verwendet, d. h., sie stehen am Satzende und müssen deshalb auch gar nicht dekliniert werden:

Das ist spitze!
Das kostet extra.
Ich war ziemlich groggy.

Der attributive Gebrauch solcher Adjektive gilt als **umgangssprachlich**. In der Standardsprache verwendet man besser ein anderes Adjektiv, das problemlos gebeugt werden kann, oder eine andere Form der Umschreibung:

~~ein spitze Modell~~ → ein Spitzenmodell, ein Modell höchster Qualität
~~ein extra Teil~~ → ein zusätzliches / besonderes Teil

All diese Adjektive können jedoch auch **als Adverbien** vor Verben stehen:

Das hast du super gemacht.
Er hat seine Wohnung trendy eingerichtet.

Extra, super und ***top*** werden häufig als bedeutungsverstärkende Vorsilben bei Nomen und anderen Adjektiven benutzt, z. B.:

ein Superstar; supergroße Schuhe, Extrablatt, extrafeine Erbsen, topaktuell

Ebenfalls **nicht dekliniert** werden **Farbadjektive**, die fast alle von Nomen abgeleitet und Fremdwörter sind, z. B.:

aubergine, creme, lila, oliv, pink, rosa, türkis

! Das Wort ***gratis* ist ein Adverb** und kann deshalb nicht als attributives Adjektiv gebraucht werden:

~~ein gratis Spiel~~, **aber:** Eintritt gratis.

Das Wort ***original*** kann vor einem anderen Adjektiv stehen und wird nicht dekliniert. Außerdem bildet *original* Zusammensetzungen mit Nomen, z. B.:

original englischer Rasen, Originalversion, Originalton

Das in der Umgangssprache häufig verwendete Adjektiv ***kaputt*** wird nicht nur prädikativ am Satzende gebraucht (Meine Armbanduhr ist kaputt.); auch die Deklination von *kaputt* ist im heutigen Deutsch erlaubt. Dann steht es als Attribut vor dem Nomen, auf das es sich bezieht, z. B.:

ein kaputtes Fenster, kaputte Schuhe, übertragen auch: eine kaputte Ehe

Nicht korrekt hingegen sind erweiterte flektierte Formen wie eine ~~kaputtene~~ Hose, mit ~~kaputtener~~ Windschutzscheibe.

groß, größer, am größten – Vergleichsformen

110

Die folgenden Adjektive können **Vergleichsformen mit und ohne Umlaut** bilden:

bang	banger / bänger	am bangsten / bängsten
blass	blasser / blässer	am blassesten / blässesten
fromm	frommer / frömmer	am frommsten / frömmsten
gesund	gesünder / (selten) gesunder	am gesündesten / (selten) gesundesten
glatt	glatter / glätter	am glattesten / glättesten
karg	karger / kärger	am kargsten / kärgsten
krumm	krummer / (landschaftlich) krümmer	am krummsten / (landschaftlich) krümmsten
nass	nasser / nässer	am nassesten / nässesten
rot	röter / roter	am rötesten / rotesten
schmal	schmaler / schmäler	am schmalsten / schmälsten

Die folgenden Adjektive bilden die Vergleichsformen nur mit Umlaut:

alt	älter	am ältesten
arg	ärger	am ärgsten
arm	ärmer	am ärmsten
dumm	dümmer	am dümmsten
grob	gröber	am gröbsten
groß	größer	am größten
hart	härter	am härtesten
hoch	höher	am höchsten
jung	jünger	am jüngsten
kalt	kälter	am kältesten
klug	klüger	am klügsten
krank	kränker	am kränksten
kurz	kürzer	am kürzesten
lang	länger	am längsten
nah	näher	am nächsten
schwach	schwächer	am schwächsten
schwarz	schwärzer	am schwärzesten
stark	stärker	am stärksten
warm	wärmer	am wärmsten

Er war schon ein **ä**lterer Herr.
Sie wurde immer kr**ä**nker.
Es wurde endlich w**ä**rmer.

111 Das *meistverkaufte* Buch – Steigerung zusammengesetzter Adjektive und Partizipien

Bei zusammengesetzten Adjektiven, Partizipien und adjektivischen Fügungen wird nur ein Teil gesteigert und bildet nur ein Teil den Superlativ. Gesteigert wird meist der erste Teil der Fügung. **Auf keinen Fall dürfen beide Bestandteile gesteigert werden!**

die **meist**verkaufte CD, der **nächst**liegende Gedanke, in **größt**möglichem Maßstab

Dinge können also nicht ~~schnellstmöglichst~~, sondern müssen schnellstmöglich erledigt werden. Ebenso:

bestmögliche (**nicht:** ~~bestmöglichste~~) Ergebnisse

schwerer wiegende oder schwerwiegendere (**nicht:** ~~schwerer wiegendere~~)
schwerwiegendste (**nicht:** ~~schwerstwiegendste~~) Probleme

höchstpersönliche (**nicht:** ~~höchstpersönlichste~~) **Angelegenheit**

Superlative kommen in attributiver, prädikativer und adverbialer Verwendung nur flektiert vor (die effektivste Lösung - die Lösung ist am effektivsten - sie hat die Aufgabe am effektivsten gelöst). Wenn in einer Zusammensetzung eine Superlativform auf ***-st*** auftritt, die so selbstständig nicht vorkommt (größt-, schwerst-) muss zusammengeschrieben werden:

bestbezahlt, größtmöglich, tiefstgehend, nächstliegend, feinstverteilt ...

→ R 29 (zusammengesetzte Partizipien)

112 *Wir Deutsche* oder *wir Deutschen*? - nominalisierte Adjektive nach Personalpronomen

Viele Adjektive und Partizipien können auch als Nomen verwendet werden. Dann erhalten sie normalerweise die Endungen der **starken Deklination** (→ R 89), wenn sie auf ein Personalpronomen folgen:

Du Groß**er** kannst stolz sein. (maskulin)
Ihr Auszubildend**e** habt anstrengende Tage vor euch. (Plural)
Ich Alt**er** schaffe das nicht mehr. (maskulin)
Ich Ängstlich**e** traue mir das nicht zu. (feminin)

Im Dativ Singular und im Nominativ Plural wird aber häufiger **schwach** als stark dekliniert:

Dativ Singular: dir freche**n** / freche**m** Kerl; mir schöne**n** / schöne**r** Frau
Nominativ Plural: ihr Fleißige**n** / Fleißig**e**; wir Betagt**en** / Betagt**e**, wir Deutsch**en** / Deutsch**e**, wir Fremd**en** / Fremd**e**, wir Studierend**en** / Studierend**e** …

Im Akkusativ Plural wird dagegen **nur stark** gebeugt:

Für uns Anständig**e** / für uns anständig**e** Leute sind Lügen inakzeptabel!
Wir haben euch Studierend**e** nicht dazugezählt.

113 Der *lachende* Dritte – adjektivische Verwendung von Partizipien

Der lateinische Fachbegriff **Partizip** (= *das Teilhabende*) sowie die heute nur noch selten gebrauchte deutsche Bezeichnung *Mittelwort* weisen darauf hin, dass die Partizipien keine reinen Verbformen sind. Sie haben teil an zwei Wortarten, denn sie können auch wie ein Adjektiv attributiv vor einem Nomen stehen:

der **lachende** Dritte, **geladene** Gäste …

Eine Reihe von **zweiten Partizipien** (Partizip II, Partizip Perfekt) haben in adjektivischer Verwendung eine **eigene Bedeutung** entwickelt. Sie werden nur noch als Adjektive empfunden. Bei manchen zweiten Partizipien wird sogar das zugrundeliegende Verb gar nicht mehr benutzt.

abgefahren, ausgefallen, berühmt, besorgt, bewusst, erfahren, erlesen, gewandt, verrückt, verschroben, verspielt, verwandt …

Nicht alle zweiten Partizipien können jedoch **als Adjektive verwendet** werden. Möglich und korrekt ist dies nur

- bei transitiven Verben:
  die überwiesene Summe, ein gesendeter Anhang …
- bei intransitiven Verben mit ***sein***-Perfekt: die eingeschlafenen Füße, das gestrandete Schiff, die zurückgekommenen Briefe …

Bilden **intransitive** Verben ihr Partizip II jedoch mit ***haben***, dürfen sie nicht als Adjektive gebraucht werden:

die ~~aufgehörte~~ Musik (richtig: die Musik, die aufgehört hat),
eine ~~geblühte~~ Blume (richtig: eine Blume, die geblüht hat),
der ~~geholfene~~ Schüler (richtig: der Schüler, dem man geholfen hat),
die gestern ~~stattgefundene~~ Untersuchung (richtig: die Untersuchung, die gestern stattgefunden hat) …

→ für „transitiv" und „intransitiv" siehe R 130

Auch das **Partizip II von reflexiven Verben** darf nicht als Adjektiv verwendet werden:

bei dem ~~sich dargebotenen~~ Anblick (richtig: …, der sich dargeboten hat),
alle ~~sich ereigneten~~ Unfälle (richtig: …, die sich ereignet haben),
das ~~sich geschämte~~ Kind (richtig: …, das sich geschämt hat),
das ~~sich gefreute~~ Mädchen (richtig: …, das sich gefreut hat) …

Einige zweite Partizipien **reflexiver Verben** haben sich jedoch verselbstständigt und eine eigene Bedeutung entwickelt. Sie werden – **ohne *sich***! – auch adjektivisch verwendet:

ein betrunkener Autofahrer
die besorgte Mutter (zu veraltet *sich besorgen = sich sorgen*)
die erkältete Kollegin
geeignete Mittel
ein verliebter Junge
ein verirrter Wanderer …

Eine Ausnahme bildet auch die Verbindung niedergelassene Ärztin / niedergelassener Arzt. Obwohl vom reflexiven Verb *sich niederlassen* eigentlich kein adjektivisches Partizip II gebildet werden darf, hat sich diese Fügung im fachsprachlichen wie im allgemeinen Sprachgebrauch durchgesetzt und gilt heute als korrekt.

114 *folgende alte* Regeln – Wie dekliniert man ein Adjektiv nach dem Partizip *folgend*?

Bei einer Wendung wie *„der folgende interessant**e** Beitrag"* ist klar, wie das Partizip ***folgend*** und das nachfolgende Adjektiv *interessant* dekliniert werden müssen: Der vorausgehende Artikel *der* erfordert die schwache Deklination sowohl für *folgend* als auch für das nachfolgende Adjektiv.

Bei der Verwendung von ***folgend*** **+ Adjektiv ohne vorausgehenden Artikel** ist die Frage, wie dekliniert werden muss, nicht so einfach zu beantworten. An folgende Faustregel kann man sich halten: **Im Singular** werden **maskuline und neutrale Adjektivformen meistens schwach** dekliniert, **im Plural** werden sie **meistens stark** dekliniert. **Feminine Adjektivformen** werden dagegen im Singular wie im Plural **meist stark** dekliniert.

Singular:

Nominativ:	folgender neu**e** Anlass folgende neu**e** Telefonnummer folgendes bedeutend**e** Ereignis
Genitiv:	folgenden neu**en** Anlasses folgender neu**er** Telefonnummer (selten: folgender neu**en**) folgendes bedeutend**en** Ereignisses
Dativ:	folgendem neu**en** Anlass folgender neu**er** Telefonnummer (selten: folgender neu**en**) folgendem bedeutend**en** Ereignis
Akkusativ:	folgenden neu**en** Anlass folgende neu**e** Telefonnummer folgendes bedeutend**e** Ereignis

Plural:

Nominativ:	folgende neu**e** Umstände folgende neu**e** Telefonnummern folgende bedeutend**e** Ereignisse
Genitiv:	folgender neu**er** Umstände folgender neu**er** Telefonnummern (selten: folgender neuen) folgender bedeutend**er** Ereignisse
Dativ:	folgenden neu**en** Umständen folgenden neu**en** Telefonnummern folgenden bedeutend**en** Ereignisse
Akkusativ:	folgende neu**e** Umstände folgende neu**e** Telefonnummern folgende bedeutend**e** Ereignisse

→ Deklinationstabellen R 89

Pronomen und unbestimmte Zahlwörter

TESTEN SIE IHR WISSEN

1 Begleiter sind nicht immer harmlos

Korrigieren Sie die drei grammatischen Fehler im folgenden Satz.

Anfang diesen Jahres lernte ich während jener französischer Gourmetwochen die dunklen Seiten von denen kennen, die mich immer ins Restaurant begleiteten.

2 Blick zurück – aber korrekt!

116

Ersetzen Sie die markierten Nomen durch deren oder derer. (Die Wortstellung muss dabei unter Umständen leicht geändert werden.)

a) Wie funktioniert nur das Leben **der Menschen**, die kein Handy haben?
b) Abends wollten die Katze, die Hündin und die Welpen **der Hündin** immer ins Haus.
c) Hüftgold ist der Reichtum **der Leute**, die gern gut und reichlich essen.

3 War da was?

117

Welcher relativische Anschluss ist richtig? Unterstreichen Sie.

a) Der Einzug ins Finale war ein Ereignis, **das / was** niemand erwartet hatte.
b) Das war das Schönste, **das / was** du mir sagen konntest.
c) Vieles von dem, **das / was** er erzählte, wusste ich schon.
d) Das Beruhigende, **das / was** von ihr ausging, strahlte auch auf die anderen im Team aus.

4 Jedes Mal dasselbe, oder?

119

Unterstreichen Sie die richtigen Formen.

a) Am Ende **jedes / jeden** Kurses bekommen die Teilnehmer ein Zertifikat.
b) Am Ende des Kurses händigt der Dozent jedem **erfolgreichem / erfolgreichen** Teilnehmer ein Zertifikat aus.

5 Auch diese Begleiter haben es in (und nach) sich

123

Ergänzen Sie die fehlenden Beugungsendungen.

a) Auf dem Dachboden liegt etlich__ unnütz__ Zeug herum.
b) Er hatte sämtlich__ wichtig__ Unterlagen im Auto liegen lassen.
c) Trotz viel__ überflüssig__ Fehler hat sie den Test bestanden.
d) Aufgrund beid__ übereinstimmend__ Zeugenaussagen konnte der Täter überführt werden.

6 Weiß es jemand? Oder niemand?

121

Unterstreichen Sie die richtigen Formen.

a) Es fiel ihr schwer, **jemand / jemandem** etwas abzuschlagen.
b) Ich habe nichts, was ich **jemandem / jemanden** geben könnte.
c) Er behauptete, er habe **niemand / niemanden** gesehen.
d) Sie hat **niemand / niemanden / niemandem** etwas davon erzählt.

7 Small Talk

124

Treffen Sie auch hier durch Unterstreichen die richtige Wahl.

a) **Welche / Welches** sind die beliebtesten Talkshows?
b) **Welchen / Welches** Prinzen Prinzessin ist hier abgebildet?
c) Zu Beginn **welchen / welches** Jahres wurde der Euro eingeführt?
d) Zeig mal das Foto. **Welche / Welches** ist seine Auserwählte?

LÖSUNGEN

1 ~~diesen~~ dieses, ~~französischer~~ französischen, ~~von denen~~ derer • **2 a)** derer, **b)** deren Welpen, **c)** derer • **3 a)** das, **b)** was, **c)** was, **d)** das • **4 a)** beide Formen korrekt: jedes / jeden, **b)** erfolgreichen • **5 a)** etliches unnützes, **b)** sämtliche wichtigen, **c)** vieler überflüssiger, **d)** beider übereinstimmenden • **6 a)** jemand / jemandem, **b)** jemandem, **c)** niemand / (seltener:) niemanden, **d)** niemand / niemandem • **7 a)** Welches, **b)** Welches, **c)** welchen / welches, **d)** Welches

Begleiter sind nicht immer harmlos!

„Mein schönes Fräulein, darf ich wagen, meinen Arm und Geleit Ihr anzutragen?“ Diese Frage wird Gretchen in Goethes Faust gestellt, und wie wir wissen, nimmt die scheinbar harmlose Begleitung ein böses Ende. So schlimme Konsequenzen drohen beim unsachgemäßen Einsatz von Begleitern in der Grammatik zwar nicht, aber Begleiter und Pronomen beeinflussen das Verhalten der ihnen folgenden Wörter mehr, als von so kurzen Wörtern zu erwarten wäre.

115 Artikelwörter und Pronomen als Begleiter

Die Deklination der Nomen und Adjektive hängt von den ihnen vorausgehenden Begleitern ab. Die bekanntesten Begleiter sind der bestimmte Artikel ***der, die, das*** und der unbestimmte Artikel ***ein, eine***.

Aber auch Pronomen und bestimmte oder unbestimmte Zahlwörter können zu Begleitern werden. Hier eine Übersicht:

Artikelwörter und Pronomen, die als Begleiter verwendet werden können

bestimmter Artikel	der, die, das	das dicke Buch
unbestimmter Artikel	ein, eine	ein großes Fest
verneinender Artikel	kein, keine	kein guter Rat
Possessivpronomen	mein, dein, sein	unser schönes Haus
Demonstrativpronomen	der, dieser, jener, solcher	der Kerl dort; diese gelben Blumen
bestimmte und unbestimmte Zahlwörter, Indefinitpronomen	zwei, hundert, alle(s), einige, etwas, jemand, manche, nichts, niemand, solche, viele, wenige, andere	wenige neue Erkenntnisse, alle guten Wünsche
Fragepronomen	welcher, welche, welches	welche neugierigen Kinder

Ob ein Adjektiv stark, schwach oder gemischt dekliniert wird, richtet sich nach dem Artikelwort oder Pronomen, auf das es folgt.

→ R 118 - 123 (Pronomen/Begleiter)

116 ***Deren*** **oder** ***derer*?** **– verflixte Fälle mit Demonstrativ- und Relativpronomen**

Deren **weist zurück** auf ein schon vorher genanntes Nomen oder Pronomen und kommt in den folgenden Fällen vor:

- **Als Form des Demonstrativpronomens *der, die, das*** (Da kommt **die**, die ich meine.)
  - **im Genitiv Singular Femininum:**

    weist zurück
    Wir treffen heute Frau Meier, ihre Mutter und deren Schwägerin.
  - **im Genitiv Plural (alle Geschlechter):**

    weist zurück
    Wir treffen heute Sonja, ihre Freunde und deren (ihre) Kinder.
- **Als Form des Relativpronomens *der, die, das***
  (Da kommt die Frau, **die** ich meine.)
  - **im Genitiv Singular Femininum:**

    weist zurück
    Wir treffen heute Frau Meier, deren Schwägerin gestern die Scheidung einreichte.
  - **im Genitiv Plural (alle Geschlechter):**

    weist zurück
    Wir treffen heute die Freunde, deren Kinder so schlecht erzogen sind.

Derer ist die Form des **Demonstrativpronomens** *der, die das* (Da kommt **die** wieder!) im **Genitiv Singular Femininum** und **Genitiv Plural** (alle Geschlechter). **Es weist voraus** auf ein Nomen oder Pronomen, das erst noch genannt wird, und zwar:

weist voraus
Das sind die Kinder derer, die neulich neben uns einzog.

weist voraus
Das sind die Kinder derer, die wir als unsere Freunde bezeichnen.

In diesem Fall kann ***derer*** durch ***derjenigen*** ersetzt werden.

Das sind die Kinder derer / derjenigen, die wir neulich kennen lernten.

Benutzen Sie **nicht** ~~von denen~~. Das ist umgangssprachlich.

Derer wird auch als Form des **Relativpronomens** *der, die, das* (Da kommt die, **die** ich meine.) im **Genitiv Singular Femininum** und **Genitiv Plural** (alle Geschlechter) benutzt. Üblicher ist es jedoch, ***deren*** zu benutzen:

weist zurück
Wir treffen heute Frau Meier, dank deren (**auch:** derer) wir diese Wohnung bekommen haben.

weist zurück
Wir treffen heute unsere Freunde, dank deren (**auch:** derer) wir diese Wohnung haben.

Das Beste, *was* uns passieren kann – korrekter relativischer Anschluss mit *das* oder *was*

117

Nach einem neutralen Nomen oder nach einem nominalisierten Adjektiv im Neutrum wird das Relativpronomen ***das*** verwendet:

das Menü, das (nicht: ~~was~~) Sie anklicken müssen
das Geld, das (nicht: ~~was~~) sie angelegt hat
das Würdevolle, das (nicht: ~~was~~) von dieser Frau ausging
das Besserwisserische, das (nicht: ~~was~~) ihn so abstoßend machte

Das Relativpronomen ***was*** steht bei Bezug auf

- nominalisierte neutrale Superlative:
  Das war das **Beste**, **was** er tun konnte.
  Es war das **Gemeinste**, **was** ich je gehört hatte.
  Das **Dümmste**, **was** du tun kannst, ist selbst zu kündigen.
- Indefinitpronomen:
  Ich habe dir **alles** gesagt, **was** ich weiß.
  Da war **nichts**, **was** wichtig gewesen wäre.
  Es gibt da so **manches**, **was** noch zu tun ist.
- Indefinitpronomen in Verbindung mit nominalisierten Adjektiven im Neutrum:
  Er erinnerte sich an all das Schlimme, **was** sie erlebt hatten.
  Es war etwas Geheimnisvolles, **was** sie ausstrahlte.
  In dem Brief stand viel Wichtiges, **was** wir aber früher hätten wissen müssen.
- Indefinitpronomen und unbestimmte Zahlwörter:
  Vieles [von dem], **was** sie dir erzählt hat, ist übertrieben.
  Das **Einzige**, **was** er gut kann, ist kritisieren.
  Es gibt nur **Weniges**, **was** wir noch nicht versucht haben.

- nominalisierte neutrale Ordnungszahlen:
  Das **Erste**, **was** ich sah, waren ihre grünen Augen.
  Ich komme jetzt zum **Zweiten**, **was** ich dir unbedingt sagen muss.

Bei **Bezug auf einen ganzen Satz** steht immer ***was***:

Er musste heute länger im Büro bleiben, **was** ihn ziemlich ärgerte.
Sie hatte im dritten Versuch 4,14 m übersprungen, **was** für sie persönliche Bestleistung bedeutete.

> ! An das **Indefinitpronomen *etwas*** wird üblicherweise mit ***was*** angeschlossen:
>
> Für sie waren Kinder nicht **etwas**, **was** nur der Karriere hinderlich ist.
> Wir sollten ihnen **etwas** schenken, **was** sie auch gebrauchen können.
> Es war so **etwas** wie ein Dank, **was** er vor sich hin murmelte.
>
> Will man betonen, dass man auf etwas ganz Bestimmtes, auf etwas Einzelnes Bezug nimmt, ist standardsprachlich auch der Anschluss mit ***das*** möglich:
>
> Ich habe in deinem Bericht **etwas** gelesen, **das** mich stutzig gemacht hat.
> Es gibt da im Programm **etwas**, **das** wir unbedingt ändern müssen.

118 am Ende *dieses* Tages – starke Deklination von *dieser* und *jener*

Die Demonstrativpronomen ***dieser, diese, dieses*** und ***jener, jene, jenes*** werden stark dekliniert. Sie erhalten also bei der maskulinen und neutralen Endung im **Genitiv Singular** ein ***-s***.

Der Hut **dieses** Mannes sieht komisch aus.
Die Schuhe **jenes** Mannes waren ganz kaputt.

❗ Obwohl ***dieser*** und ***jener*** immer stark dekliniert werden, tauchen sie bei manchen Ausdrücken in der Umgangssprache oft nur schwach dekliniert auf, also mit einem ***-n***. Richtig ist aber:

Anfang **dieses** / **jenes** Jahres (**nicht:** ~~Anfang diesen / jenen Jahres~~)

Ein nachfolgendes Adjektiv wird allerdings schwach gebeugt:

Mit dies**em** günstig**en** Angebot hatte ich nicht gerechnet.
Sie erinnerte sich gern **jener** schön**en** Tage.

Kinder *jedes* oder *jeden* Alters? – Deklination von *jeder* (119)

Bei ***jeder*** als Begleiter gelten **vor stark gebeugten maskulinen und neutralen Nomen** inzwischen sowohl die starke wie die schwache Form des Genitiv Singular als richtig. Das liegt daran, dass am Nomen durch die Genitivendung **-s** bzw. ***-es*** der Genitiv deutlich genug zu erkennen ist. Trotzdem: Benutzen Sie besser immer die stark deklinierte Form von *jeder*:

am Ende **jedes** / (**jeden**) Jahr**es**, die Träume **jedes** / (**jeden**) Kind**es** …

→ siehe auch R 120

Wie muss man nach *anderer, beide, jeder, mancher, solcher* deklinieren? (120)

Bei vielen Pronomen kann man leicht ins Schlingern geraten, wenn sie als Begleiter auftreten und wenn es um die Deklination des nachfolgenden Adjektivs geht. Die folgende Übersicht hilft bei den Zweifelsfällen weiter.

- **anderer**
  Ein nachfolgendes maskulines oder neutrales Adjektiv wird im Dativ Singular wahlweise schwach oder stark dekliniert:

  aus anderem wichtig**em** / wichtig**en** Grund, mit anderem, neu**em** / neu**en** Konzept ...

  In allen anderen Fällen wird das nachfolgende Adjektiv parallel stark dekliniert:

  ein anderer neu**er** Kollege, mit anderer, gegensätzlich**er** Meinung, die Zahl anderer, gegensätzlich**er** Meinungen ...

- **beide**
  Das nachfolgende Adjektiv wird immer schwach dekliniert:

  beide neu**en** Kollegen, aufgrund beider gegensätzlich**en** Aussagen, mit beiden neu**en** Kollegen ...

- **jeder** (als Begleiter)
  Das nachfolgende Adjektiv wird immer schwach dekliniert:

  jeder neu**e** Kollege, mit jedem neu**en** Kollegen, jeden neu**en** Kollegen ...

- **ein jeder** (im Nominativ)
  Das nachfolgende Adjektiv wird wahlweise stark oder schwach dekliniert:

  ein jeder neuer / neue Kollege, ein jedes neues / neue Konzept ...

- **manch** (undekliniert)
  Das nachfolgende Adjektiv wird stark dekliniert:

  manch neu**er** Kollege, aufgrund manch neu**er** Konzepte ...

- **mancher** (dekliniert)
  Im Singular wird das nachfolgende Adjektiv schwach dekliniert:

  mancher neu**e** Kollege, aufgrund manches neu**en** Konzepts, mit mancher neu**en** Meinung ...

  Im Plural wird das nachfolgende Adjektiv stark oder schwach dekliniert:

manche neue / neuen Kollegen, aufgrund mancher neuer / neuen Konzepte ...

- **solch** (undekliniert)
  Das nachfolgende Adjektiv wird stark dekliniert:

  solch neu**er** Kollege, aufgrund solch neu**en** Konzepts, mit solch neu**er** Meinung ...

- **solcher** (dekliniert)
  Das nachfolgende Adjektiv wird wahlweise stark oder schwach dekliniert:

  solcher neu**er** / neu**e** Kollege, mit solcher neu**er** / neu**en** Meinung, mit solchem neu**em** / neu**en** Konzept, solche neu**e** / neu**en** Kollegen, aufgrund solcher neu**er** / neu**en** Meinungen ...

- **ein solcher** (dekliniert)
  solcher + nachfolgendes Adjektiv werden gemischt parallel dekliniert:

  ein solcher neu**er** Kollege, aufgrund eines solchen neu**en** Konzepts ...

Niemand* hat *jemand* gesehen – Deklination von *jemand* und *niemand 121

Die Indefinitpronomen (unbestimmten Pronomen) ***jemand*** und ***niemand*** werden **stark dekliniert**. Im Akkusativ und Dativ ist es jedoch auch erlaubt, *jemand* und *niemand* undekliniert zu lassen. Die folgende Übersicht zeigt alle erlaubten Formen.

Jemand / Niemand hat mich gefragt. (Nominativ)
Er ist **jemand(e)s / niemand(e)s** Freund. (Genitiv)
Sie wollte **jemandem / jemand / niemandem / niemand** danken. (Dativ)
Ich habe **jemand / jemanden / niemand / niemanden** getroffen. (Akkusativ)

Wenn den Pronomen *jemand* und *niemand* noch ein **nominalisiertes Adjektiv** (ein Adjektiv, das wie ein Nomen benutzt wird) folgt, wird dieses

Adjektiv meist als Neutrumform behandelt und **stark dekliniert**. *Jemand* und *niemand* bleiben dann in der Regel undekliniert (die folgenden Beispiele mit *jemand* gelten genauso für *niemand*):

Nominativ	Hier kommt jemand Neues.
Genitiv	(kommt nicht vor, stattdessen Konstruktion mit *von* + *Dativ*)
	Das ist der Code von jemand Neuem.
Dativ	Gib es jemand Neuem weiter.
Akkusativ	Ich wende mich an jemand Neuen.

Die Fügung ***jemand / niemand anders*** wird folgendermaßen dekliniert:

Nominativ	Da war noch jemand anders / anderes.
Genitiv	(kommt nicht vor, stattdessen Konstruktion mit *von* + *Dativ*)
	Das ist der Code von jemand anderem oder: eines anderen.
Dativ	Gib es jemand anders / anderem weiter.
Akkusativ	Ich wende mich an jemand anders / anderen.

122 aufgrund *aller neuen* Erkenntnisse – Deklination nach *alle*

Ein auf ***alle*** folgendes Adjektiv oder Partizip wird im Singular und im Plural **schwach** dekliniert:

aller groß**e** Aufwand, alle groß**e** Mühe, alle eng**en** Freunde ... (Nominativ)

statt allen groß**en** Aufwands, trotz aller groß**en** Mühe, dank aller eng**en** Freunde ... (Genitiv)

mit allem groß**en** Aufwand, bei aller groß**en** Mühe, mit allen eng**en** Freunden ... (Dativ)

Man hat allen groß**en** Aufwand umgangen. Er gab sich alle groß**e** Mühe. Ich lud alle eng**en** Freunde ein. ... (Akkusativ)

Nominalisierte Adjektive oder Partizipien, die auf *alle* im Plural folgen, werden ebenfalls schwach dekliniert, sie enden also in allen Formen des Plurals auf ***-n***:

alle Fremde**n**, alle Deutsche**n**, alle Verurteilte**n** ...

> Steht zwischen ***alle*** und dem Adjektiv noch ein **Possessiv- oder Demonstrativpronomen** als weiterer Begleiter, darf dieses nicht parallel zum Adjektiv schwach dekliniert werden, sondern es behält die **starke Deklination**:
>
> all**e** sein**e** gut**en** Freunde, all**e** dies**e** neu**en** Freunde ...

einige, etliche, viele, sämtliche, viele, wenige – die Deklination nach unbestimmten Zahlwörtern

123

Die Deklination nach unbestimmten Zahlwörtern ist unterschiedlich. Folgende Übersicht hilft weiter:

- **einige, etliche**
  Das nachfolgende Adjektiv wird immer parallel stark dekliniert:

  einiger unnötig**er** Ballast, etliches unnötig**es** Zeug, einige schräg**e** Typen, trotz einiger unangebracht**er** Fragen ...

- **sämtliche**
  Im Singular wird das nachfolgende Adjektiv wahlweise stark oder schwach dekliniert:

  sämtlicher unerledigt**er** / unerledig**te** Kram, mit sämtlicher verbliebe**ner** / verbliebe**nen** Kraft, mit sämtlichem unerledigt**em** / unerledigt**en** Kram ...

  Im Plural wird das nachfolgende Adjektiv schwach dekliniert – außer im Genitiv:

sämtliche wichtig**en** Unterlagen, trotz sämtlicher aufgeboten**er** Kräfte ...

- **viel** und **wenig**
  Das nachfolgende Adjektiv wird immer stark dekliniert, auch wenn es nominalisiert ist:

  viel / wenig teur**er** Kram, viel / wenig frisch**es** Fleisch, viel / wenig Neu**es** ...

- **viele**
  Im Singular wird das nachfolgende Adjektiv meist parallel stark dekliniert. Im Dativ erfolgt bei maskulinen und neutralen Adjektiven aber häufig die schwache Deklination:

  vieler alt**er** Kram, trotz vieler zusätzlich**er** Arbeit, mit vielem alt**em** / alt**en** Kram, mit vielem überflüssig**em** / überflüssig**en** Handeln, mit vielem Überflüssig**em** / Überflüssig**en** ...

  Ebenso darf im Nominativ und Akkusativ bei neutralen Adjektiven auch schwach dekliniert werden:

  vieles überflüssig**e(s)** Handeln

  Nominalisierte Adjektive werden fast immer schwach dekliniert:

  vieles Neu**e** und Alt**e**, mit vielem Neu**en** und Alt**en** ...

  Im Plural wird das nachfolgende Adjektiv immer parallel stark dekliniert:

  viele alt**e** Stühle, trotz vieler zusätzlich**er** Bemühungen ...

  → siehe auch R 149 (*wie viel / wie viele*)

- **wenige**
  Das nachfolgende Adjektiv wird im Singular und Plural immer parallel stark dekliniert, auch wenn es nominalisiert ist:

  weniger alt**er** Kram, trotz weniger zusätzlich**er** Arbeit, mit wenigem Neu**em**, wenige alt**e** Stühle, trotz weniger schön**er** Neuigkeiten ...

Welches ist dein Mantel? – Das Fragepronomen *welcher* als Begleiter

124

Mit ***welcher*** als Fragebegleiter fragt man nach etwas aus einer mehr oder weniger genau definierten Menge:

Welchen Wagen fährst du?

Mit ***welches*** (neutral) + ***sein*** kann man auch Fragen bilden. Dann steht *welches* am Satzanfang, und zwar völlig unabhängig davon, welches Geschlecht das später im Satz genannte Nomen hat und ob es im Singular oder Plural steht:

Welches ist deine Jacke?
Welches sind deine Schuhe?

(!) Schwach deklinierte Nomen (→ R 89) bilden den Genitiv ohne *-s*. Wenn Sie Fragen im Genitiv stellen, muss bei solchen Nomen ***welches*** benutzt werden, um den Genitiv deutlich zu machen.

Der Traum **welches** Menschen erfüllt sich?
Welches Fürsten Schloss ist das?

Bei allen anderen Nomen dürfen Sie *welches* und *welchen* benutzen, da bei ihnen das Genitiv-s den Genitiv eindeutig anzeigt:

Zu Beginn **welchen** / **welches** Jahres war die letzte Winterolympiade?

° Verben und Konjugation

TESTEN SIE IHR WISSEN

1 Bewegung tut nicht immer gut
: 127

Welche Variante ist richtig?

Mich hat eine erschreckende Nachricht zur heutigen Besprechung **bewegt / bewogen**.

2 Hatschi!
: 127

Setzen Sie die richtigen Formen von niesen und genießen ein.

a) Sie hat laut ______________________.
b) Sie hat das Essen richtig ______________________.

3 Winke, winke
: 128

Ein Wort in diesem Satz ist falsch. Welches? Wie muss es richtig lauten?

Sie hat mir zum Abschied noch einmal gewunken und das war's.

4 Wenn schon Befehle, dann bitte grammatisch korrekt!
: 129

Unterstreichen Sie die richtigen Formen.

a) **Lese / Lies** dir das noch einmal durch!
b) Jetzt **gib / geb** das Buch schon her!
c) **Sprech / Sprich** doch mal mit ihr darüber!
d) **Nimm / Nehme** dir davon, so viel du willst!

5 Höflichkeit ist eine Zier
: 129

Welche Form ist korrekt? Unterstreichen Sie.

a) **Sind / Seien** Sie so freundlich und öffnen Sie mir die Tür.
b) **Seien / Sind** wir doch einmal ehrlich!

6 Sind Sie ein Bummelant?

130

Wenn Sie sagen: „Ich habe gebummelt“, was haben Sie dann gemacht? Kreuzen Sie an.

a) Sie haben Zeit verschenkt.
b) Sie waren spazieren.

7 Hätten Sie morgen Zeit für mich?

131

Korrigieren Sie den grammatischen Fehler im folgenden Satz.

Ich rufe Ihnen morgen Nachmittag noch mal an.

8 (Grammatisch) falsche Schlange!

131

Welche Sätze sind grammatisch korrekt? Kreuzen Sie an.

a) Mir ekelt es vor Schlangen.
b) Mich ekelt vor Schlangen.
c) Ich ekle mir vor Schlangen.
d) Ich ekle mich vor Schlangen.

9 Rückenschmerzen vom Sitzen und Schwitzen? Eine Frage noch!

131

Welche Sätze sind grammatisch korrekt? Kreuzen Sie an.

a) Sie schmerzt der Rücken.
b) Ihr schmerzt der Rücken.
c) Ihm schmerzt der Gedanke an ihre bevorstehende Abreise.
d) Ihn schmerzt der Gedanke an ihre bevorstehende Abreise.

LÖSUNGEN

1 bewogen (starke Konjugation wegen der übertragenen Bedeutung) • **2 a)** geniest, **b)** genossen • **3** Standardsprachlich wird *winken* nur schwach konjugiert: gewinkt • **4 a)** Lies, **b)** gib, **c)** Sprich, **d)** Nimm • **5 a)** Seien, **b)** Seien ... • **6** a) • **7** ~~Ihnen~~ Sie (Akkusativ): jemanden anrufen • **8** a) (seltener), b), d) • **9** a) und b) (körperlicher Schmerz), d) (bei seelischem Schmerz nur Akkusativ)

Schwäche muss kein Nachteil sein

Nicht nur Nomen, sondern auch Verben werden stark oder schwach genannt. Aber Sie wissen ja, dass Schwäche in der Grammatik eher von Vorteil ist. So ist das auch bei den Verben: Schwache Verben gelten als regelmäßig und bereiten deshalb viel weniger Kopfzerbrechen als starke Verben.

125 Merkmale starker und schwacher Verben

In der Grammatik wird zwischen schwacher, starker und gemischter Konjugation unterschieden.

Zur Unterscheidung der drei Konjugationsarten werden die **drei Stammformen** herangezogen; das sind:

- der Infinitiv (z. B. spielen, gehen)
- die 1. Person Singular Präteritum (ich spielte, ich ging)
- und das Partizip II (gespielt, gegangen)

Der **Verbstamm** ergibt sich, wenn man am Ende des Infinitivs die Endung ***-en*** (spiel-~~en~~) bzw. ***-n*** (sammel-~~n~~, wander-~~n~~) wegstreicht.

Merkmale der schwachen Verben:

1. der Verbstamm bleibt in allen drei Stammformen unverändert (z. B. ich **spiel**-e – ich **spiel**-te – ich habe ge-**spiel**-t)
2. die Präteritumformen werden durch Anhängen von ***-te*** an den Verbstamm gebildet (z. B. ich spiel**te**, sammel**te**, wander**te**)
3. das Partizip II endet auf ***-t*** (gespiel**t**, gesammel**t**, gewander**t**)

Zu den Besonderheiten der Formenbildung bei **Verben auf *-eln*** und ***-ern*** im Präsens → siehe R 126

Merkmale der starken Verben:

1. der Verbstamm bleibt nicht in allen drei Stammformen derselbe (z. B. gehen: geh-, ging-, -gang-; stoßen: stoß-, stieß-, -stoß-; streichen: streich-, strich-, -strich-).
2. die Präteritumformen werden nicht durch Anhängen von ***-te*** an den Verbstamm gebildet (z. B. ich ging, ich stieß, ich strich)
3. das Partizip II endet auf ***-en*** (gegang**en**, gestoß**en**, gestrich**en**).

Nur ganz wenige Verben werden **gemischt konjugiert**. Sie haben die Endungen der schwachen Verben, verändern aber ihren Verbstamm in der Vergangenheit und im Partizip II:

brennen, bringen, denken, dünken, kennen, mögen, nennen, rennen, senden, wenden ...

Konjugationsarten im Überblick:

	schwache Konjugation	**starke Konjugation**	**gemischte Konjugation**
Präsens	ich kaufe	ich singe	es brennt
Präteritum	ich kauf**te**	du s**a**ng**st**	es br**a**nn**te**
Perfekt	ich habe **ge**kauf**t**	er hat ges**u**ng**en**	es hat **ge**br**a**nn**t**

Ich *würfel* nicht, sondern *würfle* – Besonderheiten der Präsensbildung bei den Verben auf *-eln* und *-ern*

126

Bei Verben, deren **Stamm auf *-el*** endet (bumm**el**n, samm**el**n), wird heute in der Regel das **e** in der 1. Person Singular Indikativ und Konjunktiv Präsens weggelassen:

ich drechs**le**, hand**le**, läch**le**, reg**le**, stramp**le**, würf**le** (seltener: drechsele, handele, lächele, regele, strampele, würfele) ...

Standardsprachlich **nicht korrekt**: ich ~~drechsel~~, ich ~~handel~~, ich ~~lächel~~ ...

Zur Bildung des **Imperativs** der 2. Person Singular → siehe R 129

Verben, deren **Stamm auf -*er*** endet (änd**er**n, fei**er**n), behalten hingegen in der Standardsprache ihr **e** in der 1. Person Singular Indikativ und Konjunktiv Präsens:

ich änd**ere**, ärg**ere**, erleicht**ere**, fei**ere**, flunk**ere**, schlend**ere**, sich**ere**, wand**ere**, wund**ere** mich ...

Standardsprachlich **nicht korrekt**: ich ~~änder~~, ~~bedauer~~, ~~feier~~, ~~schlender~~ ...

Zur Bildung des **Imperativs** der 2. Person Singular → siehe R 129

Verben **mit den Diphthongen *au, äu*** und ***eu*** in der ersten Stammsilbe, deren **Stamm auf -*er*** endet, werden dagegen auch standardsprachlich in der 1. Person Singular Indikativ und Konjunktiv Präsens häufig ohne **e** verwendet:

ich bedau**(e)re**, säu**(e)re**, beteu**(e)re** ...

Folgt dem Diphthong jedoch ein Konsonant oder eine **Konsonantengruppe**, darf das **e** nicht weggelassen werden:

ich räub**ere**, ich erläut**ere**, ich räusp**ere** mich ...

Zur Bildung des Imperativs der 2. Person Singular bei diesen Verben → siehe R 129

127 Es *hängte*, es *hing* – Die Bedeutung bestimmt die Konjugationsart

Einige Verben werden je nach ihrer Bedeutung schwach oder stark konjugiert. Hier die wichtigsten:

- **bewegen**

in konkreter Bedeutung → schwache Konjugation:

Wer hat den Tisch bewegt?

Ich habe mich heute wenig bewegt.

in übertragener Bedeutung (*veranlassen*) → starke Konjugation:

Was bewog ihn / hat ihn bewogen, so zu handeln?

- **erschrecken**

mit transitiver Bedeutung (*jemanden erschrecken*) → schwache Konjugation:

Wir erschreckten die Kinder. Wir haben sie erschreckt.
(Imperativ Singular: Erschreck(e) die Kinder nicht!)

mit intransitiver Bedeutung (selbst erschrecken) → starke Konjugation mit *sein* im Perfekt:

Ich erschrak fürchterlich. Ich bin sehr erschrocken.

Aufgepasst: Das Verb *erschrecken* darf nicht reflexiv gebraucht werden (~~ich habe mich erschreckt/erschrocken~~).

- **hängen**

mit transitiver Bedeutung (*etwas aufhängen*) → schwache Konjugation:

Sie hängte den Mantel an den Haken. Sie hat ihn an den Haken gehängt.

mit intransitiver Bedeutung (*herabbaumeln*) → starke Konjugation:

Der Mantel hing am Haken / hat eben noch am Haken gehangen.

Die schwache Konjugation tritt auch bei transitiven Präfixverben auf:

abhängen: Ich habe das Bild von der Wand abgehängt.

behängen: Sie hatten den Weihnachtsbaum mit bunten Kugeln behängt.

verhängen: Man hatte die Fenster gegen die Kälte mit Fellen verhängt.

Daneben gibt es aber zu diesen Verben jeweils ein (aus intransitiver Verwendung zurückgehendes) isoliertes starkes Partizip II, das adjektivisch verwendet wird:

abgehangen *(durch Hängen mürbe geworden)*: Bitte geben Sie mir zwei gut abgehangene Steaks. Das Fleisch ist gut abgehangen.

behangen (*voll von etwas, was herabhängt*): Hinter dem Haus stand ein über und über mit Mirabellen behangener Baum. Der Baum war über und über mit Mirabellen behangen.

verhangen (*bedeckt, trübe*): Der Tag begann mit einem völlig verhangenen Himmel. Der Himmel war heute Morgen noch völlig mit Wolken verhangen, jetzt ist er strahlend blau.

- **schaffen**

in der Bedeutung von *erledigen / zu Ende bringen* → schwache Konjugation:

Das schaffte ich noch / hätte ich noch geschafft!

in der Bedeutung von *kreieren, hervorbringen* → starke Konjugation:

Er schuf / hat ein völlig neues Konzept geschaffen.

- **schleifen**

in der Bedeutung von *schleppen, ziehen* → schwache Konjugation:

Er schleifte den 100-kg-Sack über mehrere hundert Meter zu seinem Auto.

in der Bedeutung von *schärfen* → starke Konjugation:

Er schliff seine Messer mit dem Schleifstein.

- **senden**

in der Bedeutung von *eine Sendung ausstrahlen* (Hörfunk oder Fernsehen) → schwache Konjugation:

Das ZDF sendete an zwei verschiedenen Tagen.
Der HR hat es heute gesendet.

in der Bedeutung von *jdn. oder etwas schicken / zusenden* → meist starke Konjugation:

Ich sandte Ihnen gestern ein Päckchen.
Der zugesandte Brief ...

Aber: Das Verb **versenden** wird schwach und stark konjugiert:

versandte / versendete, versandt / versendet

- **wenden**

als transitives Verb (*etwas wenden*) → schwache Konjugation:

Ich wendete das Steak. Sie hat den Wagen gewendet.

Als reflexives Verb in der Bedeutung von *eine Frage, Bitte an jdn. richten / sich umdrehen* → starke und schwache Konjugation:

Er wandte / wendete sich an Herrn Müller.
Als ich den Pfiff hörte, habe mich sofort umgewandt / umgewendet.

Die Komposita *abwenden, anwenden, aufwenden, einwenden, verwenden* bilden sowohl die schwachen als auch die starken Formen. Bei *entwenden* treten nur die schwachen Formen auf.

- **wiegen**

in der Bedeutung von *hin- und herbewegen* → schwache Konjugation:

Sie wiegte ihr Kind in den Schlaf / hat ihr Kind in den Schlaf gewiegt.

Schwache Konjugation auch bei übertragener Bedeutung:

Ich habe mich lange in der Hoffnung gewiegt, dass sie doch noch zurückkommt.

in der Bedeutung von *an Gewicht haben* oder transitiv *das Gewicht messen* → starke Konjugation:

Sie wog 64 Kilo / hat 64 Kilo gewogen.
Sie wog ihr Kind / hat ihr Kind gewogen.

Auch hier wird in übertragener Bedeutung stark konjugiert:

Die Brutalität der Tat wog schwer bei der Strafzumessung.

> (!) Das Verb ***niesen*** wird immer schwach konjugiert!
>
> ich niese, ich nieste, ich habe geniest

128 Es *gärte* und *gor* – Verben mit starker und schwacher Konjugation

Viele früher stark konjugierte Verben werden heute häufig zum Teil oder in allen Formen wie schwache Verben konjugiert. Beispiele:

Der Nagel **steckte** (schwach) / **stak** (stark, veraltet) im Baum.

Ich **fragte** (schwach) / **frug** (stark, veraltet) ihn schon dreimal.

In der folgenden Übersicht sind Verben aufgeführt, bei denen im heutigen Sprachgebrauch die Konjugation zwischen schwach und stark schwankt. Wenn eine Form in Klammern steht, ist sie nur selten gebräuchlich oder stark veraltet. Formen mit Schrägstrich dazwischen sind gleichermaßen gebräuchlich.

Verben mit schwacher und starker Konjugation

Infinitiv	2. Person Singular Präsens	Imperativ Singular	3. Person Singular Präteritum	Partizip II
backen	du backst / bäckst	back(e)!	er backte (buk)	gebacken
bewegen	du bewegst	bewege!	(→ R 127)	
dreschen	du drischst	drisch!	er drosch (drasch)	gedroschen
fechten	du fichst (nicht: ~~fechtest~~)	ficht! (nicht: ~~fechte~~)	er focht	gefochten
flechten	du flichtst / flechtest	flicht / flechte!	er flocht	geflochten
gären	du gärst	gäre!	er gor / gärte	gegoren / gegärt
gebären	du gebierst / gebärst	gebier / gebäre!	er gebar	geboren

glimmen	du glimmst	glimme!	er glimmte (glomm)	geglimmt (geglommen)
hauen	du haust	haue!	er hieb / haute	gehauen / gehaut
kreischen	du kreischst	kreische!	er kreischte	gekreischt
küren	du kürst	küre!	er kürte (kor)	gekürt (gekoren)
mahlen	du mahlst	mahle!	er mahlte	gemahlen
melken	du melkst (milkst)	melke! (milk!)	er molk / melkte	gemolken / gemelkt
pflegen	du pflegst	pflege!	er pflegte (pflog)	gepflegt (gepflogen)
salzen	du salzst	salze!	er salzte	gesalzen (gesalzt)
saugen	du saugst	saug!	er sog / saugte	gesogen / gesaugt
schaffen	du schaffst	schaffe!	(→ R 127)	
schallen	du schallst	schalle!	er schallte (seltener: scholl)	geschallt
schinden	du schindest	schinde!	er schindete (schund)	geschunden
schmelzen*	du schmilzt (schmilzest)	schmilz!	er schmolz (schmelzte)	geschmolzen (geschmelzt)
schnauben	du schnaubst	schnaub!	er schnob / schnaubte	geschnaubt
senden	du sendest	sende!	(→ R 127)	
sieden	du siedest	siede!	er sott / siedete	gesotten / gesiedet
spalten	du spaltest	spalte!	er spaltete	gespalten / gespaltet
stecken	du steckst	stecke!	er steckte (stak)	gesteckt
stieben	du stiebst	stieb!	er stob (stiebte)	gestoben (gestiebt)

triefen	du triefst	trief!	er triefte / troff	getrieft (getroffen)
wiegen	du wiegst	wiege!	(→ R 127)	
wägen	du wägst	wäge!	er wog (wägte)	gewogen
weben	du webst	webe!	er webte / wob	gewebt / gewoben
wenden	du wendest	wende!	(→ R 127)	

* *schmelzen* wird heute bei transitiver und intransitiver Bedeutung stark konjugiert:

Ich schmelze, du schmilzt, er schmilzt, wir schmelzen, ihr schmelzt, sie schmelzen die Butter / haben die Butter geschmolzen.

Ich schmelze, du schmilzt, er schmilzt, wir schmelzen, ihr schmelzt, sie schmelzen bei diesem Anblick / sind bei diesem Anblick geschmolzen.

Die schwache Konjugation ist heute nicht mehr gebräuchlich. Das schwache Partizip II existiert allerdings noch im süddeutschen Raum z. B. bei *in Butter geschmelzten Zwiebeln*. Streng genommen ist diese Schreibweise jedoch falsch, da früher zum Garen und Bräunen der Zwiebeln Schmalz verwendet wurde. Korrekt also ist ***geschmälzte Zwiebeln***.

(!) Entgegen dem allgemeinen Trend zur Vereinfachung wird das Partizip II des Verbs ***winken*** häufig stark gebildet, obwohl es ein schwaches Verb ist. Standardsprachlich ist das aber nicht korrekt:

winken, ich winkte, ich habe gewinkt (und nicht: ~~gewunken~~).

Das Verb ***sinnen*** ebenso wie die Verben ***besinnen*** und ***nachsinnen*** werden korrekterweise stark konjugiert, auch wenn sie immer häufiger schwach konjugiert auftreten.

Ich sinne über einer Lösung. Ich **sann** auch schon letzte Woche darüber.
Ich habe eigentlich schon viel zu lange darüber **nachgesonnen**.
Du **besannst** dich wohl endlich eines Besseren.

Aber: Auch wenn es das Partizip Perfekt *gesonnen* bzw. *besonnen* gibt: Das Wort ~~***wohlgesonnen***~~ gibt es nicht. Richtig heißt es nur ***wohlgesinnt***.

Bei **starken Verben** stellt sich manchmal die Frage, ob im **Präteritum** bei der 2. Person Singular und bei der 2. Person Plural ein **e** in der Endung erforderlich ist. Hier die Regel:

Wenn der Präteritumstamm auf ***-s, -ss, -ß*** oder ***-z*** endet,

- muss bei der 2. Person Singular ein **e** eingeschoben werden:
  du blies**e**st, du aß**e**st, du floss**e**st, du ließ**e**st, du schmolz**e**st ...
- wird heute nur noch selten in der 2. Person Plural ein **e** eingeschoben:
  ihr blies(**e**)t, ihr aß(**e**)t, ihr floss(**e**)t, ihr ließ(**e**)t, ihr schmolz(**e**)t ...

Wenn der Präteritumstamm auf ***-d*** oder ***-t*** endet,

- kann bei der 2. Person Singular ein **e** eingeschoben werden:
  du fand(**e**)st, du ritt(**e**)st, du schnitt(**e**)st ...
- muss in der 2. Person Plural ein **e** eingeschoben werden:
  ihr fand**e**t, ihr ritt**e**t, ihr schnitt**e**t ...

129 ***Geb* her! Nein, *gib* her! – Imperative**

Die Befehlsform der Verben, der Imperativ, entspricht im Singular dem Verbstamm (→ siehe Tipp in R 128):

gehen → **geh**!; spielen → **spiel**!

Der Imperativ Plural entspricht der 2. Person Plural im Präsens:

gehen → ihr geht → **geht**!

Im Singular ist auch eine Imperativform auf **-e** möglich. Sie klingt gehobener. Gebräuchlicher sind heute die Formen **ohne -*e***:

bring, lauf, schlaf, trag! ...

Setzen Sie **keinen Apostroph** am Ende des Imperativs (~~bring'~~), wenn Sie die Form ohne -*e* benutzen.

(!) Verben, deren **Infinitiv auf *-eln*** oder ***-ern*** endet, müssen den **Imperativ** im Singular mit **-e** bilden. Dafür darf aber das *e* der Endsilbe wegfallen, besonders bei den Verben auf -*eln*.

drechseln → drechs**(e)le**!; handeln → hand**(e)le**!; fummeln → fumm**(e)le**!; klingeln → kling**(e)le**!; sammeln → samm**(e)le**! ...

Formen wie fummel nicht herum, sammel ein! sind umgangssprachlich.

Bei Verben auf ***-ern*** besteht die Tendenz, die Imperativformen - besonders in der geschriebenen Standardsprache - eher mit dem **Stamm-e** zu bilden:

ändern → änd**ere**! (seltener: ändre!); erleichtern → erleicht**ere**! (seltener: erleichtre!); wandern → wand**ere**! (seltener: wandre!); wundern → wund**ere**! (seltener: wundre!) dich nicht!; zögern → zög**ere**! (seltener: zögre!); säubern → säub**(e)re**! (seltener: säubre!); räuspern → räusp**ere** dich! (seltener: räuspre dich!) ...

Nach **Diphthong** (Zwielaut) wird das **Stamm-e** eher weggelassen:

trau(e)re!, steu(e)re! ...

Formen wie säuber dein Zimmer! oder wunder dich nicht! sind umgangssprachlich.

Verben, deren **Stamm auf *-d, -t, -ig* oder Konsonant + *-m*** oder ***-n*** endet, müssen den Imperativ Singular ebenfalls mit **-e** bilden:

finden → fin**de**!; bieten → bie**te**!; beruhigen → beruh**ige**!; atmen → at**me**!; rechnen → rech**ne**! ...

Aber: Es ist **kein -e** erforderlich, wenn vor einem *m* oder *n* noch ein *m*, ein *n*, ein *r* oder ein *l* steht:

kommen → komm!; rennen → renn!; warnen → warn! ...

Die meisten starken Verben, bei denen der Stammvokal in der 2. und 3. Person Singular Präsens **von e nach *i* wechselt** (*lesen, ich lese, du liest, er liest*), bilden den Imperativ Singular nicht mit dem Verbstamm, sondern mit der endungslosen Form der 2. Person Singular Präsens: lesen → du liest → l**ie**s! Beispiele:

Imperativ von Verben mit *e/i*-Wechsel

Infinitiv	**2. Pers. Sing. Präs.**	**Imperativ Singular**	**Imperativ Plural**
befehlen	du befiehlst	befiehl!	befehlt!
bergen	du birgst	birg!	bergt!
empfehlen	du empfiehlst	empfiehl!	empfehlt!
essen	du isst	iss!	esst!
erschrecken*	du erschrickst	erschrick nicht!	erschreckt nicht!
geben	du gibst	gib!	gebt!
helfen	du hilfst	hilf!	helft!
lesen	du liest	lies!	lest!
messen	du misst	miss!	messt!
quellen	du quillst	quill!	quellt!
sehen	du siehst	sieh! (bei Verweisen in Büchern: siehe)	seht!

sprechen	du sprichst	sprich!	sprecht!
sterben	du stirbst	stirb!	sterbt!
verbergen	du verbirgst	verbirg!	verbergt!
verderben	du verdirbst	verdirb!	verderbt!
vergessen	du vergisst	vergiss!	vergesst!
werfen	du wirfst	wirf!	werft!

* → siehe auch R 127 (Bedeutung und Konjugation)

Imperative ohne Wechsel zum *i* (ess, geb, les, mess, sprech ...) sind nur umgangssprachlich und dürfen im Schriftlichen nicht benutzt werden.

Bei dem Verb ***sein*** wird für den höflichen Imperativ die 3. Person Plural des Konjunktivs Präsens verwendet:

sein → Sie seien → **Seien** Sie bitte so freundlich!

Die Formulierung "Sind Sie bitte mal ...!" ist umgangssprachlich.

Bezieht die sprechende Person bei Aufforderungen sich selbst mit ein, wird in der Wir-Form gesprochen und ebenfalls die Konjunktivform von *sein* benutzt:

Seien wir doch froh, dass alles so gut verlaufen ist!

130 *Hat* oder *ist* er geflogen? – Intransitive Verben mit *sein* oder *haben*?

Viele Verben können **mit einem Akkusativobjekt** (Frage: wen oder was?) verbunden werden. Diese Verben werden **transitiv** genannt.

Er schreibt einen Brief. Sie kaufen Lebensmittel.

Transitive Verben bilden das **Perfekt** immer mit ***haben***:

Er hat einen Brief geschrieben. Sie haben Lebensmittel gekauft.

Intransitive Verben können **kein Akkusativobjekt** bei sich haben:

Ihr arbeitet. Das Buch liegt auf dem Tisch. Er springt.

Intransitive Verben bilden das **Perfekt** mit ***haben*** oder mit ***sein***:

Ihr habt gearbeitet. Das Buch hat auf dem Tisch gelegen. Er ist gesprungen.

Viele intransitive Verben drücken eine Bewegung, einen Zustand oder die Veränderung eines Zustands aus. Manche dieser Verben werden mit ***sein***, andere mit ***haben*** konjugiert. Es gibt zwar gewisse Regeln, nach denen mit *sein* oder mit *haben* konjugiert wird, aber es gibt auch etliche Ausnahmen. In einigen Fällen darf man sowohl mit *sein* als auch mit *haben* konjugieren. Manchmal hängt die Konjugation auch von der Bedeutung ab. Hier eine Auswahl der wichtigsten „Stolperverben" (weniger gebräuchliche Formen stehen in Klammern):

Verben - mit *haben* oder *sein* konjugieren?

Infinitiv	**Perfekt mit *sein***	**Perfekt mit *haben***
altern	Er ist gealtert.	(Er hat gealtert.)
anfangen		Ich habe angefangen.
bummeln	Ich bin im Ort gebummelt. (spazieren gehen)	Ich habe gebummelt. (Zeit verschenkt)
durchgehen (etw. ~)	Wir sind die Unterlagen durchgegangen. (Obwohl das Verb transitiv ist, wird es meist mit sein konjugiert)	
eingehen (etw. ~)	Wir sind eine Liaison eingegangen. (Obwohl das Verb meist transitiv benutzt, wird es mit sein konjugiert)	
erschrecken	→ siehe R 127	
fahren	intransitiv: Ich bin (selbst) gefahren.	transitiv: Ich habe das Auto gefahren.

flattern	mit Ortsveränderung: Ein Falter ist ins Zimmer geflattert.	ohne Ortsveränderung: Die Fahne hat im Wind geflattert.
fliegen	intransitiv: Ich bin schon oft geflogen.	transitiv: Ich habe das Flugzeug geflogen.
hängen	→ siehe R 127	
hinken	ich bin vom Platz gehinkt	ich habe stark gehinkt
hocken	ich bin gehockt (süddeutsch)	ich habe gehockt (west-, mittel- und norddeutsch)
joggen	ich bin gejoggt	ich habe gejoggt
kauern		ich habe gekauert
knien	ich bin gekniet (süddeutsch, österreichisch, schweizerisch)	ich habe gekniet (west-, mittel- und norddeutsch)
liegen	ich bin gelegen (süddeutsch, österreichisch, schweizerisch)	ich habe gelegen (west-, mittel- und norddeutsch)
schlendern	ich bin geschlendert	
schlingern	das Schiff ist durch die raue See geschlingert	das Schiff hat stark geschlingert
schmelzen → R 128	intransitiv: ich bin geschmolzen	transitiv: ich habe das Gold geschmolzen
schwimmen	ich bin geschwommen	ich habe neue Bestzeit geschwommen
schwingen	ich bin zu Tal geschwungen	(in seiner Rede hat Kritik geschwungen)
sitzen*	ich bin gesessen (süddeutsch, österreichisch, schweizerisch)	ich habe gesessen (west-, mittel- und norddeutsch)
stehen*	ich bin gestanden (süddeutsch, österreichisch, schweizerisch)	ich habe gestanden (west-, mittel- und norddeutsch)
tanzen	Ich bin um den Tisch getanzt.	mit + Dativ: Ich habe mit ihm getanzt.
wandern	ich bin gewandert	(ich habe früher mehr gewandert als heute)

* Nur mit *haben* konjugiert wird jedoch überall bei er **hat** gesessen = *er war im Gefängnis* und er **hat** gestanden = *er hat ein Geständnis abgelegt*.

Ich rufe nicht *dir* an, sondern *dich* – Verben mit Dativ oder Akkusativ?

131

Bei manchen Verben zweifelt man manchmal, ob sie mit dem Akkusativ (wen oder was?) oder mit dem Dativ (wem?) verbunden werden müssen. Hier die wichtigsten:

Verben mit Dativ oder mit Akkusativ, mit und ohne Präposition

anrufen	Mit Akkusativ: Ich rufe dich an. Mit Dativ nur umgangssprachlich im süddeutschen Raum und in der Schweiz: Ich rufe dir an.
beharren auf	auf + Dativ: Er beharrte auf seinem Recht.
bescheren	Mit Dativ der Person und Akkusativ der Sache: Sie bescherten ihm eine unangenehme Überraschung. Mit Akkusativ der Person: Sie bescherten ihren Sohn aufs Feierlichste.
bestehen auf	*auf* + Dativ: Sie besteht auf der Vertragsklausel.

ekeln	Bei unpersönlicher Konstruktion (mit oder ohne *es*) mit Akkusativ (seltener mit Dativ): Mich ekelt (es) vor Schlangen. / Mir ekelt (es) vor Schlangen. Oder mit Reflexivpronomen im Akkusativ: Ich ekle mich vor Schlangen.
erinnern	Transitiv (*jemanden erinnern*) mit Akkusativ + *an*: Wir erinnern dich rechtzeitig an den Termin. Reflexiv mit Reflexivpronomen im Akkusativ + *an*: Ich erinnere mich noch gut an dich. Sehr gehoben auch mit Genitiv ohne Präposition: Ich erinnere mich dieser Begebenheit. **Aber nicht** nur mit Akkusativ ohne *an*: ~~Ich erinnere es gut.~~
helfen	mit Dativ: Wir helfen dir natürlich!
lehren	Üblich ist der doppelte Akkusativ, seltener tritt auch der Dativ der Person auf: Sie hat ihn / (seltener:) ihm das Schreiben gelehrt. Im Passiv steht die Person im Dativ, seltener im Akkusativ: Ihm / Ihn wurde das Schreiben gelehrt.
lernen	Das Verb *lernen* kann sich nur auf eine Sache richten, aber nicht auf Personen: Ich habe das Schreiben gelernt. Aber nicht: ~~Sie hat ihn das Schreiben gelernt.~~

rufen	Mit Akkusativ: Sie hat mich gerufen. Mit Dativ nur süddeutsch und schweizerisch: Sie rief ihrem Kind. Aber mit *nach* + Dativ: Sie hat nach mir gerufen.
schmerzen	Bei körperlichem Schmerz mit Dativ oder Akkusativ der Person: Ihm/Ihn schmerzen die Füße. Bei seelischem Schmerz nur mit Akkusativ: Der Verlust schmerzt ihn sehr.
versichern (in der Bedeutung *beteuern*)	Mit Dativ der Person und Akkusativ der Sache: Sie versicherte mir ihre Freundschaft. Veraltet mit Akkusativ + Genitiv: Sie versicherte mich ihrer Freundschaft.

Es *bedarf* eines weiteren Versuchs – Verben mit Genitiv

132

Es gibt nur noch wenige Verben, nach denen ein **Genitivobjekt** stehen muss. Sie werden heute fast ausschließlich in der Standardsprache verwendet. Die wichtigsten:

sich bedienen	Er bediente sich eines einfachen Tricks.
bedürfen	Dein gestriges Verhalten bedarf einer Erklärung.
sich befleißigen	Sie befleißigt sich einer schönen Aussprache.
sich bemächtigen	Der Feind bemächtigte sich des ganzen Dorfes.
berauben	Sie wurde ihres Schmuckes beraubt.

beschuldigen	Er wird des Hausfriedensbruchs beschuldigt.
bezichtigen	Der Angeklagte wird des Einbruchs bezichtigt.
entbehren	Diese Ansicht entbehrt jeder Grundlage.
sich enthalten	Sie enthält sich der Stimme. Er enthielt sich eines Kommentars.
entheben	Er wurde mit sofortiger Wirkung seines Amtes enthoben.
sich entledigen	Er entledigte sich des Auftrags.
gedenken	Wir gedachten der Opfer des Zweiten Weltkriegs.
sich vergewissern	Er vergewisserte sich des allseitigen Einverständnisses.

133 Ich *ginge*, ich *würde gehen* – Wann benutzt man *würde*?

Grundsätzlich gilt: Stimmt der Konjunktiv I mit dem Indikativ Präsens überein, wird der Konjunktiv II benutzt. Stimmt der Konjunktiv II mit dem Indikativ Präteritum überein, wird die **Ersatzform mit *würde*** benutzt.

In der folgenden Übersicht sind die Formen markiert, die mit der Indikativform übereinstimmen. Die Ersatzformen sind jeweils daneben angegeben.

Konjunktivformen und ihre Ersatzformen in der Übersicht:
- schwaches Verb ***spielen***
- starkes Verb ***gehen*** ohne Stammlautveränderung im Konjunktiv
- starkes Verb ***laden*** mit Stammlautveränderung von ***u*** nach ***ü***:

Indikativ Präsens	Konjunktiv I	Konjunktiv II bzw. Umschreibung mit *würde*
ich spiele, gehe, lade	ich spiele, gehe, lade	ich würde spielen, ich ginge, ich lüde

du spielst, gehst, lädst	du spielest*, gehest*, ladest*	–
er spielt, geht, lädt	er spiele, gehe, lade	–
wir spielen, gehen, laden	wir spielen, gehen, laden	wir würden spielen, wir gingen, wir lüden
ihr spielt, geht, ladet	ihr spielet*, gehet*, ladet	ihr lüdet
sie spielen, gehen, laden	sie spielen, gehen, laden	sie würden spielen, sie gingen, sie lüden

* Auch wenn sich bei der 2. Person Singular und Plural die Formen des Konjunktivs I von der Form des Indikativ Präsens unterscheiden, werden sie nur noch sehr selten benutzt. Meist wird hier statt des Konjunktivs der Indikativ benutzt oder es wird mit ***würde*** umschrieben.

Indikativ Präteritum	**Konjunktiv II**	**Ersatzform mit *würde***
ich spielte, ging, lud	ich spielte, ginge, lüde	ich würde spielen
du spieltest, gingst, ludest	du spieltest, gingest, lüdest	du würdest spielen
er spielte, ging, lud	er spielte, ginge, lüde	er würde spielen
wir spielten, gingen, luden	wir spielten, gingen, lüden	wir würden spielen, wir würden gehen
ihr spieltet, gingt, ludet	ihr spieltet, ginget, lüdet	ihr würdet spielen
sie spielten, gingen, luden	sie spielten, gingen, lüden	sie würden spielen, sie würden gehen

Bei vielen starken Verben werden die **Stammvokale *a, o, u*** im Präteritumstamm beim Konjunktiv II zu ***ä, ö*** und ***ü***:

bitten → ich bat → ich bäte, du bätest, er bäte, wir bäten, ihr bätet, sie bäten

Bei diesen Verben ist also der Konjunktiv II eindeutig von der Präteritumform im Indikativ unterscheidbar. Dennoch wird auch bei diesen Verben inzwischen häufig mit ***würde*** umschrieben. Viele Konjunktivformen (z. B. begänne / begönne, flösse, griffe, schmölze) sind heute kaum noch gebräuchlich.

Es ist der **Wechsel der Stammvokale *a, o, u*** zu den umgelauteten Formen ***ä, ö*** und ***ü***, der den Konjunktiv II Präteritum der starken Verben oft ungewöhnlich und veraltet wirken lässt (schwömme, hülfe, wüsche). Auch Konjunktive wie kennte oder nennte wirken auf manch einen befremdlich. Wer solche Formen verwendet, erweckt damit bei vielen Hörern und Lesern den Eindruck einer gezierten oder gespreizten Ausdrucksweise. Deshalb weicht man heute meist auf die **Umschreibung mit *würde* + Infinitiv** aus.

Das liest man selten:	Das liest man häufiger:
Ich fände es schön, wenn du dir einen Zopf **flöchtest**.	Ich fände es schön, wenn du dir einen Zopf **flechten würdest**.
Wenn du doch endlich den Wagen **wüschest**!	Wenn du doch endlich den Wagen **waschen würdest**!
Ich an deiner Stelle **höbe** mir das für später **auf**.	Ich an deiner Stelle **würde** mir das für später **aufheben**.
Wenn sie das Passwort **kennte** und Programm zum Laufen **brächte**, **hülfe** mir das sehr.	Wenn sie das Passwort **kennen würde** und das Programm zum Laufen **bringen würde**, **würde** mir das sehr **helfen**.
Jeder **schmölze** bei solch einem Anblick vor Begeisterung dahin.	Jeder **würde** bei solch einem Anblick **dahinschmelzen**.

Bei den starken Verben ***bleiben, bringen, geben, haben, kommen, können, sein*** und ***werden*** wird die Konjunktiv-II-Form jedoch noch häufig benutzt:

bleiben:	ich bliebe	**kommen**:	ich käme
bringen:	ich brächte	**können**:	ich könnte
geben:	ich gäbe	**sein**:	ich wäre
gehen:	ich ginge	**werden**:	ich würde
haben:	ich hätte	**wissen**:	ich wüsste

Auch im **Konjunktiv des Futur I** stimmen viele Verbformen mit dem Indikativ überein. Hier wird deshalb fast immer die Umschreibung mit *würde* benutzt. Sie ist auch bei der 2. Person Singular erlaubt, obwohl sich hier die Konjunktiv-I-Formen vom Indikativ unterscheiden.

Du schreibst, du **werdest / würdest** in diesem Jahr nach Portugal fliegen.
Du sagtest, du **werdest / würdest** bald zurückkommen.

Indikativ Futur I	Konjunktiv Futur I	Umschreibung mit *würde*
ich werde spielen,	ich werde spielen,	ich würde spielen,
ich werde gehen,	ich werde gehen,	ich würde gehen,
ich werde laden	ich werde laden	ich würde laden
du wirst spielen,	du werdest spielen,	du würdest spielen,
du wirst gehen,	du werdest gehen,	du würdest gehen,
du wirst laden	du werdest laden	du würdest laden
er wird spielen,	er werde spielen,	
er wird gehen,	er werde gehen,	
er wird laden	er werde laden	
wir werden spielen,	wir werden spielen,	wir würden spielen,
wir werden gehen,	wir werden gehen,	wir würden gehen,
wir werden laden	wir werden laden	wir würden laden
ihr werdet spielen,	ihr werdet spielen,	ihr würdet spielen,
ihr werdet gehen,	ihr werdet gehen,	ihr würdet gehen,
ihr werdet laden	ihr werdet laden	ihr würdet laden
sie werden spielen,	sie werden spielen,	sie würden spielen,
sie werden gehen,	sie werden gehen,	sie würden gehen,
sie werden laden	sie werden laden	sie würden laden

> ❗ Machen Sie es sich bitte nicht zu einfach. Die Umschreibung mit ***würde*** ist zwar korrekt und manchmal unvermeidlich, aber kein schönes Deutsch. **Deshalb benutzen Sie im Schriftlichen ruhig den Konjunktiv II, wo immer es möglich ist.**
>
> Der Differenzbetrag **betrüge** (besser als: würde ... betragen) nur 45,45 Euro.
>
> Nach kurzem Überlegen sagte sie, sie **böte** (besser als: würde ... bieten) ihm das Doppelte, wenn er ...
>
> Wenn ich jetzt **weiterläse**, **schliefe** ich **ein**. (Besser als: Wenn ich jetzt weiterlesen würde, würde ich einschlafen.)

Manchmal lässt sich die **Häufung von *würde*** auch durch eine andere Wortwahl vermeiden, z. B. indem man ein Modalverb benutzt:

Wenn er jetzt das Radio einschalten **würde**, **würde** er die Staumeldungen hören.
Besser: Wenn er jetzt das Radio einschalten **würde**, **könnte** er die Staumeldungen hören.

Falls das Ehepaar Maier sich eines Tages endgültig trennen **würde**, **würden** die Kinder sicher beim Vater wohnen.
Besser: Falls sich das Ehepaar Maier eines Tages endgültig trennen **sollte**, **würden** die Kinder sicher beim Vater wohnen.

Oder ziehen Sie die *würde*-Umschreibungen weiter auseinander durch **Umstellung des Satzes**:

Wenn sie ihn lieben **würde**, **würde** sie ihn anrufen.
Besser: Sie **würde** ihn anrufen, wenn sie ihn lieben **würde**.

(!) Sofern im Hauptsatz eine eindeutige Konjunktiv-II-Form oder Ersatzform mit *würde* steht, können Sie bei **Konditionalsätzen** (*Wenn*-Sätzen) ruhig auch mal ein schwaches Verb im Konjunktiv II stehen lassen, auch wenn die Form wie das Präteritum aussieht. Denn die Konjunktiv-II-Form im Hauptsatz zeigt an, dass auch das schwache Verb in diesem Fall ein Konjunktiv II ist:

Sie würde ihn anrufen / riefe ihn an, wenn sie ihn **liebte**.

Er würde ihr etwas schenken, wenn sie ihn **liebte**.

Seine Tochter würde Luftsprünge machen, wenn er ihr endlich ein Auto **schenkte**.

Ich äße ja gerne auch mal Karamellbonbons, wenn sie nur nicht so an den Zähnen **klebten**.

→ siehe R 140 (Konditionalsätze)

Stände oder *stünde* ich im Regen? – Verben mit schwierigen Konjunktiv-II-Formen

134

Bei manchen starken Verben wurden die Formen des Konjunktivs II mit der Zeit durch Formen mit einem anderen Umlaut ersetzt, bei manchen starken Verben sind zwei Formen richtig. Die wichtigsten:

Konjunktiv II: unregelmäßige und schwierige Verben

Infinitiv	**Indikativ Präteritum**	**Konjunktiv II**
befehlen	befahl	befähle / beföhle
beginnen	begann	begänne / seltener: begönne
brauchen	brauchte	brauchte (siehe unten)

empfehlen	empfahl	empfähle / empföhle
ersinnen	ersann	ersänne / selten: ersönne
gelten	galt	gälte / selten: gölte
gewinnen	gewann	gewänne / gewönne
heben	hob	höbe / hübe
helfen	half	hülfe / seltener: hälfe
kennen	kannte	kennte
mögen	mochte	möchte (siehe unten)
nennen	nannte	nennte
rinnen	rann	ränne / rönne
schwimmen	schwamm	schwömme / seltener: schwämme
schwören	schwor	schwüre / seltener: schwöre
sinnen	sann	sänne / veraltet: sönne
spinnen	spann	spänne / spönne
stehen	stand	stände / stünde
stehlen	stahl	stähle / veraltet: stöhle
sterben	starb	stürbe
verderben	verdarb	verdürbe
werben	warb	würbe
werfen	warf	würfe

Da ***brauchen*** ein regelmäßiges Verb ist, hat der Konjunktiv II Präteritum keinen Umlaut; die Form ***bräuchte*** ist also falsch! Richtig ist nur:

Er ~~bräuchte~~ **brauchte** nur ein wenig zu üben, dann könnte er das auch.

Bei den **Modalverben *dürfen, können*** und ***müssen*** wird immer der **Konjunktiv II** Präteritum verwendet und nicht mit *würde* + Infinitiv umschrieben. Gleiches gilt auch für die Verben ***haben*** und ***sein***:

Die Systemumstellung **dürfte** keine größeren Probleme verursachen, aber sie **könnte** länger als geplant dauern.

Wenn er **müsste**, **wäre** das Kochen kein Problem für ihn.

Die neue Produktionslinie **hätte** einen entscheidenden Vorteil: Sie **wäre** kostengünstiger.

Die Konjunktiv-II-Formen von **mögen** lauten *ich möchte, möchtest, er/sie/ es möchte, wir möchten, ihr möchtet, sie möchten*. Sie werden jedoch häufig gar nicht als Konjunktiv empfunden, sondern als höflicher Ersatz für das Verb ***wollen***:

Ich will einkaufen gehen. → Ich **möchte** einkaufen gehen.

Surfen und *mailen* – Konjugation englischer Verben

135

Verben, die aus dem Englischen übernommen wurden, werden wie **schwache** deutsche Verben konjugiert (→ R 125). Beispiele:

Infinitiv	***ich …***	***ich habe …***	**Bedeutung**
airbrushen	airbrushe	geairbrusht	mit einer Spritzpistole künstlerisch arbeiten
bloggen	blogge	gebloggt	an einem Weblog schreiben
brainstormen	brainstorme	gebrainstormt	spontane Einfälle sammeln
briefen	briefe	gebrieft	einweisen, informieren
canceln	canc(e)le	gecancelt	absagen, abblasen
chatten	chatte	gechattet	sich im Internet unterhalten
chillen	chille	gechillt	sich entspannen, abschlaffen

committen	committe	committet	sich verpflichten (die Vorsilbe com- ist untrennbar mit dem Verb verbunden)
downloaden	downloade	downgeloadet	Dateien herunterladen (die Vorsilbe ***down***- ist untrennbar mit dem Verb verbunden)
earmarken	earmarke	geearmarkt	im Voraus verfügen, bestimmen
googeln	goog(e)le	gegoogelt	die Internet-Suchmaschine Google® benutzen
jobben	jobbe	gejobbt	eine Gelegenheitsarbeit ausüben, z. B. Ferienjob
joggen	jogge	gejoggt	einen Dauerlauf machen
kidnappen	kidnappe	gekidnappt	entführen
mailen	maile	gemailt	elektronische Post (E-Mail) versenden
netsurfen	netsurfe	genetsurft	im Internet nach Informationen suchen
posten	poste	gepostet	ins Internet stellen
puschen / pushen	ich pusche / pushe	gepuscht / gepusht	vorwärts-/voranbringen, antreiben, propagieren
recyclen / recyceln	recycle / recycele Präteritum: recyclete / recycelte	recyclet / recycelt	wiederverwerten (die Vorsilbe ***re-*** ist untrennbar mit dem Verb verbunden) bei prädikativem Gebrauch am Ende eines Satzes auch in englischer Schreibweise: Das Papier ist recycled / recyclet / recycelt. **Aber:** recycletes / recyceltes Papier

relaxen	relaxe	relaxt	entspannen, ausruhen (die Vorsilbe ***re-*** ist untrennbar mit dem Verb verbunden) bei prädikativem Gebrauch am Ende eines Satzes auch in englischer Schreibweise: Ich bin total relaxed / relaxt. **Aber:** ein relaxter Mensch
snowboarden	snowboarde	gesnowboardet	mit dem Snowboard fahren
surfen	surfe	gesurft	wellenreiten, im Internet nach Informationen suchen
toppen	toppe	getoppt	übertreffen
upgraden	upgrade	upgegradet	aufwerten (die Vorsilbe ***up-*** ist untrennbar mit dem Verb verbunden)
windsurfen	windsurfe	windgesurft	surfen

Zur Bildung des **Partizips II bei englischen Verben** → siehe auch R 163

Adverbien und Präpositionen

TESTEN SIE IHR WISSEN

1 Sind Sie steigerungsfähig?

136

Ersetzen Sie in den folgenden Sätzen die fett gedruckten Adverbien durch die jeweils in der dahinterstehenden Klammer angegebene Form.

a) Dein Geschenk hat mich **sehr** (Superlativ: ____________) gefreut.
b) Du solltest **oft** (Komparativ: ________ / ________) schwimmen gehen.
c) Ich trinke **gern** (Komparativ: ____________) Rotwein.
d) Unsere Katze fühlt sich **wohl** (Superlativ: ____________) in ihrem Korb.
e) Ich denke, sie wird **bald** (Komparativ: ________ / ________) kommen.

2 Wie der Herr, so der Hund

136

Welche zwei Wörter stimmen hier nicht? Korrigieren Sie sie.

Diese Ticks hat mein Hund jetzt öfters, aber sonst verhält er sich durchwegs normal.

3 Zerreißprobe

137

Sie werden von Ihrem Partner gefragt, ob sie zur Geburtstagsfeier eines Freundes mitkommen. Welche Antworten sind garantiert falsch? Kreuzen Sie an.

a) Da hab ich keine Lust zu.
b) Da weiß ich nichts von.
c) Da hab ich keine Zeit für.
d) Da gehen wir hin.

4 Pronominaladverbien: noch mehr davon

137

Formulieren Sie die Sätze standardsprachlich korrekt:

a) Mir fällt gerade nichts ein, mit dem man ihr eine Freude machen könnte.
b) Auf was warten wir noch, gehen wir endlich!
c) Jemand hat Sauerkraut gekocht, im ganzen Haus riecht es nach ihm.

d) Ich weiß nicht, über was er sich so geärgert hat.
e) Mit was hast du die Soße gewürzt?

5 Märchenhafte Präpositionen

138

Ergänzen Sie die richtigen Endungen.

Dornröschen krabbelte entlang d__ Dornengestrüpp__, das d__ Schlossgraben entlang wucherte. „Röslein, Röslein an d__ Wand", quakte der Froschkönig noch, bevor Dornröschen ihn an d__ Wand warf.

6 Ärger mit dem Chef

138

Zwei grammatische Schnitzer gilt es hier zu korrigieren. Finden Sie die Fehler?

Mein Chef, wegen dem ich meinen Urlaub verschob, ist heute selbst in Urlaub gegangen. Aber nicht nur ich, auch andere mussten wegen ihm ihre Pläne ändern.

LÖSUNGEN

1 a) am meisten, **b)** öfter / häufiger, **c)** lieber, **d)** am wohlsten, **e)** eher / früher • **2** ~~öfters~~ öfter, ~~durchwegs~~ durchweg • **3** a), b) und c); korrekt wäre: **a)** Dazu hab ich keine Lust. **b)** Davon weiß ich nichts. **c)** Dafür hab ich keine Zeit. • **4 a)** ...womit man ihr ... **b)** Worauf warten wir ... **c)** ... riecht es danach. **d)** ... worüber er sich ... **e)** Womit hast du ... • **5** des Dornengestrüpps / dem Dornengestrüpp, den , der, die • **6** Mein Chef, dessentwegen ich ...; mussten seinetwegen ihre...

Die Unveränderbaren

Dieses Kapitel widmet sich erfrischend unkomplizierten Wörtern: den unveränderbaren. Aber freuen Sie sich nicht zu sehr, denn diese Wörter verändern zwar nicht ihre eigene Form, wohl aber die Form der Wörter in ihrer Umgebung.

136 Immer *öfter*, aber nicht *noch und nöcher* – Adverbien

Adverbien kennzeichnen die Umstände, unter denen eine Handlung stattfindet. Deshalb werden sie auch als Umstandswörter bezeichnet:

Das Adverb kann sich beziehen auf:

ein Verb: Schauspieler müssen **manchmal** improvisieren.
ein Adjektiv: Sie ist **immer** fleißig.
ein Adverb: Das kann **sehr** bald geschehen.
ein Nomen: Das Haus **dort** ist groß.
einen Satz: **Leider** können wir nicht kommen.

Auch **Adjektive** werden manchmal adverbial gebraucht und haben dann keine Flexionsendung: Es regnet stark.

Umgekehrt können aber Adverbien nicht wie attributive Adjektive gebraucht werden, sie können also nicht einem Nomen vorangestellt und dekliniert werden.

Wir hoffen, dass er bald ankommt.
Seine Ankunft ist sicherlich bald.
Aber nicht: Wir erwarten seine balde Ankunft.

Aus dem Adverb ***bald*** kann aber, wie aus vielen anderen temporalen Adverbien auch durch die Endung ***-ig*** ein Adjektiv werden. Dann ist der attributive Gebrauch vor einem Nomen möglich:

seine **baldige** Ankunft

gestern → gestrig; heute → heutig; bisher → bisherig, jetzt → jetzig ...

Viele Adverbien haben die Endung *-s*:

abend**s**, allerding**s**, dienstag**s**, meisten**s**, mindesten**s**, neuerding**s**, nirgend**s**, rückling**s**, rückwärt**s**, spätesten**s**, unterweg**s**, vollend**s** ...

> **!** An Wörter, die bereits Adverbien sind, darf kein zusätzliches **-s** angefügt werden:
>
> **öfter, durchweg, ferner, weiter ...**
>
> Die Formen öfter**s**, durchweg**s**, ferner**s**, weiter**s** sind umgangssprachlich.

Viele Adverbien haben die Endung *-(er)maßen*:

beschränktermaßen, einigermaßen, dermaßen, folgendermaßen, gewissermaßen, verdientermaßen, zugegebenermaßen ...

Viele Adverbien werden mit der Endung *-(er)weise* gebildet:

anerkennenswerterweise, ärgerlicherweise, ausschnittsweise, ersatzweise, korrekterweise, möglicherweise, teilweise ...

Manche dieser **Adverbien auf *-weise*** können **wie Adjektive** verwendet werden, wenn sie von Nomen abgeleitet wurden. Sie stehen dann attributiv vor einem Nomen und werden dekliniert. Das Nomen, auf das sie sich beziehen, muss ein Geschehen oder eine Handlung ausdrücken, also ein so genanntes Verbalsubstantiv sein:

ein schrittweis**er** Abbau (Handlung: *schrittweise abbauen*)
ein teilweis**er** Rückgang (Geschehen: *teilweise zurückgehen*)
ein stückweis**er** Verkauf (Handlung: *stückweise verkaufen*)

Aber nicht: ~~eine teilweise Intelligenz~~, ~~ein stückweiser Preis~~

Adverbien bilden keine Vergleichsformen (→ R 110, 111). Es gibt nur die folgenden **Ausnahmen**:

oft	öfter / häufiger	am öftesten/am häufigsten
wohl	wohler	am wohlsten
bald	eher / früher	am ehesten / frühesten
gerne	lieber (**nicht:** ~~gerner~~)	am liebsten (**nicht:** am ~~gernsten~~)
sehr	mehr	am meisten

Das Adverb ***noch*** kann nicht gesteigert werden. Die Form *nöcher* in dem idiomatischen Ausdruck *noch und nöcher* ist also grammatisch nicht korrekt.

137 *Worüber* wollen wir reden? *Darüber*! – Pronominaladverbien

Pronominaladverbien werden aus der Verbindung von ***da-, hier-, wo-*** **+ Präposition** gebildet. (Deshalb werden sie auch Präpositionaladverbien genannt). Manchmal wird wegen der besseren Aussprache noch ein **Fugen-*r*** dazwischengesetzt. Die heute gebräuchlichen Pronominaladverbien sind:

- dabei, dafür, dadurch, dagegen, dahinter, damit, danach, daneben, daran, darauf, daraus, darin, darüber, darum, darunter, davon, davor, dazu, dazwischen ...
- hierbei, hierfür, hierdurch, (hiergegen), (hierhinter), hiermit, hiernach, (hierneben), hieran, hierauf, hieraus, hierin, hierüber, (hierum), hierunter, hiervon, (hiervor), hierzu, (hierzwischen) ...
- wobei, wofür, wodurch, wogegen, wohinter, womit, wonach, (woneben), woran, worauf, woraus, worin, worüber, worum, worunter, wovon, wovor, wozu, (wozwischen) ...

Die Pronominaladverbien mit ***hier-*** werden seltener benutzt als die der anderen beiden Gruppen.

Pronominaladverbien **ersetzen eine Wortgruppe oder einen Sachverhalt**.

Ich möchte mich **über** dieses Thema informieren. → Ich möchte mich **darüber** informieren.
(Das Pronominaladverb *darüber* ersetzt die Wortgruppe *„über dieses Thema"*.)

Die Verwendung von bloßem ***informieren*** **+ Infinitivgruppe** gilt standardsprachlich als nicht korrekt. Der Sachverhalt, der zur Kenntnis gebracht wird, muss in einem mit ***dass*** eingeleiteten **Objektsatz** ausgedrückt werden. Also nur:

Bitte informieren Sie die heute nicht anwesenden Kolleginnen und Kollegen **darüber**, **dass sie** während der Bauarbeiten nur die beiden letzten Reihen des Firmenparkplatzes **benutzen dürfen**.

Und nicht: ~~Bitte informieren Sie die heute nicht anwesenden Kolleginnen und Kollegen, während der Bauarbeiten nur die beiden letzten Reihen des Firmenparkplatzes zu benutzen.~~

Zwischen Gerd und Trudi ist's aus. – **Davon / Darüber** weiß ich nichts.
(Das Pronominaladverb *davon / darüber* ersetzt den im Satz zuvor genannten Sachverhalt, nämlich dass es zwischen Gerd und Trudi aus ist. Man benutzt *davon / darüber*, weil das Verb *wissen* die Präposition *von* oder *über* benötigt.)

Pronominaladverbien können sich nur auf eine Sache oder einen Sachverhalt beziehen, aber **niemals auf eine Person**. Geht es um eine Person, muss, wenn man die Person nicht mehr namentlich nennen möchte, eine **Kombination aus Präposition + Personalpronomen** benutzt werden:

Können Sie mich **über Herrn Meier** informieren? → Können Sie mich **über ihn** informieren?

In der **Umgangssprache** werden statt der Pronominaladverbien häufig Verbindungen aus **Präposition + *was*** oder ***das*** benutzt (Das ist alles, ~~um was~~ ich euch bitte. Es geht mir nur ~~um das~~.). In der Standardsprache sollten Sie solche Formulierungen jedoch unbedingt vermeiden. Schreiben Sie stattdessen:

Das ist alles, worum ich euch bitte.
Es geht mir nur darum.

> **!** In der gesprochenen Sprache werden Pronominaladverbien häufig zerrissen. Dann steht der erste Teil am Anfang, der zweite am Schluss.
>
> ~~**Da** habe ich keine Lust **zu**.~~ Richtig ist aber: **Dazu** habe ich keine Lust.
> ~~**Da** weiß ich nichts **von**.~~ Richtig ist aber: **Davon** weiß ich nichts.
>
> Auch ein doppeltes *da* ist umgangssprachlich verbreitet:
>
> ~~**Da** habe ich keine Lust **d(a)rauf**.~~ Richtig ist aber: Darauf habe ich keine Lust.
>
> Im Schriftlichen sind solche Konstruktionen nicht erlaubt. **Ausnahmen**: Bei ***daher, dahin, woher, wohin*** wird die Teilung nicht mehr als falsch empfunden:
>
> Da gehen wir hin. / Dahin gehen wir.
> Wo kommt ihr her? / Woher kommt ihr?

138 *Laut* diesem Bericht – Präpositionen

Präpositionen (Verhältniswörter) setzen Wörter oder Satzteile zueinander in Beziehung und stellen ein Verhältnis zwischen ihnen her:

Der Laptop liegt bereits **auf** dem Tisch.
Wir treffen uns dann **nach** der Pause.

Während die Präpositionen selbst immer unverändert bleiben, bestimmen sie den Fall des nachfolgenden Nomens oder Pronomens. Sie **regieren** dessen Fall (= Rektion).

Einige Präpositionen dürfen nur mit einem einzigen Fall benutzt werden, andere Präpositionen haben je nach Inhalt mehrere Fälle zur Auswahl. In der folgenden Liste sind die schwierigsten mit Beispielen und Ausnahmen aufgeführt:

- **abzüglich** → Genitiv

  abzüglich aller Kosten, abzüglich eines Rabatts …

  Ein stark dekliniertes Nomen im Singular ohne Begleiter (→ R 89) bleibt jedoch unverändert:
  abzüglich Rabatt (**nicht:** ~~Rabatts~~)

  Ein Nomen ohne Begleiter im Plural steht im Dativ, wenn der Genitiv nicht erkennbar ist:
  abzüglich Geldern aus Spenden (statt: abzüglich Gelder aus Spenden) …

- **anhand** → Genitiv

  anhand meiner Unterlagen

  Steht das nachfolgende Nomen im Plural, ist auch die Konstruktion *anhand von* + Dativ erlaubt:
  anhand von neueren Studien, anhand von Beweisen …

- **anstatt, anstelle / an Stelle**

  Anstatt / Anstelle / An Stelle der Feier gab es nur einen Stehempfang.
  → wie *statt*

- **aufgrund / auf Grund** → Genitiv

  aufgrund / auf Grund des Streiks, aufgrund / auf Grund der widrigen Umstände …

- **ausschließlich** → Genitiv

  ausschließlich der Reisekosten
  → wie *einschließlich*

- **außer** → Dativ

  alle außer mir, alles außer den Stühlen, außer Frage stehen …

  Inzwischen wird häufig das Nomen oder Pronomen hinter *außer* in denselben Fall gesetzt wie das Bezugswort, das vor *außer* steht:
  Niemand (Nominativ) kam außer ich (Nominativ) selbst.
  Ich trage keine Schuhe (Akkusativ) außer diese (Akkusativ).

  Außer ist dann allerdings keine Präposition mehr, sondern zur Konjunktion geworden. → R 144

  Außer mit **Genitiv** in der Wendung: außer Landes

- **außerhalb** → Genitiv

  außerhalb des Gebiets, außerhalb unserer Öffnungszeiten …

- **bis** → Akkusativ

  bis nächsten Monat, bis letztes Jahr …

  Oft ist der Fall nicht erkennbar:
  bis München, bis morgen, bis 17 Uhr …
  Bis steht meist zusammen mit einer anderen Präposition, die dann den Fall des folgenden Nomens bzw. Pronomens bestimmt:
  bis zum bitteren Ende, bis vor kurzer Zeit, bis nach Budapest …

- **dank** → Dativ / Genitiv

  dank seinem beherzten Eingreifen / dank seines beherzten Eingreifens …

  Bezugswörter im Plural stehen jedoch fast immer im Genitiv:
  dank Ihrer Bemühungen, dank seiner Erfahrungen …

- **einschließlich** → Genitiv

  einschließlich der gesamten Kosten

Aber: einschließlich Getränk, einschließlich Getränken
→ wie *abzüglich*

- **entlang** → Genitiv / Dativ

  Zur **Ortsangabe** (wo?) mit Genitiv oder mit Dativ:
  ein entlang des Hauptkanals / entlang dem Hauptkanal gelegenes Werksgelände ...

  Zur **Richtungsangabe** (wohin?) mit Akkusativ; *entlang* steht dann hinter seinem Bezugswort:
  Sie gingen den Fluss entlang.

- **entsprechend** → Dativ

  entsprechend unserem Vorschlag

  Die Verwendung mit Genitiv ist falsch!

- **gemäß** → Dativ

  gemäß unserem Vorbild, gemäß unseren Vereinbarungen, gemäß dieser Regel ...

  Gemäß kann im Singular auch ohne Begleiter benutzt werden:
  gemäß Vorschrift, gemäß Vertrag ...

- **infolge** → Genitiv

  infolge des Unwetters, infolge des Kriegsausbruchs ...

- **inklusive** → Genitiv

  inklusive der Speisen und Getränke

  Aber: inklusive Meerblick, inklusive Handtüchern ...
  → wie *abzüglich*

- **inmitten** → Genitiv

  inmitten der Nacht, inmitten des Getöses ...

- **innerhalb** → Genitiv

  Innerhalb kann lokale oder zeitliche Bedeutung haben:
  innerhalb eines Tages, innerhalb dieser Räume …

  Der Dativ steht nur, wenn der Genitiv nicht erkennbar ist.
  innerhalb Tagen, **aber:** innerhalb weniger Tage

  Innerhalb wird inzwischen häufig mit *von* benutzt. Bei Länder- und Ortsnamen muss man häufig sogar *von* benutzen, wenn sich kein eindeutiger Genitiv bilden lässt. Dann folgt das Bezugswort im Dativ:
  innerhalb von zwei Stunden, innerhalb von Paris …

- **laut** → Genitiv / Dativ

  laut diesem Gutachten / laut dieses Gutachtens

  Ein stark dekliniertes Nomen im Singular ohne Begleiter (→ R 89) bleibt jedoch unverändert:
  laut Gutachten, laut Schreiben vom …

- **mangels** → Genitiv

  mangels eines Beweises, mangels einer Erlaubnis …

  Aber: mangels Beispiel, mangels Beweisen …
  → wie *abzüglich*

- **mithilfe / mit Hilfe** → Genitiv

  mithilfe / mit Hilfe dieses Geräts, mithilfe / mit Hilfe der Kollegen …

  Mithilfe wird mit *von* verbunden, wenn das nachfolgende Bezugswort im Plural steht und keinen Artikel bei sich hat.
  Mithilfe / mit Hilfe von Spendengeldern

- **mittels** → Genitiv

  mittels eines Krans, mittels der gesammelten Spenden, mittels erneuerbarer Energien …

  Ein stark dekliniertes Nomen im Singular ohne Begleiter und ohne Attribut bleibt meist unverändert:

mittels Kran

Im Plural steht der Dativ, wenn der Genitiv nicht erkennbar ist:
mittels Kränen

Nicht korrekt ist die Verwendung von *mittels von*, also nicht: ~~mittels von Kränen~~, sondern nur: mittels Kränen

Der Gebrauch von *mittels* gilt als stilistisch unschön. Besser sind die Präpositionen ***mit***, ***mithilfe*** (von) oder ***durch***.

- **samt** → Dativ

  das Unkraut samt Wurzeln / samt den Wurzeln ausreißen, ein Akkuschrauber samt allem Zubehör ...

- **statt** → Genitiv

  statt eines Briefs, statt einer Entschuldigung ...

  Im Plural steht der Dativ, wenn der Genitiv nicht erkennbar ist:
  statt Vorschlägen

  Statt kann auch als Konjunktion benutzt werden in der Bedeutung *und nicht*: Dann wird das folgende Nomen bzw. Pronomen in denselben Fall gesetzt wie das Bezugswort vor dem Wort *statt*:
  Er sprach mit ihr statt (mit) dir.
  Du musst Oma besuchen statt deinen Freund.

- **trotz** → Genitiv

  trotz seines schlechten Rufs, trotz seiner guten Vorsätze ...

  Der Dativ ist noch erhalten in *trotz allem, trotz alledem, trotzdem*.
  Der Dativ kann außerdem stehen, wenn vor dem nachfolgenden Nomen kein Artikel steht:
  trotz kalten Füßen

  Im Plural steht der Dativ, wenn der Genitiv nicht erkennbar ist:
  trotz Beweisen, trotz Vorschlägen

- **unter** → Dativ, Akkusativ

  Bei **allgemeinem** Gebrauch mit Dativ:
  unter anderem, unter 18 Jahren …

  Zur **Ortsangabe** mit Dativ (wo?):
  Unter meinem Bett liegt Staub.

  Zur **Richtungsangabe** mit Akkusativ (wohin?):
  Der Ball ist unter mein Bett gerollt.

  In der Bedeutung von *weniger als* ist *unter* **Adverb**. Dann richtet sich der Fall des Bezugswortes nach dem Verb. Man könnte *unter* auch weglassen und der Satz ergäbe immer noch einen Sinn:
  Unter 100 Stundenkilometer fahre ich nie.
  Nicht für Jugendliche, die unter 16 Jahre alt sind!

- **während** → Genitiv

  während unseres letzten Urlaubs

  Im Plural steht der Dativ, wenn der Genitiv nicht erkennbar ist:
  während Jahren

- **wegen** → Genitiv

  wegen des guten Programms, wegen ihres Einspruchs …

  Ein stark dekliniertes Nomen im Singular ohne Begleiter bleibt meist unverändert:
  wegen Todesfall geschlossen

  Im Plural steht der Dativ, wenn der Genitiv nicht erkennbar ist:
  wegen Problemen, wegen Fällen wie dem letzten …

  Steht *wegen* hinter dem Nomen, steht dieses immer im Genitiv:
  des schönen Wetters wegen

  → siehe auch Tipp weiter unten

- **willen: um … willen** → Genitiv

  um des lieben Friedens willen, um der Kinder willen …
  → siehe auch Tipp weiter unten

- **zufolge** → Dativ

  Die Präposition zufolge steht fast immer hinter ihrem Bezugswort.
  ihrem Bericht zufolge, deinem Wunsch zufolge …

- **zugunsten / zu Gunsten** → Genitiv

  ein neues Gesetz zugunsten / zu Gunsten der Steuerzahler, zu gunsten / zu Gunsten deiner …

  Zugunsten kann auch mit *von* verbunden werden, wenn das Bezugswort ein Eigenname ist oder ohne Artikel im Plural steht. Dann wird es in den Dativ gesetzt:
  eine Spendenaktion zugunsten / zu Gunsten von Kindern, zugunsten / zu Gunsten von Toby, dem kranken Delphin …

- **zulasten / zu Lasten** → Genitiv

  zulasten / zu Lasten der Gesundheit
  → wie *zugunsten*

- **zuungunsten / zu Ungunsten** → Genitiv

  zuungunsten / zu Ungunsten der Leistungsempfänger
  → wie *zugunsten*

- **zwecks** → Genitiv

  zwecks genauer Überprüfung, zwecks einer Aussage …

  Zwecks ist ein Wort der Behördensprache (Amtssprache). In normaler Standardsprache sollte diese Präposition nicht verwendet werden. Man umschreibt besser oder verwendet *zu*:

  zur genauen Überprüfung, um eine Aussage zu machen …

Bei der Präposition ***wegen*** tritt etwas Besonderes ein, wenn sie in Verbindung mit einem Personalpronomen oder Demonstrativpronomen auftaucht: Sie verbindet sich mit ihm zu einem Adverb:

- ***wegen*** **+ Personalpronomen:**
  meinetwegen, deinetwegen, ihretwegen, seinetwegen, unseretwegen, euretwegen, ihretwegen
- ***wegen*** **+ Demonstrativ-/Relativpronomen:**
  dere(n)twegen (3. Person Singular Femininum und 3. Person Plural), dessentwegen (3. Person Singular Maskulinum und Neutrum)

Ihretwegen (nicht: ~~wegen ihr~~) hat er den Urlaub verschoben.

Unseretwegen (nicht: ~~wegen uns~~) müsst ihr nicht bleiben.

Mein Chef, **dessentwegen (nicht:** ~~wegen dem~~) ich meinen Urlaub verschob, ist heute selbst in Urlaub gegangen.

Bei ***um … willen*** passiert dasselbe wie bei *wegen*:

- ***um … willen*** **+ Personalpronomen:**
  um meinetwillen, deinetwillen, ihretwillen, seinetwillen, unseretwillen, euretwillen, ihretwillen
- ***um … willen*** **+ Demonstrativ-/Relativpronomen:**
  um dere(n)twillen (3. Person Singular Femininum und 3. Person Plural), dessentwillen (3. Person Singular Maskulinum und Neutrum)

Die geteilte Präposition *um … willen* wird nicht mehr sehr häufig benutzt. Stattdessen verwendet man häufig die nachgestellte Präposition *zuliebe*.

Bitte bleib noch **um meinetwillen**. = Bitte bleib noch **mir zuliebe**.

Auch wenn Sie im Alltag häufig Formulierungen wie ***wegen mir, wegen ihr, wegen euch*** hören – die korrekten Formen für *wegen* + Personalpronomen sind immer noch die zusammengezogenen.

Prädikate und Satzbau

TESTEN SIE IHR WISSEN

1 Millionengewinn

139

Jörg erzählt: „Ich habe eine Million im Lotto gewonnen!" Natürlich macht diese Neuigkeit schnell die Runde. Welche der folgenden Formulierungen ist umgangssprachlich, welche ist neutral und bei welcher bringt der Sprecher Zweifel an Jörgs Aussage zum Ausdruck? Ordnen Sie zu:

1. Er sagt, er hätte eine Million im Lotto gewonnen. a) umgangssprachlich
2. Er sagt, er habe eine Million im Lotto gewonnen. b) neutral
3. Er sagt, er hat eine Million im Lotto gewonnen. c) zweifelnd

2 Grillparty

140

Gegen den folgenden Vorschlag ist nichts einzuwenden, stimmt aber auch die Grammatik?

Wenn am Samstag schönes Wetter ist, könnten wir grillen.

3 Hinterher ist man meist klüger

141

Mit welchem Satz können Sie sich eine Unachtsamkeit grammatisch richtig eingestehen?

„Heute weiß ich, ...

a) dass ich in dieser Kurve langsamer hätte fahren müssen.
b) dass ich in dieser Kurve langsamer fahren gemusst hätte.
c) dass ich in dieser Kurve langsamer fahren müssen hätte.

4 Selbst ist der Mann

142

Welcher der beiden Sätze ist nicht nur inhaltlich, sondern auch grammatisch richtig formuliert?

a) Du hättest mir nicht beim Rasenmähen zu helfen brauchen.
b) Du hättest mir nicht beim Rasenmähen zu helfen gebraucht.

5 Beredtes Schweigen

144

Schweigen ist zwar Gold, aber die Grammatik sollte stimmen. Ein Wort im folgenden Satz ist falsch. Können Sie es korrigieren?

Wie er ins Zimmer trat, verstummte sofort das Gespräch.

6 Bazillenschleuder

144

Der folgende Satz enthält zwei grammatische Fehler. Wie muss der Satz korrekt lauten?

Ich komme zum Dienst, trotzdem ich erkältet bin, weil ich bin ein Arbeitstier!

7 Zeit ist Geld

144

Ein Wort im folgenden Satz ist falsch. Können Sie es korrigieren?

Der spätere Termin wäre insoweit ideal, weil wir dann noch ein paar Tage Vorbereitungszeit hätten.

LÖSUNGEN

1 c), 2 b), 3 a) • **2** Standardsprachlich nicht zulässige Vermischung von Indikativ und Konjunktiv II im Konditionalsatz; korrekt nur: ... wäre, könnten wir ... oder ... ist, können wir ... • **3** a) • **4** a), bei modifizierendem „brauchen" in zusammengesetzten Zeiten steht Infinitiv + zu + brauchen • **5** Korrekt: Als er ins Zimmer trat ... • **6** Ich komme zum Dienst, obwohl ich erkältet bin, weil ich ein Arbeitstier bin. • **7** Korrekt: ... insoweit ideal, dass ...

Das anspruchsvolle Prädikat

Verben bilden als Prädikate das Zentrum deutscher Sätze. Um dieses Zentrum drehen sich alle anderen Satzglieder. Kein Wunder, dass einem dabei manchmal schwindelig wird. Prädikate können uns auch ganz schön zu schaffen machen. Sie bestehen nämlich nicht immer nur harmlos aus einem einzigen Wort. Bei zusammengesetzten Zeiten kommen ganz schnell vier Prädikatsbestandteile zusammen: Das hätte (Prädikat, Teil 1) uns doch längst beigebracht (Prädikat, Teil 2) werden (Prädikat, Teil 3) müssen (Prädikat, Teil 4)!

139 Er sagt, er *habe* geschrieben oder er *hat* geschrieben? – indirekte Rede

Der häufigste Anwendungsbereich für den Konjunktiv (→ Konjunktivformen, R 133) ist die indirekte Rede. Indirekte Rede hängt meist von einem Verb des Sagens, Fragens, Denkens oder Hoffens ab, z. B.: behaupten, berichten, denken, sich erkundigen, erzählen, fragen, hoffen, meinen, sagen, schreiben, wissen, bezweifeln.

Die **indirekte Rede** wird in der Regel mit dem **Konjunktiv I** ausgedrückt:

- **bei Aussagesätzen:** indirekte Rede beginnt mit ***dass*** oder ohne Einleitewort:

  Direkte Rede – Indikativ:
  Paul sagt: „Anna schreibt eine E-Mail."

  Indirekte Rede – Konjunktiv I:
  Paul sagt, Anna schreibe einen Brief. / Paul sagt, dass Anna einen Brief schreibe.

- **bei Fragesätzen mit einleitendem Fragewort:**

  Direkte Rede – Indikativ:
  Anna fragt Paul: „Wann kommst du?"

Indirekte Rede – Konjunktiv I:
Anna fragt Paul, wann er komme.

- **bei Entscheidungs- und Wahlfragen (Ja-/Nein-Fragen):** Einleitung der indirekten Rede mit der Konjunktion ***ob***:

  Direkte Rede – Indikativ:
  Anna fragt: „Kommst du?“

  Indirekte Rede – Konjunktiv I:
  Anna fragt, ob Paul komme.

- **bei Aufforderungssätzen:** Konjunktiv I von ***sollen / mögen*** + Infinitiv in der indirekten Rede:

  Direkte Rede – Indikativ:
  Paul bittet Anna: „Schreib eine E-Mail.“

  Indirekte Rede – Konjunktiv I:
  Paul bittet Anna, sie solle / möge eine E-Mail schreiben.

Häufig sind die Formen des Konjunktivs I identisch mit Indikativ-Formen (→ R 133). Dann wird zur eindeutigen Kennzeichnung der indirekten Rede der **Konjunktiv II** oder, wenn auch die Konjunktiv-II-Form wie eine Indikativ-Form aussieht, ersatzweise die ***würde*-Form** benutzt.

Er fragt, ob sie zu Hause gegessen hätten.
(Die Konjunktiv-I-Form lautet *sie haben* und ist identisch mit dem Indikativ Präsens. Also benutzt man den Konjunktiv II: *sie hätten.*)

Sie sagten, sie würden ihn unterstützen.
(Die Konjunktiv-I-Form lautet *sie unterstützen* und ist identisch mit dem Indikativ Präsens. Die Konjunktiv-II-Form lautet *sie unterstützten* und ist identisch mit dem Indikativ Präteritum. Also kann der Konjunktiv nur durch die Umschreibung mit *würde* erkennbar gemacht werden.)

Folgende Umformungen sind bei der indirekten Rede mit dem Konjunktiv I am häufigsten:

Der Politiker sagt:	In der Zeitung steht die indirekte Rede:
Präsens	**Konjunktiv I Präsens**
„Ich habe zu viele politische Gegner. Ich höre auf."	Er erklärte, dass er zu viele politische Gegner **habe** / er **habe** zu viele politische Gegner und dass er **aufhöre** / und er **höre auf**.
Perfekt oder Präteritum	**Konjunktiv I Perfekt**
„Ich habe mein Amt niedergelegt." / „Ich legte mein Amt nieder."	Er erklärte, dass er sein Amt niedergelegt **habe** / er **habe** sein Amt niedergelegt.
Futur I	**Konjunktiv Futur I**
„Ich werde mich aus der Politik verabschieden."	Er erklärte, dass er sich aus der Politik verabschieden **werde** / er **werde** sich aus der Politik verabschieden.

Wenn die Form des Konjunktivs I mit der Indikativform übereinstimmt, muss eine **Konjunktiv-II-Form** bzw. die **Ersatzform mit *würde*** benutzt werden, z. B. bei der 1. Person Singular (→ R 133):

Der Politiker sagt bei der Pressekonferenz:	Der Politiker erzählt später in seinen Memoiren:
Präsens	**Konjunktiv II Präteritum bzw. Ersatzform mit *würde* bei schwachen Verben**
„Ich habe zu viele politische Gegner. Ich höre auf."	Ich erklärte, dass ich zu viele politische Gegner **hätte** / ich **hätte** zu viele politische Gegner. Ich **würde aufhören**.

Perfekt oder Präteritum	**Konjunktiv II Plusquamperfekt**
„Ich habe mein Amt niedergelegt." / „Ich legte mein Amt nieder."	Ich sagte bei der Pressekonferenz, dass ich mein Amt niedergelegt **hätte** / ich **hätte** mein Amt niedergelegt.
Futur I	**Ersatzform mit *würde***
„Ich werde mich aus der Politik verabschieden."	Ich erklärte, dass ich mich aus der Politik verabschieden **würde** / ich **würde** mich aus der Politik verabschieden.

Steht bereits in der direkten Rede der Konjunktiv II, muss er auch in der indirekten Rede verwendet werden:

Direkte Rede	**Indirekte Rede**
„Ich bliebe gerne weiterhin Vorsitzender, wenn man mich ließe."	Er sagte, er **bliebe** gerne weiterhin Vorsitzender, wenn man ihn **ließe**.
„Ich würde mich gerne zur Wiederwahl stellen, wenn ich genügend Unterstützer hätte."	Er sagte, er **würde** sich gerne zur Wiederwahl stellen, wenn er genügend Unterstützer **hätte**.
„Ich hätte den Vorsitz übernommen, wenn man ihn mir angeboten hätte."	Er **hätte** den Vorsitz übernommen, wenn man ihn ihm angeboten **hätte**.

→ siehe auch R 140 (Konditionalsätze)

Auch **wenn man bezweifelt**, dass es stimmt, was jemand anders gesagt hat, benutzt man den Konjunktiv II:

Herr Hinterhofer sagt, er **hätte** noch keine grauen Haare.
(Er hat bestimmt seine Haare gefärbt.)

Unser Chef behauptet, er **hätte** uns neulich bereits darüber informiert.
(Der Chef behauptet, dass er uns informiert hat, aber ich bezweifle es stark.)

Bei der indirekten Rede muss auch die zeitliche Einordnung des Nebensatzes im Verhältnis zum Hauptsatz beachtet werden.

Zeitenfolge in der indirekten Rede, bezogen auf den Hauptsatz:

- **Gleichzeitigkeit:** Die Handlung der indirekten Rede findet gleichzeitig statt → Konjunktiv I oder Konjunktiv II

  Er sagte, er arbeite an einem neuen Projekt.

- **Vorzeitigkeit:** Die Handlung der indirekten Rede fand schon vorher statt → Konjunktiv I Perfekt (Konjunktiv I von *haben / sein* + Partizip II) bzw. Konjunktiv Plusquamperfekt (Konjunktiv II von *haben / sein* + Partizip II)

  Er sagte, er habe an einem schwierigen Projekt gearbeitet.
  Ich sagte, ich hätte an einem schwierigen Projekt gearbeitet.

- **Nachzeitigkeit:** Die Handlung der indirekten Rede findet erst später statt → Konjunktiv Futur (Konjunktiv I bzw. II von *werden* + Infinitiv)

  Er sagte, er **werde** bald ein neues Projekt beginnen.
  Ich sagte, ich **würde** bald ein neues Projekt beginnen.

Der **Konjunktiv I** wird heute fast nur noch in der Standardsprache sowie bei der Berichterstattung in Radio und Fernsehen verwendet. Im Alltag dürfen Sie nach den Verben, die die indirekte Rede einleiten, auch den Indikativ benutzen, weil der Satz in der Regel auch ohne Konjunktivform als indirekte Rede verstanden wird.

Mein Chef hat gesagt, dass morgen eine Versammlung stattfindet.
Klara hat erzählt, dass Sebastian ihr einen Brief geschrieben hat.
Anke hat gefragt, ob sie vorbeikommen kann.
Sie sagt, sie kommt in einer halben Stunde.

Wenn er mir geschrieben hätte – Konditionalsätze

140

Konditionalsätze (Bedingungssätze) werden mit dem Indikativ oder mit dem Konjunktiv gebildet. Meist werden sie durch die Konjunktionen ***falls, sofern, wenn*** eingeleitet. Es gilt folgende **Regel**: Entweder steht in Haupt- und Konditionalsatz der Indikativ oder es steht in beiden Sätzen der Konjunktiv II.

Der **Indikativ** wird in Haupt- und Nebensatz verwendet, wenn das Konditionalgefüge eine **reale** oder **mögliche** Folge oder Bedingung ausdrückt:

Wenn du vor acht **kommst**, **kannst** du mit uns essen.
Wenn ich Zeit **finde**, **komme** ich vorbei.

Der **Konjunktiv II** wird in Haupt- und Nebensatz verwendet, wenn das Konditionalgefüge eine eher **irreale** oder **unmögliche** Bedingung und Folge ausdrückt. Dabei benutzt man den Konjunktiv II Präteritum, wenn man von einer irrealen / unmöglichen Situation in der Gegenwart spricht:

Wenn du vor acht **kämst**, **könntest** du mit uns essen.
(Aber du kommst wahrscheinlich nicht vor acht.)

Wenn ich Zeit **fände**, **käme** ich vorbei.
(Aber ich finde wahrscheinlich keine Zeit.)

Der **Konjunktiv II Plusquamperfekt** (Konjunktiv II von *sein* oder *haben* + Partizip II) wird verwendet, wenn man von einer **irrealen / unmöglichen** Situation in der Vergangenheit spricht. Es ist ausgeschlossen, dass die Situation noch eintritt.

Wenn du vor acht **gekommen wärst**, **hättest** du mit uns essen **können**.
(Aber du bist nicht vor acht gekommen und konntest nicht mit uns essen.)

Wenn ich Zeit **gefunden hätte**, **wäre** ich **vorbeigekommen**.
(Aber ich fand keine Zeit und bin nicht vorbeigekommen.)

Der **Konjunktiv II Plusquamperfekt** wird sogar verwendet, wenn es unmöglich ist, dass etwas in der Zukunft eintritt:

Wenn du **gekommen wärst**, **hättest** du morgen mit uns schwimmen gehen **können**.
(Aber du bist nicht gekommen und es ist unmöglich, dass du noch kommst. Also kannst du morgen nicht mit uns schwimmen gehen.)

Zu den Ersatzformen mit ***würde*** → R 133

> **!** **Indikativ und Konjunktiv II** dürfen bei Satzgefügen mit Konditionalsätzen **nicht vermischt werden**, auch wenn dies in der Umgangssprache manchmal passiert.
>
> Der Satz ~~"Wenn besseres Wetter ist, könnten wir im See schwimmen"~~ ist also falsch!
> Richtig ist: „Wenn besseres Wetter wäre, könnten wir im See schwimmen."
> Oder: „Wenn besseres Wetter ist, können wir im See schwimmen."

141 Das hätte er mir *schreiben sollen* – Modalverben bei den zusammengesetzten Zeiten

Im Hauptsatz steht ein Modalverb in den **einfachen Zeiten** (Präsens, Präteritum) stets **vor den dazugehörigen Infinitiven**:

Er **muss** / **musste** / **müsste** schnell eine neue Arbeitsstelle finden.
Sie **sollte** ihn nicht so einfach gehen lassen.
Er **mochte** nicht darüber reden.

In den **zusammengesetzten Zeiten** (Perfekt, Plusquamperfekt, Futur I und Futur II) stehen die konjugierten Formen des Hilfsverbs (*haben*, *werden*) an erster Stelle, am Ende stehen die Infinitive des Vollverbs und des Modalverbs:

Er **hat / hatte / hätte** schnell eine Arbeitsstelle **finden müssen**.
Er **wird / würde** so schnell keine Arbeitsstelle **finden können**.
Sie **hätte** ihn nicht so einfach **gehen lassen dürfen**.

Bei Sätzen im **Futur II Aktiv** oder im **Passiv** steht das Partizip Perfekt noch vor den Infinitiven:

Ich werde das Buch bis morgen Abend **zurückgebracht haben müssen**, sonst verlangt die Bücherei Säumnisgebühr.

Treten im **Perfekt, Plusquamperfekt** oder im **Futur II** Vollverben kombiniert mit Modalverben auf, wird nicht das Partizip Perfekt, sondern der **Infinitiv des Modalverbs** benutzt:

Du hättest ein Taxi nehmen **sollen** (**nicht:** ~~gesollt~~).
Sie hat das Eis nicht essen **mögen** (**nicht:** ~~gemocht~~).
Dir ist doch wohl klar, dass ich dann ein Bußgeld hätte bezahlen **können** (**nicht:** ~~gekonnt~~).
Bis morgen werde ich mir die Sache überlegt haben **müssen** (**nicht:** ~~gemusst~~).

Eher **umgangssprachlich** ist der Verzicht auf das Vollverb. Dann allerdings wird im Perfekt, Plusquamperfekt und im Futur II das **Partizip Perfekt** des Modalverbs verwendet:

Er hat nach Hause **gemusst**.
Sie hat nicht ins Kino **gewollt/gemocht**.
Sie wird nicht früher aus dem Büro **gekonnt** haben.

142 Das hättest du nicht *zu tun brauchen* – das Verb *brauchen* + Infinitiv in zusammengesetzten Zeiten

Das Verb ***brauchen*** hat, wenn es verneint wird und gemeinsam mit einem Infinitiv eines Vollverbs auftritt, eine **modifizierende Bedeutung**. Dann entspricht seine Bedeutung einem eingeschränkten oder verneinten *müssen*. In dieser Bedeutung muss der **Infinitiv** des nachfolgenden Vollverbs **mit *zu*** angeschlossen werden.

Du **brauchst** heute nicht mehr **zu kochen**.
(**Nicht:** ~~Du brauchst heute nicht kochen~~.)

Herr Maier **braucht** heute nicht mehr **zu kommen**.
(**Nicht:** ~~Herr Maier braucht heute nicht mehr kommen~~.)

Steht ein Satz mit modifizierendem *brauchen* im **Perfekt oder Plusquamperfekt** (Indikativ und Konjunktiv) wird nicht das Partizip Perfekt, sondern der **Infinitiv** von ***brauchen*** benutzt und rückt ganz ans Satzende – wie die Modalverben auch (→ R 3). Direkt davor steht der Infinitiv mit *zu* des Vollverbs:

Frau Bögel hat den Arzttermin nicht mehr **wahrzunehmen brauchen**.
(**Nicht:** ~~nicht wahrnehmen gebraucht~~ und **nicht:** ~~nicht wahrzunehmen gebraucht~~).

Er hätte das nicht **zu nehmen brauchen**.
(**Nicht:** ~~nicht nehmen gebraucht~~ und **nicht:** ~~nicht zu nehmen gebraucht~~).
Zu ***mögen / möchten*** → siehe auch R 134

143 Weil er es mir *hätte sagen können* – mehrteilige Prädikate mit Modalverben im Nebensatz

Besteht das Prädikat in einem Nebensatz aus mehreren Teilen, so steht der konjugierte Teil des Prädikats in der Regel am Satzende:

Prädikat mit Vollverb
Wir sind froh, dass der Einbrecher nichts Wertvolles entwendet **hat**.

Das gilt auch für Nebensätze, die neben dem Vollverb auch ein Modalverb haben:

Prädikat mit Modalverb + Vollverb
Wir sind froh, dass der Einbrecher nichts Wertvolles **entwenden konnte**.

Wenn Nebensätze, die durch eine Konjunktion oder ein Relativpronomen eingeleitet sind,

- in einer **zusammengesetzten Zeit** stehen (Perfekt, Plusquamperfekt oder Futur, Indikativ oder Konjunktiv)
- und ihr Prädikat aus Vollverb + Modalverb besteht,

ändert sich die Reihenfolge der Prädikatsteile: **Der konjugierte Teil des Prädikats** steht nicht mehr am Satzende, sondern **vor den Infinitiven** des Vollverbs und des Modalverbs:

Einfache Zeit → konjugiertes Verb am Satzende	**Zusammengesetzte Zeit** → konjugiertes Verb vor den Infinitiven
Präsens: Sie weiß, dass sie schnell handeln **muss**.	Plusquamperfekt: Sie weiß, dass sie schnell **hätte** handeln müssen.
Präteritum: Er ärgert sich wohl, weil er nicht mitkommen **durfte**.	Perfekt: Er hat sich geärgert, weil er nicht **hat** mitkommen dürfen.
Präteritum: Es war so still, dass man eine Stecknadel fallen hören **konnte**.	Plusquamperfekt: Es war so still, dass man eine Stecknadel **hätte** fallen hören können.
Präsens: Elisabeth freut sich, dass sie die Termine halten **kann**.	Plusquamperfekt: Elisabeth freute sich, dass sie die Termine **hatte** halten können.
Präteritum: Ihr wurde bewusst, dass sie ihn ausreden lassen **müsste**.	Futur I: Ihr wird bewusst sein, dass sie ihn **wird** ausreden lassen müssen.
Präteritum: Er erklärte uns, dass er wegen seiner Fünf im Aufsatz gestern Abend nicht in die Disko gehen **durfte**.	Futur II: Wir haben gestern Abend vergeblich auf ihn in der Disko gewartet und uns dann gedacht, dass er wegen seiner Fünf im Aufsatz nicht **wird** haben weggehen dürfen.
Präsens: Wir wissen nicht, ob er operiert werden **muss**.	Plusquamperfekt: Es steht kritisch um ihn, weil er schon längst **hätte** operiert werden müssen.
Präsens: Ich kenne niemanden, der das nochmals erleben mag.	Plusquamperfekt: Ich kannte niemanden, der das nochmals **hätte** erleben mögen.

Modalverben, die nicht konjugiert sind, stehen in Nebensätzen grundsätzlich **am Satzende**.

Es macht nachdenklich, dass das Land in Zukunft keinen signifikanten Beitrag mehr wird leisten **können**.

Er wusste nicht, wie er sich hätte entschuldigen **sollen**.

Das gilt auch für Passivsätze:

Es wird schwierig werden, weil für das Land auch in Zukunft kein signifikanter Beitrag wird geleistet werden **können**.

Es ist deutlich, dass die Beziehungen hätten intensiviert werden **müssen**.

Neben den Modalverben gibt es einige weitere Verben, bei denen das Partizip Perfekt durch den Infinitiv ersetzt werden kann, wenn ihnen ein anderer Infinitiv vorausgeht. Anders als bei den Modalverben ist aber der Gebrauch des Infinitivs nicht zwingend vorgeschrieben.

Verben mit Infinitiv oder Partizip Perfekt nach einem Infinitiv

überwiegend Infinitiv	**heißen, lassen, sehen**	Das habe ich kommen **sehen**. Wir haben es liegen **lassen**. Er hat ihn kommen **heißen**.
Infinitiv oder Partizip Perfekt	**fühlen, helfen, hören**	Wir haben dich kommen **hören** / **gehört**.
überwiegend Partizip Perfekt	**lehren, lernen, machen**	Er hat mich Fahrrad fahren **gelehrt**.

144

Weil er das geschrieben hat – Stolperfallen mit Konjunktionalsätzen

- **weil, obwohl, trotzdem** und **außer wenn**

Die Konjunktionen ***weil, obwohl*** und ***außer wenn*** leiten Nebensätze ein. In der Umgangssprache werden solche Nebensätze manchmal zu Hauptsätzen umgeformt.

Umgangssprache	Standardsprache
Ich halte das für richtig, **weil** er **hat** das so gesagt.	Ich halte das für richtig, **weil** er das so gesagt **hat**.
Immer schimpft man mit mir, **obwohl** ich **habe** gar nichts getan.	Immer schimpft man mit mir, **obwohl** ich gar nichts getan **habe**.
Ich gehe montags immer schwimmen, **außer** ich **habe** Stammtisch.	Ich gehe montags immer schwimmen, **außer** wenn ich Stammtisch **habe**.

Das Wort ***trotzdem*** ist ein Adverb. In der Umgangssprache wird es manchmal als Konjunktion statt ***obwohl*** zur Einleitung eines Nebensatzes benutzt.

Umgangssprache	Standardsprache
Ich fühle mich erschöpft, **trotzdem** ich lange geschlafen habe.	Ich fühle mich erschöpft, **obwohl** ich lange geschlafen habe.

- **wie** und **als**

Die Konjunktion ***wie*** wird manchmal statt der Konjunktion ***als*** benutzt, im Zusammenhang mit Vergangenheitszeitformen gilt dies als umgangssprachlich:

Umgangssprache	**Standardsprache**
Wie er ins Zimmer trat, verstummte das Gespräch.	**Als** er ins Zimmer trat, verstummte das Gespräch.
Sie hat mich oft besucht, **wie** ich im Krankenhaus lag.	Sie hat mich oft besucht, **als** ich im Krankenhaus lag.
Wie ich ihn damals in Berlin traf, trug er noch einen Vollbart.	**Als** ich ihn damals in Berlin traf, trug er noch einen Vollbart.

Bei **Verbformen im Präsens** ist die Nebensatzeinleitung mit ***wie*** und ***als*** korrekt:

Als / Wie sie in die Küche kommt, bemerkt sie Gasgeruch.

Ein eisiger Wind schlägt mir entgegen, **als / wie** ich aus der Baracke ins Freie trete.

- **wie** und **dass**

Nach **Wahrnehmungsverben**, also Verben des Erkennens wie *(be)merken, beobachten, sehen*, können Nebensätze mit ***dass*** oder ***wie*** angeschlossen werden. Der Anschluss mit *wie* verdeutlicht dabei den Ablauf der Wahrnehmung (wie / auf welche Art und Weise geschieht oder verläuft etwas?), während *dass* eher die reine Tatsachenfeststellung wiedergibt (etwas Bestimmtes geschieht und wird wahrgenommen):

Er merkte, **dass / wie** seine Augen immer schwächer wurden.
Sie hat gehört, **dass / wie** sich jemand im hinteren Teil des Zimmers bewegt hat.

Soll jedoch im Nebensatz nur eine reine Tatsache festgestellt werden, ist die Verwendung von *wie* in der Standardsprache zu vermeiden und man sollte den Nebensatz mit *dass* einleiten. Dass *wie* in diesem Falle nicht der passende Anschluss ist, erkennt man daran, dass die Konjunktion hier nicht durch die Frage *auf welche Art und Weise?* ersetzt werden kann.

Umgangssprache	Standardsprache
Hier kann man *wie* **nicht** durch *auf welche Art und Weise?* ersetzen	
Sie sah, **wie** die anderen bereits ins Auto einstiegen.	Sie sah, **dass** die anderen bereits ins Auto einstiegen.
Er öffnete die Augen, denn er hatte gefühlt, **wie** sie ihn beobachtete.	Er öffnete die Augen, denn er hatte gefühlt, **dass** sie ihn beobachtete.

- **insofern, insoweit** und **dass**

Die restriktiven (einschränkenden) Konjunktionen ***insofern*** und ***insoweit*** dürfen standardsprachlich korrekt nur mit ***als*** verbunden werden:

Umgangssprache	Standardsprache
Der Vortrag war sehr interessant, insofern **dass** er auf bisher unveröffentlichten Forschungsergebnissen fußte.	Der Vortrag war sehr interessant, insofern **als** er auf bisher unveröffentlichten Forschungsergebnissen fußte.
Der Vorschlag ist brauchbar, insofern **weil** er wenig Kosten verursacht.	Der Vorschlag ist brauchbar, insofern **als** er wenig Kosten verursacht.
Der spätere Termin wäre insoweit ideal, **weil** wir dann noch ein paar Tage Vorbereitungszeit hätten.	Der spätere Termin wäre insoweit ideal, **als** wir dann noch ein paar Tage Vorbereitungszeit hätten.

Die Konjunktion ***insofern*** kann aber auch ohne ***als*** verwendet werden:

Der Vortrag war sehr interessant, **insofern** er auf bisher unveröffentlichten Forschungsergebnissen fußte.
Der Vorschlag ist brauchbar, **insofern** er wenig Kosten verursacht.

° Kongruenz

TESTEN SIE IHR WISSEN

1 Kleines Mädchen mit großen Problemen

145

Welche der vier markierten Wörter sind grammatisch korrekt? Unterstreichen Sie.

Ich halte einem kleinen Mädchen die Tür auf, denn **es / sie** kämpft gerade mit **seiner / ihrer** Eistüte.

2 Wo sind sie denn?

146

Ist der folgende Satz grammatisch korrekt?

Kein Geräusch und kein Licht zeigten an, dass jemand im Haus war.

3 Besserwisser

146 147

Ist der folgende Satz grammatisch korrekt?

Ich weiß, wann Singular oder Plural gesetzt werden.

4 Versammlungsfreiheit

148

Welche Version ist korrekt?

a) Eine Menge Demonstranten hatte sich vor der Bank versammelt.
b) Eine Menge Demonstranten hatten sich vor der Bank versammelt.

5 Folgen der Gesundheitsreform?

150

Wer ist der Verrückte in den beiden folgenden Sätzen?

a) Der Arzt behandelte den Patienten wie einen Verrückten.
b) Der Arzt behandelte den Patienten wie ein Verrückter.

6 In vino veritas

150

Für Sie steht leider keine Weinprobe, sondern eine Probe der grammatischen Richtigkeit an. Welcher Satz ist korrekt?

a) Er zeigte sich als einen wirklichen Kenner australischer Weine.
b) Er zeigte sich als ein wirklicher Kenner australischer Weine.

7 Die Weiten des Weltraums

151

Wenn Sie wissen, dass 1965 der erste Weltraumspaziergänger Alexej Leonow war, wissen Sie viel. Wissen Sie auch, welcher Satz korrekt ist?

a) Er war einer der ersten Männer, der einen Weltraumspaziergang gemacht hat.
b) Er war einer der ersten Männer, die einen Weltraumspaziergang gemacht haben.

8 Entscheidungsfrage

152

Wie wollen Sie Ihr zukünftiges Leben verbringen? Zwei Sätze sind richtig. Welche?

a) Mit oder ohne ihn? b) Mit oder ohne ihm?
c) Ohne oder mit ihn? d) Ohne oder mit ihm?

9 Fazit

152

Die richtige Antwort darf jetzt kein Problem mehr für Sie sein. Welche der beiden Varianten ist richtig?

Die körperliche und geistige Anstrengung **sind / ist** bei diesem Test nicht zu unterschätzen.

LÖSUNGEN

1 Alle vier sind korrekt. • **2** Nein. Es muss heißen ... zeigte an ... • **3** Ja. • **4** Beide Versionen sind korrekt. • **5 a)** Der Patient ist verrückt. **b)** Der Arzt ist verrückt. • **6** b) • **7** b) • **8** a), d) • **9** Beide sind richtig: sind / ist.

Geschlechtliche Beziehungen in der Grammatik

Schon vor über 100 Jahren wunderte sich Mark Twain, dass in der deutschen Sprache ein Mädchen, das doch weiblich sein sollte, neutral ist, während ausgerechnet eine Rübe feminin ist. Dieser Unterschied zwischen grammatischem und natürlichem Geschlecht bleibt nicht ohne Folge für sprachliche Beziehungen allgemein. Und Beziehungen sind nicht immer leicht, das wissen wir alle. Auf die Feinheiten kommt es auch in der Grammatik an, damit passend wird, was nicht zu passen scheint.

145 Ein Mädchen und *seine* oder *ihre* Geschichte? – Kongruenz im Genus

Kongruenz im Genus bedeutet, dass das grammatische Geschlecht von Wörtern oder Satzteilen, die sich aufeinander beziehen, übereinstimmen muss. Die Grammatik kennt die **drei Geschlechter maskulin, feminin** und **neutral**. Der Hund ist maskulin und kann durch das maskuline Personalpronomen ***er*** ersetzt werden, die Katze dagegen wird zu ***sie***, das Brot zu ***es***.

Nicht immer stimmt das grammatische Geschlecht jedoch mit dem **natürlichen Geschlecht** überein: Das Mädchen zum Beispiel ist als Wort in der Grammatik neutral, das natürliche Geschlecht eines Mädchens dagegen ist weiblich. **Die sprachliche Kongruenz richtet sich** in der Regel **nach dem grammatischen Geschlecht**:

Das Mädchen geht noch einmal zurück, weil **es** etwas vergessen hat.
Ich kenne das Söhnchen, weil ich **ihm** schon oft begegnet bin.
Das ist ein Paar, **das** seine Beziehung wiederbeleben will.

Entgegen dieser Grundregel wird oft das Pronomen gewählt, das dem natürlichen Geschlecht entspricht. Das ist ebenfalls korrekt.

Rotkäppchen kam zurück, weil **sie** etwas vergessen hat.

Da in der Grammatik nicht nur das Geschlecht, sondern auch die **Zahl** übereinstimmen muss, darf der dritte Beispielsatz aber auf keinen Fall nach dem Sinn (ein Paar besteht aus zwei Personen) konstruiert werden:

~~Das ist ein Paar, die ihre Beziehung wiederbeleben wollen.~~

Manchmal wird verallgemeinernd eine maskuline Form gebraucht, die **generisches Maskulinum** genannt wird. Sie kann weibliche und männliche Lebewesen gemeinsam bezeichnen:

Keiner hat das gesehen.
Die Teilnehmer waren sich nicht einig.

Beim **höflichen *Sie*** wird in einem sich anschließenden Relativsatz mit der angesprochenen Person als Subjekt die maskuline Form des Relativpronomens benutzt, wenn das Geschlecht der angesprochenen Person ungeklärt ist.

Sie [der Leser] sind es, **der** sich noch wundern wird, wie diese Geschichte endet.

Aber: Sie [Frau Müller] waren es, **die** uns die leckeren Äpfel vor die Tür gestellt **hat** (**nicht:** ~~haben~~)!

Um deutlich hervorzuheben, dass beide Geschlechter angesprochen sind, werden feminine und maskuline Form meist ausdrücklich genannt:

Die **Teilnehmerinnen und Teilnehmer** waren sich nicht einig.

Wenn Sie ausdrücklich **beide Geschlechter ansprechen**, aber dabei in Ihrem Text Platz sparen wollen, stehen Ihnen folgende Möglichkeiten zur Verfügung:

Wenn die **weibliche Endung *-in / -innen*** einfach angehängt werden kann, sind die beiden folgenden Varianten die allgemein anerkannten:

- Die weibliche Endung wird mit Schrägstrich + Bindestrich angehängt: Lehrer / **-in**, Lehrer / **-innen**, Handwerker / **-in**, Handwerker / **-innen** ...
- Die weibliche Endung wird in Klammern dahintergesetzt: Lehrer**(innen)**, Handwerker**(innen)** ...

Ist die Endung für die männliche und weibliche Form dieselbe, nämlich ***-en***, darf man ***(inn)*** in Klammern einfügen:

Kolleg**(inn)**en, Patient**(inn)**en, Polizist**(inn)**en ...

Weichen die männlichen Personenbezeichnungen jedoch ab von den weiblichen, muss man beide Formen ausschreiben. Also nicht: die ~~Ärzte/-innen~~, sondern nur die **Ärzte und Ärztinnen**.
Heißt es aber den Ärzten und Ärztinnen, ist die verkürzte Version mit Klammern erlaubt, weil die Endung *-en* bei beiden Formen wieder übereinstimmt: den Ärzt(inn)en.

146 Der Kleine und der Große Hund *steht* oder *stehen* am nördlichen Sternenhimmel – Kongruenz im Numerus

Hat ein Satz **zwei oder mehr Subjektteile** im Singular, die mit *und* verbunden sind, wird das Prädikat üblicherweise in den Plural gesetzt. Das gilt auch, wenn Teile des Subjekts ausgespart sind:

1. Subjektteil		2. Subjektteil	Prädikat
Der Kleine	und	der Große Hund	**stehen** (nicht: ~~steht~~) jetzt am

nördlichen Sternenhimmel.

Es handelt sich um **zwei** Sternbilder, nämlich *den Kleinen Hund* und *den Großen Hund;* deshalb steht das Prädikat im Plural.

Handelt es sich bei den Subjekten um **Infinitive**, setzt man das Prädikat gewöhnlich in den Singular:

	Prädikat	1. Infinitiv		2. Infinitiv
Aus dem Klassenzimmer	**drang**	ein Kreischen	und	Johlen.

	1. Infinitiv		2. Infinitiv	Prädikat	
Hier nur	herumsitzen	und nichts	tun können	**ist**	zermürbend.

	1. Infinitiv		2. Infinitiv	Prädikat	
Jetzt	zu gehen	und ihn allein	zu lassen	**wäre**	feige.

Werden die **Infinitive** durch Artikel oder Adjektiv als **nominalisiert** gekennzeichnet, steht das Prädikat meistens im Plural:

Das Schwimmen und **das** Joggen **halten** Sie fit bis ins hohe Alter.
Regelmäßiges Schwimmen und Joggen **stärken** den Kreislauf.

Wenn **eines von mehreren Subjektteilen besonders betont wird**, steht das Prädikat oft im Singular. Das gilt besonders, wenn die einzelnen Subjektteile durch ***kein*** oder ***jeder*** hervorgehoben werden:

Kein Geräusch und **kein** Licht **zeigte** an, dass jemand im Haus war.
Jede Minute, ja **jede** Sekunde **konnte** jetzt die Entscheidung bringen.

Bei der **Konjunktion *(so)wie*** und den mehrteiligen Konjunktionen ***sowohl ... als auch*** und ***weder ... noch*** wird das Prädikat meist in den Plural gesetzt:

Der Personalchef **(so)wie** der Vorstand **zeigten** sich mit der Lösung zufrieden.
Weder das Essen **noch** das Zimmer **entsprachen** dem Standard eines Drei-Sterne-Hotels.
Sowohl ihre Ausdauer **als auch** ihr Fleiß **müssen** besonders gelobt werden.

Steht allerdings das **Prädikat noch vor dem ersten Subjektteil**, benutzt man beim Prädikat lieber den Singular:

Bislang **wurde** weder das gestohlene Geld noch eine Spur des Täters gefunden.
Es **enthielt** sich sowohl die Vorsitzende als auch ihr Stellvertreter der Stimme.

Werden Subjektteile, die im Singular stehen, mit ***oder*** oder ***entweder … oder*** verbunden, steht das Prädikat ebenfalls im Singular:

Frau Schäfer **oder** Frau Neu **wird** Sie durch das Werk führen.
Entweder Frau Schäfer **oder** Frau Neu **wird** Sie durch das Werk führen.

Steht **einer der Subjektteile im Plural**, dann steht das Prädikat meistens im selben Numerus wie der Teil, der ihm am nächsten steht:

Entweder Frau Schäfer **oder** Mitarbeiterinnen der Pressestelle **werden** Sie durch das Werk führen. (… werden …, da *Mitarbeiterinnen* ein Plural ist.)

Die Mitarbeiterinnen der Pressestelle **oder** Frau Schäfer **wird** Sie durch das Werk führen. (… wird …, da *Frau Schäfer* Singular ist.)

In den Zirkus **gehen** wir **entweder** alle **oder** keiner. (Dem Verb *gehen* steht der Plural *wir* am nächsten, daher steht es ebenfalls im Plural.)

In den Zirkus **geht** keiner **oder** alle. (Dem Verb *geht* steht der Singular *keiner* am nächsten, daher steht es ebenfalls im Singular.)

147 Wir und ihr *seid* oder *sind*? – Kongruenz in der Person

Neben dem grammatischen Geschlecht (→ R 145) müssen auch Person und Zahl von Wörtern oder Satzteilen, die sich aufeinander beziehen, übereinstimmen. Dies gilt besonders für die Übereinstimmung von Subjekt und Prädikat.

Bei nur einem Subjekt ist diese Übereinstimmung kein Problem. Die Kombination *wir* (1. Person Plural) und *geht* (3. Person Singular) ist falsch, nur *wir gehen* (1. Person Plural) ist richtig.

Werden Subjekte aufgezählt, steht das Prädikat grundsätzlich im Plural, da die Aufzählung dann mindestens zwei Personen umfasst. Aufgezählte Subjekte sind mit ***und, sowohl … als auch, weder … noch*** verbunden, im folgenden Beispiel zwei Subjekte in der 3. Person Singular:

	erstes Subjekt		zweites Subjekt	
	3. Person Singular		3. Person Singular	→ Prädikat in der 3. Person Plural
Weder	die Tastatur	noch	die Maus	wurden angeschlossen.

Manchmal umfasst ein Subjekt aber verschiedene Personen. Treffen bei der Aufzählung unterschiedliche Grammatikpersonen aufeinander, gilt folgendes Schema:

Subjekte	**Person des Prädikats**	
1. und 2. Person (*ich/wir* und *du/ihr*)	→ 1. Person Plural	**Du** und **ich** **gehen** spazieren. **Wir** und **ihr** **kennen** uns aus.
1. und 3. Person (*ich/wir* und *er/sie/es* oder *sie* im Plural)	→ 1. Person Plural	**Die Kinder** und **wir** **sehen** uns oft. **Tom** und **ich** **gehen** heute aus. Aber **Sie** und **ich** **bleiben** noch.
2. und 3. Person (*du/ihr* und *er/sie/es* oder *sie* im Plural)	→ 2. Person Plural	**Er** und **du** **geht** spazieren. **Die Kinder** und **du** **könnt** mir helfen. **Sie**, Herr Mai, und **du** **bleibt** noch hier.

Meistens klingt es besser, wenn man nach der Aufzählung verschiedener Subjekte noch das zusammenfassende Personalpronomen nennt:

Sie und du, **ihr** könnt früher nach Hause gehen.
Du und ich, **wir** gehen jetzt.

Enthält der Satz **zusätzliche Pronomen**, werden auch sie nach diesen Regeln verwendet:

Petra und ich haben **uns** vor langer Zeit kennen gelernt.

Eine Ausnahme bildet das **Reflexivpronomen**. Es kann dann sowohl in der 1. als auch in der 3. Person Plural stehen, wenn die Subjekte in der 1. und 3. Person Singular stehen:

Meine Frau und ich bedanken **sich** / **uns** für die Einladung.

Werden die Subjekte durch ein ausschließendes ***oder*** bzw. ***entweder … oder*** verbunden, steht das Prädikat, anders als bei Aufzählungen, im Singular:

Ich weiß, wann Singular **oder** Plural gesetzt **wird**.

Werden die aufgezählten Subjekte **als Einheit empfunden**, kann das Prädikat auch im Singular stehen:

Sein Grund und Boden **wurde** vernichtet.
Gleich und Gleich **gesellt** sich gern.

148 Die Hälfte der Regeln *ist* oder *sind* überflüssig? – Kongruenz bei Mengenangaben

Ist das Subjekt eine **unbestimmte Mengenangabe**, schwankt der Gebrauch von Singular oder Plural:

Eine Menge Menschen **hatte** / **hatten** sich versammelt.

Da auf die unbestimmte Mengenangabe, die im Singular steht (*eine Menge*), Gezähltes im Plural folgt (*Menschen*), ist oft nicht eindeutig, ob Singular oder Plural gewählt werden muss.

Grundsätzlich gilt auch hier die Kongruenzregel, nach der die Zahl von Subjekt und Prädikat übereinstimmen muss. **Entscheidend ist der erste Teil des Subjekts**. Da *eine Menge* Singular ist, ist das Prädikat im Singular nach den Grammatikregeln richtig:

Eine Menge Menschen **hatte** sich versammelt.

Das Prädikat kann aber in den Plural gesetzt werden, wenn nicht streng nach der Grammatik, sondern nach dem Sinn konstruiert wird. *Eine Menge* umfasst viele Menschen, nicht nur einen einzigen:

Eine Menge Menschen **hatten** sich versammelt.

Singular und Plural nach Mengen- und Maßangaben

Unbestimmte Mengenangabe im Singular + Gezähltes im Plural
Anzahl, Dutzend, Gruppe, Hälfte, Handvoll, Haufen, Herde, Masse, Mehrheit, Menge, Reihe, Schar, Teil, Volk, Zahl ... → Prädikat überwiegend im Singular:

Eine Reihe von Zahlen **stimmte** nicht.
Eine Herde Schafe **graste** auf der Weide.

Aber: In einem Satz mit **Prädikatsnomen im Plural** muss auch das Prädikat im Plural stehen:

Nur eine Handvoll (Mengenangabe) der Reisenden waren Frauen. (Prädikatsnomen)

Maßangabe im Singular + Zahl, die größer als 1 ist
Cent, Euro, Gramm, Kilo, Meter, Pfund, Stück ... → Prädikat überwiegend im Plural:

50 Cent **sind** nicht genug.
3 Kilo **reichen** aus.
Aber: 1 Meter Schnur **wäre** zu kurz.

Wie viel Zucker, *wie viele* Gäste? – Kongruenz nach der Zählbarkeit

149

Beim Fragewort ***wie viel / wie viele*** schwankt der Gebrauch von Singular und Plural. Halten Sie sich am besten an folgende Regel:

- zählbares Nomen im Plural → ***wie viele*** → Wie viele Äpfel hast du?
- nicht zählbares Nomen im Singular → ***wie viel*** → Wie viel Geld hast du?

Nicht zählbare Nomen sind Nomen, die nur im Singular vorkommen, z. B. Fleisch, Geld, Gold, Freude.

Bei Maßangaben im Singular (→ R 148) wird jedoch meist ***wie viel*** benutzt:

Wie viel **Kilo** Äpfel?
Wie viel **Meter** Stoff?

Dasselbe gilt für ***so viel*** und ***so viele***.

150 Ich sehe mich *als dein* Freund – Kongruenz im Fall (Kasus)

Ein nach den **Vergleichspartikeln *als*** oder ***wie*** folgendes Nomen steht in demselben Kasus wie das Wort, auf das es sich bezieht. Vergleichen Sie:

	Akkusativ		Akkusativ
Der Arzt behandelte	ihn	wie	einen Verrückten.

Nominativ			Nominativ
Der Arzt	behandelte ihn	wie	ein Verrückter.

Nach einigen **reflexiven Verben**, steht deshalb heute ein mit ***als*** oder ***wie*** angeschlossenes Nomen immer im Nominativ. Denn ein reflexives Verb bezieht sich immer auf das Subjekt und das Subjekt steht im Nominativ. Zu diesen reflexiven Verben gehören ***sich ansehen, sich betrachten, sich erweisen, sich zeigen***.

Er erwies sich als wahr**er** Freund.
Wir betrachten uns als **Ihr** Partner. (höfliche Anrede, z. B. im Brief)

Appositionen sind Attribute, die auf ein Nomen folgen und dieses näher erklären. Grundsätzlich stehen sie im selben Kasus wie ihr Bezugswort:

Wir trafen uns mit Herrn Müller, unser**em** früheren Klassenlehrer.
Sie trafen sich mit Frau Kübler, **der** neu**en** Hausbesitzerin.

Aber: Appositionen ohne Artikel oder anderen Begleiter stehen im Nominativ:

Wir haben Herrn Meier, **Zeuge des Vorfalls letzter Woche**, noch nicht befragt.

Auch **Datumsangaben**, die auf einen Wochentag folgen, sind Appositionen. Sie dürfen wahlweise im Dativ oder im Akkusativ stehen. Vergessen Sie dabei das abschließende Komma nicht, wenn der Satz danach noch weitergeht:

Wir trafen uns am Freitag, **dem** 13. August**,** zum Tee.
Oder: Wir trafen uns am Freitag, **den** 13. August**,** zum Tee.

Eines der schönsten Bilder, *die* ich je sah – Kongruenz im Relativsatz

151

Das **Relativpronomen** steht üblicherweise **im gleichen Numerus** (Singular bzw. Plural) wie die Person oder die Sache, auf die es sich bezieht:

Vor dem Haus stand der Mann, der (Singular) gestern schon hier war.

Die Kolleginnen, mit denen (Plural) ich bereits gesprochen habe, wollen alle mitmachen.

Jeder, dem (Singular) ich die Geschichte erzählt habe, hat darüber gelacht.

Wenn im Hauptsatz **eine einzelne Person oder Sache aus einer Vielzahl** gleicher Personen oder Dinge herausgehoben wird, bezieht sich das **Relativpronomen** nicht auf das hervorgehobene Wort im Singular, sondern auf die Vielzahl und steht **im Plural**. Entsprechend muss auch das **Verb** des Relativsatzes **im Plural** stehen:

Paul war der netteste aller Teilnehmer, die je an diesem Kurs teilgenommen haben. (**Nicht:** ..., ~~der je an diesem Kurs teilgenommen hat~~.)
Der Relativsatz bezieht sich auf die Teilnehmer (im Plural) und nicht auf Paul!

Dies ist eine der modernsten Techniken, die heutzutage angewendet werden. (**Nicht:** ... ~~die heutzutage angewendet wird~~.)
Der Relativsatz bezieht sich auf die Techniken im Plural und nicht nur auf die eine.

Sie war eine der ersten Frauen, die einen Weltraumspaziergang gemacht haben. (**Nicht:** ..., ~~die einen Weltraumspaziergang gemacht hat~~.)

Deutschland ist eines der wenigen Länder auf der Welt, in denen es keine Geschwindigkeitsbegrenzung auf der Autobahn gibt. (**Nicht:** in dem ...).

An die Fügungen ***eine Art ...*** und ***eine Sorte ...*** kann das nachfolgende Nomen als unmittelbare Apposition angeschlossen werden: eine Art grünliche Flüssigkeit – oder mit ***von*** **+ Dativ**: eine Art von grünlicher Flüssigkeit.

Wenn die Apposition oder der präpositionale Anschluss mit *von* ein anderes Genus hat als das Bezugswort *Art* oder *Sorte* (eine Art [von] Brei, eine Sorte [von] Mensch), kann sich das einen folgenden Relativsatz einleitende Relativpronomen entweder nach dem Bezugswort oder nach der Apposition bzw. der Präpositionalgruppe richten:

Aus dem umgekippten Topf tropfte eine Art [von] grünlicher [grünlichem] Brei, **die** süßlich roch. (das Relativpronomen bezieht sich auf die *Art*).

Der neue Kollege mit seinem Machogehabe gehört genau zu der Sorte [von] Mensch, **die** ich nicht mag. (das Relativpronomen bezieht sich auf die *Sorte*).

Oder:

Aus dem umgekippten Topf tropfte eine Art [von] grünlicher [grünlichem] Brei, der süßlich roch. (das Relativpronomen bezieht sich auf *Brei*)

Der neue Kollege mit seinem Machogehabe gehört genau zu der Sorte [von] Mensch, den ich nicht mag. (das Relativpronomen bezieht sich auf *Mensch*)

Die gleiche Regel ist auch in anderen Satzverbindungen anzuwenden:

Es gibt zwei Typen [von] Menschen: **den** höflichen und **den** unhöflichen. (Bezug auf *Typ*)

Es gibt zwei Typen [von] Menschen: **die** höflichen und **die** unhöflichen. (Bezug auf *Menschen*)

Beide Gebrauchsweisen sind grammatisch und stilistisch korrekt. Für welche Möglichkeit man sich entscheidet, hängt davon ab, welchem der beiden Nomen man das Hauptgewicht zumisst.

152

***Mit* oder *ohne* ihn? – Aussparung einzelner Wörter**

Ganz allgemein gilt die Regel, dass Wörter oder Satzteile dann eingespart werden können, wenn die verschiedenen Bezugswörter in Person, Genus und Numerus übereinstimmen und wenn das eingesparte Wort dieselbe Form hätte.

Beispiele für Stolpersteine bei Präpositionen

Falsch: Wir gehen heute **ins** Kino und dann die Disko. (~~ins Disko~~ geht nicht)
Richtig: Wir gehen heute **ins** Kino und dann **in** die Disko.
Richtig: Wir gehen heute **ins** Kino oder Theater.

Falsch: Im Urlaub sind wir **zum** Bauernhof und der Alm unseres alten Freundes gewandert. (~~zum Alm~~ geht nicht)
Richtig: Im Urlaub sind wir **zum** Bauernhof und **zur** Alm unseres alten Freundes gewandert.

Falsch: Das Buch handelt **vom** Leben und großen Erfolgen des Künstlers. (~~vom großen Erfolgen~~ geht nicht)
Richtig: Das Buch handelt **vom** Leben und **von den** großen Erfolgen des Künstlers.
Richtig: Das Buch handelt **vom** Leben und großen Erfolg des Künstlers.

Falsch: Der Sturm fegte **übers** Land und die Dörfer. (~~übers die Dörfer~~ geht nicht)
Richtig: Der Sturm fegte **übers** Land und **über** die Dörfer.
Richtig: Es wurde **über** den Spielausgang und die anschließende Siegerehrung berichtet.

Bei **zwei Präpositionen**, die mit unterschiedlichen Fällen stehen, darf das nachfolgende Wort (Nomen oder Pronomen) hinter der ersten Präposition eingespart werden. Es richtet sich dann **nach der zweiten Präposition**, da diese ihm **am nächsten** steht:

ohne (+ Akkusativ) oder **mit** (+ Dativ) **ihm** (Dativ),
mit (+ Dativ) oder **ohne** (+ Akkusativ) **ihn** (Akkusativ)

mit oder **ohne** die Kinder;
ohne oder **mit den** Kindern.

War der Preis **einschließlich** (+ Genitiv) oder **ohne** (+ Akkusativ) die Getränke?

Beispiele für Stolpersteine bei Verben

Falsch: Ich habe immer Recht, du nie. (~~du habe~~ geht nicht)
Richtig: Ich **habe** immer Recht, du **hast** nie Recht.

Falsch: Das Radio **lief** nicht mehr, ebenso wenig andere Elektrogeräte. (~~andere Elektrogeräte lief~~ geht nicht)
Richtig: Das Radio **lief** nicht mehr, ebenso wenig **liefen** andere Elektrogeräte.
Richtig: Das Radio **lief** nicht mehr, ebenso wenig der Fernseher.

Falsch: Wir haben nicht gewonnen, unser Erzrivale aber auch nicht. (~~unser Erzrivale haben gewonnen~~ geht nicht)
Richtig: Wir **haben** nicht gewonnen, unser Erzrivale **hat** es aber auch nicht.

Richtig: Wir **haben** nicht gewonnen, unsere Erzrivalen aber auch nicht.

Werden einem **Nomen im Singular** als Subjekt **zwei durch *und* verbundene Adjektive** zugeordnet, darf das Prädikat in den Plural gesetzt werden, weil nach der inhaltlichen Aussage aus dem einen Nomen zwei geworden sind:

Der finanzielle und unternehmenspolitische Vorteil **liegen** / **liegt** darin, dass ...

Der inhaltliche und ästhetische Aspekt **wurden** / **wurde** bereits intensiv diskutiert.

Die körperliche und geistige Anstrengung **sind** / **ist** dabei nicht zu unterschätzen.

Anders ist es, wenn ein ***oder*** zwischen den Adjektiven steht. → R 147

WORTBILDUNG UND WORTBEDEUTUNG

Deutscher Wortbaukasten - die Wortbausteine im Überblick

TESTEN SIE IHR WISSEN

1 Der kleine Unterschied 153

Unterstreichen Sie in diesen Reihungen die Phoneme:

lesen - legen - leben; Frage - Sage - Klage; Kost - Post - Most

2 Kreativitätstraining, Teil 1 154

Bilden Sie mithilfe von Suffixen Ableitungen zu diesen Wörtern:

a) heizen: ______

b) brauen: ______

c) dumm: ______

d) Teig: ______

e) Freund: ______

f) Reformer: ______

g) Blech: ______

h) Mensch: ______

3 Kreativitätstraining, Teil 2 153

Bilden Sie mithilfe von Zirkumfixen aus folgenden Wörtern neue:

a) rennen, stöhnen: Bilden Sie Nomen.

______

b) gerade, schön: Bilden Sie Verben.

______

c) widerstehen, sagen: Bilden Sie Adjektive.

______

4 Kompositionen

155

Unterstreichen Sie in diesen Zusammensetzungen

a) die Bestimmungswörter: Türrahmen, Hausmeister, Autoschlüssel
b) die Grundwörter: Dosenöffner, Tischbein, Treibhaus

5 Das gibt's nur einmal

155

Die folgenden Wörter sind auch Zusammensetzungen, jedoch kommt ein Bestandteil in der heutigen Sprache nicht mehr selbstständig vor:
a) Unterstreichen Sie in diesen Wörtern die nicht mehr produktiven Elemente.

Himbeere, Unflat, Samstag, Bernstein, zimperlich

b) Wie nennt man diese Elemente?

LÖSUNGEN

1 lesen - legen - leben; Frage - Sage - Klage; Kost - Post - Most • **2 a)** Heiz**ung**, **b)** Brau**er**, **c)** Dumm**heit**, **d)** teig**ig**, **e)** freund**lich**, **f)** reformer**isch**, **g)** blech**ern**, **h)** mensch**eln** • **3 a) Ge**renne, **Ge**stöhne, **b) be**gradi**gen**, **be**schön**igen**, **c) un**widersteh**lich**, **un**säg**lich** • **4 a)** Türrahmen, Hausmeister, Autoschlüssel, **b)** Dosenöffner, Tischbein, Treibhaus • **5 a)** Himbeere, Unflat, Samstag, Bernstein, zimperlich, **b)** unikale Einheiten

153 Phoneme, Morpheme und Lexeme

Phoneme sind die kleinsten bedeutungsverändernden Bausteine der Sprache, meist einzelne Laute. Ein einziges Phonem kann schon die Bedeutung des Wortes verändern:

leben - **g**eben, **i**m - **ih**m, jag**t** - Jag**d** ...

Morpheme sind die kleinsten bedeutungstragenden Einheiten der Sprache. Dazu gehören Wortstämme, die auch als Wort vorkommen: wort, bau, stein, hand, geh. Andere tragen eine Bedeutung, weil sie den Wörtern vorangestellt oder angehängt werden:

Vorwort, **Be**bauung, stein**ig**, Händ**ler**, geh**en** ...

Lexeme sind Bausteine, die als fertige Wörter bestehen und in Wörterbüchern vorkommen:

Haus, oft, viel, wachsen, gelb ...

154 Präfixe, Suffixe, Infixe, Zirkumfixe, Konfixe

Präfixe (lat. *prae* = vor) werden vereinfachend auch **Vorsilben** genannt, gehen Morphemen und Lexemen also voran. Bei Nomen und Adjektiven modifizieren sie die Bedeutung des Basisworts:

Unwort, **Un**sinn, **Vor**garten, **Über**gang; **ur**komisch, **de**zentral, **erz**konservativ ...

→ R 156 - 167 (Präfixe)

Das Präfix ***ge-*** dient bei den meisten Verben zur Bildung des Partizips II. Es ist das einzige Präfix, das die grammatischen Eigenschaften von Verben verändert (Flexionspräfix):

sagen - sie sagt - **ge**sagt
kommen - wir kommen - **ge**kommen

→ R 163 (Partizip Perfekt)

Suffixe (lat *suf-* = unten) werden vereinfachend auch **Nachsilben** genannt. Sie werden an Morpheme und Lexeme angehängt. Man unterscheidet **Flexionssuffixe**, die zur Bildung der Wortformen dienen, und **Ableitungssuffixe**, die zur Wortbildung verwendet werden:

Flexionssuffixe:

-e:	Freund**e**, Hund**e**, komm**e**
-en:	Frau**en**, Tür**en**, komm**en**
-t:	komm**t**, gebau**t**

Ableitungssuffixe:

-ung:	Wart**ung**
-er:	Wärt**er**
-ig, -lich-, -isch:	herz**ig**, welt**lich**, kind**isch**
-heit, -keit:	Schön**heit**, Ehrlich**keit**
-ern:	gläs**ern**, eis**ern**
-eln:	fremd**eln**, blöd**eln**

Infixe (lat. *in* = innerhalb) sind Wortbildungselemente, die in ein Wort eingefügt wurden. Sie kommen im Deutschen streng genommen nicht vor. Zwar kann man im Verb ver**un**sichern das ***-un-*** als Infix bezeichnen, das in das Verb *versichern* eingefügt worden ist. Man kann diesen Vorgang aber auch anders sehen: Das Präfix *-un* wurde dem Adjektiv sicher vorangestellt und diese Basis wurde mithilfe eines Präfixes, nämlich *ver-*, zum Verb *verunsichern* gemacht.

Zirkumfixe (lat. *circum* = um ... herum) sind zweiteilige Elemente, die eine Basis umgeben. Bei Nomen gibt es das Zirkumfix ***ge ... e*** wie in **Ge**red**e**, **Ge**sing**e**, **Ge**lauf**e**. Bei Adjektiven verwendet man ***ge ... ig*** wie in **ge**läuf**ig**, **ge**schwätz**ig**, **ge**schmeid**ig** oder ***un ... lich*** wie in **un**glaub**lich**, **un**austeh**lich**. Verben entstehen durch Anfügen von ***be ... igen***:

begrad**igen**, **be**schleun**igen**, **be**herz**igen** ...

Konfixe (lat. *con-* = mit) sind (in der Regel aus dem Griechischen oder Lateinischen) entlehnte Wortbausteine, die als bedeutungstragende Morpheme auftreten. Sie kommen nicht selbstständig, sondern nur in Kombination mit anderen Bausteinen - meist als linke, seltener auch als rechte Einheit - vor. Dazu gehören z. B.: bio-, geo-, öko-, -thek, therm-.

Biogemüse, **geo**politisch, **Öko**sprit, Video**thek**, **Thermo**schicht ...

→ vgl. auch R 156 (Präfixe) sowie R 168 (Suffixe)

155 zusammengesetzte Wörter: Komposita

In der deutschen Sprache lassen sich Wörter so vielseitig zu neuen Wörtern zusammensetzen wie wohl in kaum einer anderen Sprache.

Diese zusammengesetzten Wörter bestehen immer aus **Basiswörtern** (Grundwörtern) und **Bestimmungswörtern**:

Dachfenster → *Dach* (Bestimmungswort) + *Fenster* (Basiswort).

Man spricht auch von linken (*Dach*) und rechten Einheiten (*Fenster*).

Basiswörter geben den Gesamtwortgebilden ihre grammatischen Eigenschaften; sie legen z. B. fest, ob es sich um Nomen, Adjektive oder Verben handelt.

das Schraub**gewinde**, himmel**blau**, fertig**stellen** ...

Bei Nomen bestimmen sie auch das Geschlecht des Gesamtwortes.

die Wachs**kerze**, **der** Wachs**flecken**, **das** Wachs**bild** ...

Bestimmungswörter verleihen den Basiswörtern eine genauere, speziellere Bedeutung, verstärken sie oder schwächen sie ab.

Holz → **Tannen**holz; flüssig → **dick**flüssig; laufen → **weg**laufen ...

→ R 175 (Komposition)

Unikale Einheiten

Unikale Einheiten zählen nicht zu den Wortbildungsmitteln. Sie sind Relikte aus vergangenen Zeiten, die nur in einzelnen Wörtern vorkommen und deren Herkunft weitgehend vergessen ist. Einige Beispiele:

Schornstein, **Brom**beere, Nachti**gall**, Bräuti**gam**, **Sint**flut

→ R 186

Fugenelemente

Fugenelemente sind nur für die Wortbildung wichtig, sie kleben Wörter zusammen, aber sie beeinflussen nicht deren Bedeutung. Sie verbessern die Sprechbarkeit zusammengesetzter Wörter. Diese Fugenelemente gibt es: ***s, t, e, es, en, ens, n, er***.

Arbeit**s**zimmer, Eis**es**kälte, Strauß**en**ei, Schmerz**ens**geld, sonne**n**baden ...

→ R 185

Die Wortbausteine am Wortanfang: Präfixe

TESTEN SIE IHR WISSEN

1 Vertrauen ist gut 162

In welchen Sätzen ist die Verbform korrekt gebildet? Kreuzen Sie an.

a) Er überversicherte sein Haus.
b) Er versicherte sein Haus über.
c) Ich vertraue ihm meine Probleme an.
d) Ich anvertraue ihm meine Probleme.

2 Aufschlussreich 163

Welcher Satz ist richtig? Kreuzen Sie an.

a) Ich habe nur schlussgefolgert.
b) Ich habe nur geschlussfolgert.

3 Nur zu! 164

In welchen Sätzen sind die Infinitivformen korrekt gebildet? Kreuzen Sie an.

a) Es macht Spaß zu wetteifern.
b) Es macht Spaß wettzueifern.
c) Denk du auch daran, deinen Virenschutz zu upgraden.
d) Denk du auch daran, deinen Virenschutz upzugraden.

4 Was haben eine Furt und der Marianengraben gemeinsam? 164

Wenn Sie es wissen, dann fällt Ihnen die Beantwortung dieser Frage nicht schwer: Was bedeutet das Nomen „Untiefe"?

a) eine seichte, flache Stelle im Wasser
b) eine Stelle von sehr großer Wassertiefe

5 Der Geist, der stets verneint

164

Bilden Sie mithilfe deutscher Präfixe das Gegenteil.

a) Beachtung: ____________________

b) Ehrlichkeit: ____________________

c) Behagen: ____________________

6 Negieren Sie antik!

165 166

Bilden Sie mithilfe lateinischer und griechischer Präfixe das Gegenteil.

a) aktiv: ____________________

b) interessiert: ____________________

c) Harmonie: ____________________

d) Funktion: ____________________

7 Hydrokulturen für Hypnotiseure

166

Was bedeuten die Präfixe? Ordnen Sie zu.

1) hybrid-	a) Wasser-
2) hydro-	b) doppel-, mehrfach-
3) hyper-	c) schlaf-
4) hypno-	d) unter-
5) hypo-	e) über-

LÖSUNGEN

1 a), c) und d) • **2** b) • **3** a), d) • **4** a) und b), "Untiefe" hat beide Bedeutungen, kann in doppeltem Sinn verwendet werden • **5 a) Miss**achtung, **b) Un**ehrlichkeit, **c) Un**behagen, **Miss**behagen • **6 a) in**aktiv, **b) des**interessiert, **c) Dis**harmonie, **d) Dys**funktion • **7** 1 b), 2 a), 3 e), 4 c), 5 d)

156 Was sind denn eigentlich Präfixe?

Präfixe sind Vorsilben (von lat. *praefigere* = vorstecken, vorne anfügen). Sie bestehen meist aus einer Silbe, werden Nomen, Verben und Adjektiven vorangestellt und bilden gemeinsam mit ihnen neue Wörter. Die Bedeutung des ursprünglichen Wortes, des Basiswortes, wird durch das Präfix verändert = modifiziert. Beispiele:

Nomen	Verben	Adjektive
Vordach	**ver**walten	**un**schön
Mitverantwortung	**ent**wässern	**miss**trauisch
Abfluss	**be**deuten	**zer**brechlich

157 Was können Präfixe bewirken?

Präfixe können die **syntaktische Qualität eines Verbs verändern**, d. h. seine spezifische Valenz und damit seine Fähigkeit, den Aufbau eines Satzes zu bestimmen. Beispiel:

Das Verb ***gehen*** ist ein intransitives Verb, kann also kein Akkusativobjekt (Wen oder was?) bei sich haben (*ich gehe die Wohnung* oder *ich gehe Unrecht* kann man nicht sagen), und es kann kein persönliches Passiv bilden (*ich werde gegangen* kann man nicht sagen).

Mit dem Präfix ***be-*** wird aus gehen das Verb ***begehen***, und dies ist ein transitives Verb:

Der Angeklagte hat großes Unrecht **begangen**.
(Was hat der Angeklagte begangen?)

Wir werden die neue Wohnung morgen **begehen**.
(Was werden wir morgen begehen?)

Jetzt ist auch ein persönliches Passiv möglich:

Durch den Angeklagten **war** großes Unrecht **begangen worden**.
Die Wohnung **muss** von beiden Mietparteien **begangen werden**.

Präfixe **beeinflussen die Bedeutung**.

Bei **Nomen** verändern Präfixe die grammatischen Eigenschaften der Wörter nicht. Sie verändern aber die Bedeutung des Grundworts. Beispiel:

Schlag: Dieses Nomen kann mit sehr vielen Präfixen verbunden werden und es ergibt sich immer eine neue Bedeutung:

Abschlag, **An**schlag, **Auf**schlag, **Aus**schlag, **Be**schlag, **Durch**schlag, **Ein**schlag, **Gegen**schlag, **Nach**schlag, **Um**schlag, **Ver**schlag, **Vor**schlag, **Zu**schlag ...

Dies gilt auch bei Verben, z. B. bei ***schlagen***:

abschlagen, **an**schlagen, **auf**schlagen, **aus**schlagen, **be**schlagen ...

Mark Twain und die deutsche Sprache

Das Wort *Schlag* selbst hat auch ohne jeden Zusatz schon eine Vielzahl von Bedeutungen. Mark Twain, der sich über die Wunderlichkeiten der deutschen Sprache so seine Gedanken machte, schrieb zu diesem Thema:

"Das Wort „Schlag“ kann Hieb, Stoß, Streich, Rasse, Haus (z. B. für Tauben), Lichtung, Feld, Enttäuschung, Portion, rasche Folge (wenn es zu „Schlag auf Schlag gedoppelt wird), sodann einen Anfall, eine unangenehme Wirkung des Schicksals, eine ebensolche des elektrischen Stroms und wahrscheinlich noch einiges mehr bedeuten ..."

Ähnliche Bedeutungsunterschiede, die durch Präfixe hervorgerufen werden, gibt es auch bei **Adjektiven**, allerdings in geringerem Umfang.

Bei Adjektiven dienen Präfixe meistens der **Umkehrung ins Gegenteil oder der Steigerung**. Beispiele:

schön	→	**un**schön	akzeptabel	→	**in**akzeptabel
glücklich	→	**über**glücklich	schnell	→	**vor**schnell
klein	→	**super**klein	alt	→	**ur**alt

158 Präfixe bei Verben

Manche Präfixe, und zwar die **echten Präfixe** (→ R 159), sind mit dem Verb **immer ganz fest verbunden**: im Infinitiv, bei den Partizipien und in allen konjugierten Formen. Beispiel:

Infinitiv: **ver**stehen
Partizip Präsens: **ver**stehend
Partizip Perfekt: **ver**standen

Präsens: ich **ver**stehe
Perfekt: ich habe **ver**standen
Imperativ: **ver**steh!
Nebensatz: Ich weiß, dass er es nicht **ver**steht.

Unechte Präfixe gehen dagegen **nur bei den infiniten Formen** (= im Infinitiv, Partizip Präsens und Partizip Perfekt) eine **feste Bindung** mit dem Verb ein oder wenn das Verb am Ende eines Nebensatzes steht.
In allen anderen Fällen tritt das Präfix, sobald das Verb konjugiert wird, hinter das Verb, es ist also gar kein Präfix mehr. Unechte Präfixe werden auch **Präverbien** genannt. Es gibt sehr viele unechte Präfixe (→ R 160). Beispiel:

Infinitiv: **mit**gehen
Partizip Präsens: **mit**gehend
Partizip Perfekt: **mit**gegangen
Nebensatz: Ich weiß, dass sie **mit**geht.

Aber:
Präsens: Ich gehe **mit**.
Präteritum: Ich ging **mit**.
Imperativ: Mach **mit!**

Viele **Präpositionen und Adverbien** können als unechte Präfixe (→ R 160) benutzt werden, z. B.:

abdrehen (sie drehte sich ab)
anfassen (er fasste sie an)
ausmisten (er mistet aus)
durcharbeiten (er arbeitete durch)
weggehen (sie ging weg)

Alle Verben mit unechtem Präfix werden auch **trennbare Verben, Verben mit trennbarem Verbzusatz** oder **Partikelverben** genannt.
→ R 160

Welche echten Präfixe gibt es bei Verben? 159

Es gibt **sieben echte Präfixe** – also mit dem Verb auch in allen konjugierten Formen fest verbundene Präfixe. Sie kommen nicht als selbstständige Wörter vor. Beim Sprechen sind sie immer unbetont. Ausnahme: die **Vorsilbe *miss-*** wird manchmal betont.

be-, ent-, er-, ge-, miss-, ver-, zer-

Diese Präfixe **verändern die Bedeutung der Verben** in bestimmter Weise:

be- bewirkt, dass die im Basisverb genannte Tätigkeit sich auf ein Objekt richtet, das im Akkusativ steht: bearbeiten, bestrahlen, bereisen, bestreiten, beweinen ...

Wir **be**reisten Irland drei Wochen lang.

ent- drückt aus, dass etwas rückgängig gemacht, entfernt oder ein Zustand verändert wird: entfernen, entladen, entgiften, enttabuisieren ...

Als der Lehrer erschien, **ent**spannte sich die Situation.

Manchmal drückt *ent-* das Gegenteil von *be-* aus: **be**waffnen → **ent**waffnen, **be**laden → **ent**laden ...

Oft wird durch *ent-* die Bedeutung eines Verbs ins Gegenteil gekehrt. Beispiele:

stören → **ent**stören, schärfen → **ent**schärfen

Auch ein einsetzender, sich verstärkender Vorgang kann mit *ent-* ausgedrückt sein: entbrennen, entfachen, sich entladen ...

Es **ent**brannte eine heftige Debatte. (→ siehe Tipp in R 196)

er- drückt aus, dass die Handlung, die das Verb ausdrückt, zum Erfolg geführt wird, es wird ein positives Ergebnis erzielt: erarbeiten, erschwindeln, erleben, ertasten ...

Er hat sich seine Position hart **er**arbeitet.

ge- bedeutet ursprünglich den Beginn oder Abschluss des im Basisverb genannten Vorgangs, z. B. bei gebären: das althochdeutsche Wort *beran*, aus dem sich *gebären* entwickelt hat, bedeutet *tragen*, das Ende des Tragens ist dann eben *gebären*. Ähnliches gilt für gefrieren und geleiten. Bei den meisten anderen Verben mit *ge-* ist die ursprüngliche Bedeutung nicht mehr erkennbar: gehören, gebieten, gefährden, sich gedulden, gerinnen, genießen ...

Diese Obstbaumreihe **ge**hört dem Nachbarn.

ver- drückt oft aus, dass eine Tätigkeit oder ein Vorgang langsam zu einem im Verb genannten Zustand führt: verkommen, verschwinden, verrosten, verblöden, verdrahten ...

Im Laufe der Zeit wird der Fleck auf der Tapete **ver**schwinden.

Manchmal drückt *ver-* aus, dass die durch das Verb ausgedrückte Tätigkeit unangemessen ausgeführt wird: verschleudern, verplanen, vertelefonieren ...

Er hat seine Zeit schon weit im Voraus **ver**plant.

Oder es wird durch *ver-* eine Intensivierung ausgedrückt: verbessern, verstärken, verdoppeln, vernähen, vermodern, verspüren ...

Sie **ver**spürte ein deutliches Gefühl der Abneigung.

zer- drückt eine Intensivierung der Handlung aus, die das Objekt des Satzes beeinträchtigt: zerlegen, zerreißen, zerschneiden, zerreden, zergehen, zerlassen ...

Die Kritiker **zer**redeten den eigentlichen Kern des Theaterstücks.

miss- kehrt die Bedeutung des Verbs in ihr Gegenteil: missachten, missdeuten, missfallen, missgönnen, misstrauen ...

Sie **miss**gönnt ihm seinen Erfolg.

Es gibt auch **zwei Präpositionen**, die als **echte Präfixe** benutzt werden können: ***wider*** und ***hinter***.

wider- bedeutet *gegen*, meint also eine gegenläufige Handlung zu der vom Basisverb ausgedrückten: widerlegen, widersprechen, widerstreben, sich widersetzen ...

Er sprach intensiv über seine Pläne und niemand **wider**sprach ihm.

Ausnahme: Bei ***widerhallen*** ist die Vorsilbe trennbar und wird beim Sprechen entsprechend betont:

Der Donner **hallte** von den Bergen **wider**.

hinter- kann einen verborgenen Vorgang ausdrücken, kann aber auch die Bedeutung von *zurück* haben: hintergehen, hintertreiben, hinterziehen, hinterlassen, hinterlegen ...

Steuern zu hinterziehen wird manchmal teurer als Steuern zu zahlen.

Oder es bedeutet den Versuch, etwas zu ergründen: hinterfragen

Er hinterfragte die Strategie zu keinem Zeitpunkt.

→ siehe R 163 (Partizip Perfekt)

160 Was sind unechte Präfixe bei Verben?

Dabei handelt es sich vor allem um die Vielzahl der **Präpositionen und Adverbien**, die einem Verb vorangestellt werden, aber doch keine feste Verbindung halten können. **Unechte, also vom Verb trennbare Präfixe sind im Infinitiv immer betont**.

Beispiel: ***nehmen***
abnehmen, **auf**nehmen, **an**nehmen, **entgegen**nehmen, **dran**nehmen, **durch**nehmen, **fort**fahren, **heraus**nehmen, **mit**nehmen, **vor**nehmen, **weg**nehmen, **zu**nehmen, **dazwischen**nehmen ...

Sobald das Verb jedoch konjugiert wird, treten diese Präfixe hinter das Verb:

Er **nahm** auch die Kinder **mit**.
Stolz **nahmen** wir den Beifall **entgegen**.
Ich **nehme** schon **zu**, wenn ich das Essen nur sehe.

Ausnahme: Die Bindung bleibt fest, wenn das Verb im Präsens oder Präteritum **am Ende eines Nebensatzes** steht.

Ich war eingeschlafen und merkte nicht, dass er heimlich **wegfuhr**.

Auch **Nomen und Adjektive** können den Verben als unechte Präfixe vorangestellt werden.

Verben mit Nomen als unechtem Präfix gibt es nicht viele:

eislaufen	→ ich laufe eis
kopfstehen	→ ich stehe kopf
leidtun	→ es tut mir leid
nottun	→ es tut not
preisgeben	→ ich gebe preis
stattfinden	→ es findet statt
stattgeben	→ ich gebe statt
statthaben	→ ich habe statt
teilhaben	→ ich habe teil

teilnehmen → ich nehme teil
wundernehmen → es nimmt mich wunder

→ siehe auch R 162 (Verben mit mehreren Präfixen)

Beispiele für **Verben mit Adjektiven als unechtem Präfix**:

fernsehen → ich sehe fern
hochrechnen → ich rechne hoch
schönfärben → ich färbe schön
kaltstellen → ich stelle kalt

→ siehe auch R 163 (Partizip Perfekt)

Manche Präfixe können echt und unecht sein! 161

In Verben wie durchbrechen, durchschwimmen, durchlaufen, übernehmen, übersetzen, übertreten, unternehmen ist die Verbindung stabil. Nicht das Präfix, sondern das Basisverb ist im Infinitiv betont.

Wir **durch**schwammen den Fluss, ohne nachzudenken.
Die Klasse **unter**nimmt nächste Woche einen Tagesausflug.
Sie **über**zog ihr Konto immer wieder.
Er **über**trat ständig die Regeln.
Sie **über**setzt aus dem Deutschen ins Englische.

Die Präpositionen ***durch-, unter-, über-*** zählen in diesen Fällen also zu den **echten Präfixen** (→ R 159).

In durchbrechen, durchstarten, überziehen, übersetzen, übertreten, untertauchen allerdings sind nicht die Basisverben betont, sondern die Präfixe. Hier sind die **Präfixe unecht** (→ R 160). Sie stehen in den konjugierten Formen hinter dem Verb:

Das Flugzeug **startete durch**.
Wir **zogen** schnell die Badesachen **über**, sprangen ins Wasser und **tauchten unter**.

Er **tritt** wohl bald zur anderen Partei **über**.
Er **setzte** mit seinem Boot zum anderen Ufer **über**.

Zu den Präfixen, die **echt und unecht** sein können, gehören auch ***um-*** und ***wieder-***:

Er **umgi̲ng** lange das Problem, **ging** aber mit der Situation insgesamt gut **u̲m**.
Sie **kam wi̲e̲der** und **wiederho̲lte** ihren Fehler.
Er **umfu̲hr** gerade noch das Straßenschild; aber dann **fuhr** er den Strommasten **u̲m**.

→ siehe R 163 (Partizip Perfekt)

162 ***Erkenne*** **ich ihn** ***an*** **oder** ***anerkenne*** **ich ihn? – verflixte Verben mit mehr als einem Präfix**

Ins Schleudern kann man geraten bei **Verben, die nicht nur ein, sondern mehrere Präfixe** haben. Da diese Verben alle auf der ersten Silbe betont sind, könnte man sie alle als Verben mit trennbarem Präfix ansehen. Tatsächlich sind jedoch **nicht alle trennbar**.

Untrennbar sind z. B.: überbeanspruchen, überbelasten, überbetonen, überbewerten, übererfüllen, unterbewerten, unterversichern, vorverurteilen

Die Medien **vorverurteilten** den Angeklagten.

Trennbar sind dagegen z. B.: nachversteuern, sich vorbehalten, vorenthalten, vorherbestimmen, vorverlegen

Er **enthielt** mir Informationen **vor**.

→ Übersicht in R 28

Bei den Verben ***aberkennen, anerkennen*** und ***anvertrauen*** dürfen Sie **wahlweise trennen oder nicht**:

Ich **aberkenne** ihm nicht seine Verdienste. / Ich **erkenne** ihm seine Verdienste nicht **ab**.
Ich **anerkenne** ihn als Chef. / Ich **erkenne** ihn als Chef **an**.
Ich **vertraue** ihm meine Probleme **an**. / Ich **anvertraue** ihm meine Probleme.

→ Übersicht in R 28

163

Erst *weggelaufen*, dann *genachtwandelt* – Wie bildet man das Partizip Perfekt bei Verben mit Präfix?

Das Partizip Perfekt (Mittelwort der Vergangenheit) braucht man, wenn man zusammengesetzte Zeitformen im Aktiv, z. B. das **Perfekt** (vollendete Gegenwart) bilden möchte:

Gestern hat es **geregnet**.
Deshalb sind wir zu Hause **geblieben**.

Auch alle Zeitformen des **Passivs** benötigen ein Partizip Perfekt:

Ich bin nicht **gesehen** worden.
Sie wurde heftig **ausgeschimpft**.

Normalerweise wird das Partizip Perfekt gebildet durch **Voranstellen der Silbe *ge-* und Anhängen von *-(e)t*** bei schwachen (= regelmäßigen) Verben bzw. ***-en*** bei starken (unregelmäßigen) Verben:

	Verbstamm		
ge-	spiel	**-t**	→ gespielt
ge-	arbeit	**-et**	→ gearbeitet

ge-	fund	**-en**	→ gefunden
ge-	sproch	**-en**	→ gesprochen

Wir haben bis morgens um eins **gearbeitet**.
Wir haben nur wenig dabei **gesprochen**.

Hat das Verb allerdings ein **echtes Präfix** (→ R 159), wird auf die Silbe *ge-* verzichtet, egal, ob das Verb schwach oder stark konjugiert wird:

Präfix	Verbstamm		
ver-	spiel	**-t**	→ verspielt
be-	arbeit	**-et**	→ bearbeitet
be-	fund	**-en**	→ befunden
ver-	sproch	**-en**	→ versprochen

Er hat seine letzte Chance **verspielt**, weil er den Fall nicht ordentlich **bearbeitet** hat.
Man weiß, dass er sich in einem Dilemma **befunden** hat, aber er hatte es **versprochen**.

Bei **Verben mit unechten Präfixen** (→ R 160) wird der Zusatz *ge-* zwischen das Präfix und den Verbstamm geschoben:

Präfix		Verbstamm		
vor-	**ge-**	spiel	**-t**	→ vorgespielt
nach-	**ge-**	arbeit	**-et**	→ nachgearbeitet
vor-	**ge-**	fund	**-en**	→ vorgefunden
ab-	**ge-**	sproch	**-en**	→ abgesprochen

Sie hat die Diät **durchgehalten** und tatsächlich zehn Kilo **abgenommen**.
Der Antrag wurde einfach **abgeschmettert**.

Das gilt auch, wenn dem Verb ein **Nomen als untrennbares Präfix** vorangeht:

bergsteigen, du **berg**steigst → berg**ge**stiegen

Ebenso: **lob**preisen, **lob**singen, **not**landen ...

→ Übersicht in R 28

Aber auch bei Verben, denen ein **Nomen oder Adjektiv als trennbares Präfix** vorangeht, wird der Zusatz *ge-* eingeschoben:

preisgeben, du gibst **preis** → preis**ge**geben

Ebenso: **kopf**stehen, **wert**schätzen, **fern**sehen, **klein**reden ...

→ Übersicht in R 28

Bei einigen Verben, vor allem wenn sie aus zwei zusammengesetzten Nomen abgeleitet sind, ist das **Nomen bei der Konjugation nicht trennbar**. Es wurde zum untrennbaren Präfix. Deshalb steht das Präfix ***ge-*** beim Partizip Perfekt vorne:

Aus Wetteifer entsteht wetteifern → gewetteifert (**nicht:** ~~wettgeeifert~~);

Ebenso: bergsteigen, brandmarken, handhaben, liebedienern, maßregeln, nachtwandeln, schlafwandeln, schlussfolgern, traumwandeln, wetterleuchten ...

→ siehe auch R 28

Bei den Verben ***gewährleisten*** und ***staubsaugen*** sind **zwei Partizipien möglich**, da diese Verben sowohl als trennbar als auch nicht trennbar benutzt werden dürfen. Achten Sie aber auf die richtige Schreibung!

ich gewährleiste etwas / ich leiste für etwas Gewähr → ich habe etwas gewährleistet / ich habe für etwas Gewähr geleistet

ich sauge Staub / ich staubsauge → ich habe gestaubsaugt / ich habe Staub gesaugt

Beim Verb ***danksagen*** gibt es dagegen nur ein Partizip, auch wenn es in den einfachen Zeiten Präsens und Präteritum als trennbares und untrennbares Verb benutzt werden kann:

ich sage Dank / ich danksage → ich habe dankgesagt

→ Übersicht in R 28

Eingedeutschte englische Verben mit Präfix bilden das Partizip Perfekt meist, indem der Zusatz ***ge-*** vor das Verb gesetzt wird. Die Endung ***-(e)t*** wird angehängt:

downloaden → down**ge**loadet
upgraden → up**ge**gradet
einscannen → ein**ge**scannt

Wenn jedoch ein **Nomen als Präfix** steht, wird *ge-* nach vorne gezogen:

brainstormen → **ge**brainstormt
snowboarden → **ge**snowboardet
netsurfen → **ge**netsurft
kidnappen → **ge**kidnappt
earmarken → **ge**earmarkt (= akzeptiert)

Bei diesen Verben ist das Verfahren aber leider nicht immer einheitlich. Manchmal gibt es auch andere Lösungen:

windsurfen → Er hat lange auf dem See wind**ge**surft.

→ siehe auch R 28

164 ***Urzeit* und *Untiefe* – Präfixe bei Nomen und Adjektiven**

Präfixe, die Verben einleiten (→ R 158 bis R 162), können auch bei Nomen und Adjektiven auftreten, da sich die Wörter ja meist voneinander ableiten. Einige Präfixe jedoch kommen nur bei Nomen und Adjektiven vor:

Präfix	Kommentar	Beispiele
Un-	drückt das Gegenteil des Basisnomens aus	Unbehagen, Unordnung, Unrecht, Unverstand, Unsinn
	oder stellt den Inhalt des Basisnomens in Frage	Unperson, Unwort, Untoter (Vampir)

	oder bezeichnet im Gegensatz zum Basisnomen etwas Falsches, Schlechtes	Ungeist, Unsitte, Untat, Unmensch, Unkultur
	oder verstärkt Mengenbezeichnungen	Unmasse, Unmenge, Unsumme, Unzahl
un-	verneint den Inhalt des Basisadjektivs	unattraktiv, unbürokratisch, unehrlich, unfair, unsozial

Das Nomen *Untiefe* kann in doppeltem Sinn verwendet werden. Es kann eine seichte, flache Stelle im Wasser bedeuten oder eine Stelle von sehr großer Wassertiefe, also das genaue Gegenteil!

In den Augen der Betriebswirtschaftler handelt es sich bei den ***Unkosten*** um ein „Unwort", da es nur „Kosten", aber nicht „Nicht-Kosten" geben kann. Das Wort ist also in fachsprachlichen Texten nicht zulässig, hat aber in der Allgemeinsprache seinen festen Platz gefunden und dies nicht zu Unrecht.

Bei *Unkosten* hat das Präfix ***un-*** nämlich keineswegs verneinenden Sinn (wie etwa in Unruhe, Unfähigkeit, Untreue), es handelt sich also gar nicht um „Nicht-Kosten".
Hier liegt eine in der älteren Sprache häufig verwendete **Verstärkung** eines Wortes vor, wie sie z. B. im veralteten Wort Ungewitter (= böses, schlimmes Wetter) oder in Untier (= böses, schlimmes Tier) vorliegt. So wurde auch der Begriff *Unkosten* noch im 19. Jahrhundert im Sinne von „schlimme, unangenehme Kosten" verwendet. In neuerer Sprache wurden solche Verstärkungen insbesondere mit Mengenbezeichnungen gebildet und drücken eine emotionale Verstärkung aus: Unmasse, Unmenge, Unsummen.

→ siehe auch R 192 (Antonyme)

Ur-	betrachtet den Inhalt des Basisnomens von den Anfängen her:	Ureinwohner, Urfehde, Urtrieb, Urzustand, Urlaut
	bezeichnet etwas Erstes, Originales:	Uraufführung, Urfassung, Urschrift
	nennt Verwandtschaftsgrade:	Urenkel, Urgroßmutter, Ururgroßvater
	drückt die lange Beziehung einer Person zu etwas aus:	Urkölner, Urmitglied, Urvieh (umgangssprachlich für origineller Mensch)

Verwechseln Sie nicht die ***Urzeit*** (Wir sind seit Urzeiten befreundet.) mit der ***Uhrzeit*** (Meine Uhr zeigt nie die genaue Uhrzeit.)!

ur-	verstärkt das Basisadjektiv	uralt, urkomisch, urgemütlich, urdeutsch
	oder bezeichnet etwas als lange zurückliegend, am Anfang liegend	urverwandt, urtümlich, uranfänglich
Erz- **erz-**	verstärkt den Inhalt des Basiswortes, oft mit negativem Nebensinn (entlehnt aus dem Griechischen. über das Lateinische ins Althochdeutsche *erzi* = Ober-, Haupt- ...)	Erzfeind, Erzlügner, Erzrivale; Erzbischof, Erzdemokrat; erzkonservativ, erzreaktionär, erzfaul, erzsolide
Ge...(e)	drückt oft abwertend lästige, wiederholte Tätigkeiten aus	Getue, Gesinge, Getöne, Gelaufe; zuweilen auch ohne -e: Gebrüll, Gebell, Gezeter, Gezappel, Geschwätz, Gemisch, Gespräch,
	drückt auch positive oder neutrale Vorgänge aus	Gebärde, Gebet, Gefühl

Die Silbe *ur-* als Präfix stammt aus dem Indogermanischen und bedeutet ursprünglich *aus, heraus*. Heute bezeichnet sie den Anfangszustand oder das erste Exemplar einer Spezies.

Viele **aus einem echten Präfix + Nomen zusammengesetzte Nomen können keinen Plural bilden**. Wenn Sie trotzdem Plurale bilden wollen, müssen Sie sich mit Ersatzformulierungen behelfen. Beispiele:

Wenn Sie Betrug in die Mehrzahl setzen wollen, können Sie Betrugsfälle sagen.

Eine mögliche Pluralformulierung für Ersatz wäre Ersatzlieferungen oder -leistungen.

Als Mehrzahl für Zerfall könnten Sie Zerfallserscheinungen verwenden.

Präfix	Wörter ohne Pluralformen
be-	Befall, Begehr(en), Begier, Besitz, Betrug, Behagen, Bewuchs ...
ent-	Entfall, Entzug, Entsetzen, Entzücken, Entsatz ...
er-	Erhalt, Ersatz ...
ver-	Verderb, Verbleib, Verlass, Verbiss, Verzug, Versatz ...
zer-	Zerfall ...
miss-	Missachtung, Missbehagen, Missbrauch, Missfallen, Missgunst, Misskredit, Missmut, Misstrauen, Misswuchs ...
wider-	Widerhall, Widerschein, Widersinn, Widerwille ...

suboptimale Leistung – Lateinische Präfixe und ihre Bedeutung 165

Lateinische Präfixe kommen fast immer **gebunden an ein lateinisches Basiswort** vor. Es geht hier also fast ausschließlich um Fremdwörter. Lateinische Präfixe gehen auf lateinische Präpositionen zurück, die - ähnlich wie im Deutschen - Verben vorangestellt wurden, um deren Bedeutung zu modifizieren.

Einige der wichtigsten Präfixe:

ad- bedeutet *an-, zu-*: Advokat (Anwalt, „der Herbeigerufene"), adverbial (zum Verb gehörend), adaptieren (anpassen), adäquat (angemessen) ... Das Präfix kann auch zu ***a-*** verkürzt werden. Dann wird **der folgende Konsonant oft verdoppelt**: Addition (Hinzufügung), Affekt (Angespanntheit), Akkord (Zusammenklang), Assimilation (Angleichung), akzeptabel (annehmbar), Alimente (Zahlung zum Unterhalt) ...

ab- bedeutet *un-, nicht-*: abstrus (verworren, unverständlich), absent (abwesend), Absolutismus (uneingeschränkte, „losgelöste" Herrschaftsform), absorbieren (aufsaugen, beanspruchen) ...
Auch dieses Präfix kann zu ***a-*** verkürzt werden: asozial (außerhalb der Gesellschaft lebend), ahistorisch (ungeschichtlich), amusisch (ohne Kunstverständnis), Asymmetrie (Ungleichmäßigkeit), alignieren (vermessen, Linien abstecken), amputieren (vom Körper abtrennen) ...
Bei Wörtern dieser Art wird **der auf *a-* folgende Vokal nie verdoppelt**.

in- kommt ebenfalls in zwei unterschiedlichen, gegensätzlichen Bedeutungen vor:
ein-, an-: Infiltration / infiltrieren (Einsickern / einsickern), Indiz / indizieren (Anzeichen / anzeigen), Infektion / infizieren (Ansteckung / anstecken), Initiative (Antrieb), Inserat / inserieren (Anzeige / eine Anzeige aufgeben), Infusion (Flüssigkeitszufuhr durch eine Spritze) ...
un-, nicht: inaktiv (nicht aktiv), indiskret (taktlos), Individualität (Unverwechselbarkeit), Intoleranz (Abneigung), inhuman (unmenschlich) ...
in- wird oft mit dem Anfangsbuchstaben des Basisworts zu ***im-,il-, ir-*** verschliffen: Immobilität, immigrieren, illegal, Illusion, irrelevant, irritieren ...

ex- bedeutet *aus, heraus, weg, ent-*: Export (Ausfuhr), extrem (äußerst), expandieren (sich ausdehnen) ...
Zusammen mit einer Personenbezeichnung bedeutet *Ex-*, dass die Person früher das war, was die Bezeichnung aussagt: Exkanzler, Exfreundin, Exfußballer. Manchmal empfiehlt sich aus Lesbarkeitsgründen die **Schreibung mit Bindestrich**: Statt Exstasileute schreibt man besser Ex-Stasileute.
Oft wird das Präfix zu **e-** verkürzt: emigrieren (auswandern), effektiv (wirklich, tatsächlich), Evolution (Entwicklung der Lebewesen) ...

kon-, ko-, auch in den verschliffenen Formen ***kol-, kom-, kor-***, bedeutet *mit-, zusammen-*: Konferenz (Zusammenkunft), kohärent (zusammenhängend), Kollaps (Zusammenbruch), Kollege (Mitarbeiter), Kommission (Gremium von Fachleuten), Kommunion (gegenseitige Verständigung), korrodieren (zerstören, „zusammennagen"), Korrespondenz (Briefwechsel) ...

Weitere lateinische Präfixe:

Präfix	Bedeutung	Beispiele
de-	ab-, ent-, weg-	dekodieren, Demission
des-	etw. rückgängig machen	desinfizieren
dis-	Gegenteil von etwas	Disharmonie
e-, ex-	aus ... heraus	Evakuierung, exportieren
inter-	zwischen-, miteinander-	international, Interjektion
per-	durch, hindurch	Perforation
post-	hinter-, nach-	posttraumatisch, postmodern
prä-	vor-	Präsident, Prädikat
pro-	vor-, für-	Produkt, Projekt, Prolog
re-	zurück-, wieder-	Reflex, repetieren
semi-	halb-	Semikolon, Semifinale
sub-	unter-	Subkontinent, subkutan
super-, supra-	über-, oberhalb	supermodern, Supraleiter
trans-	quer durch, jenseits	Transaktion, transalpin

166 *Hydrokultur* bei Pflanzen? – Griechische Präfixe und ihre Bedeutung

Die griechischen Präfixe sind **zahlreicher als die lateinischen**, aber sie kommen im Deutschen nicht so oft vor wie die lateinischen, weil der Austausch zwischen den beiden Sprachen nicht so intensiv war. Einige wurden vom Lateinischen aus dem Griechischen übernommen und erscheinen heute als lateinisch.
Griechische Präfixe lassen sich auch mit deutschen, englischen oder lateinischen Basiswörtern verbinden:

Antidrogenprogramm, **Auto**mobil, **Chrono**meter, **Hypo**funktion ...

Manche Präfixe klingen sehr ähnlich, sind also in Zusammensetzungen leicht zu verwechseln. Dazu gehören:

Präfix	Bedeutung	Beispiele
ana-	hinauf-, gemäß	Anabolikum (Wirkstoff, der den Aufbaustoffwechsel fördert)
andro-	mann-	Androide (künstlicher Mensch)
anthropo-	mensch-	Anthropologie (Wissenschaft vom Menschen)
anti-	gegen-	Antiblockiersystem
apo-	von-, weg-, ab-	Apostroph (Auslassungszeichen)
astro-	stern-	Astronomie (Sternkunde)
auto-	selbst-	Autobiografie (Beschreibung des eigenen Lebens)
endo-	innen-	Endoskop (med. Untersuchungsinstrument)

ergo-	arbeit-	Ergonomie (Lehre von den Leistungsmöglichkeiten arbeitender Menschen)
epi-	darauf-, darüber-, hinzu-	Epidermis (äußere Zellschicht der Haut), Epilog, Episode
ero-	liebe-	Erotismus (Überbetonung des Erotischen)
exo-	außen-	exotisch (fremdartig wirkend)
hybrid-	doppel-, mehrfach-	Hybridantrieb (Antrieb mit zwei Energiequellen)
hydro-	wasser-	Hydrosphäre (Wasserhülle der Erde)
hyper-	über-	Hypertonie (Hochdruck, z. B. des Blutes)
hypno-	schlaf-	Hypnose (schlafähnlicher Zustand)
hypo-	unter-	Hypothek (finanzielle Belastung eines Grundstücks, „Unterpfand"), Hypotonie (Unterdruck, z. B. des Blutes)

Weitere griechische Präfixe in der Übersicht:

Präfix	**Bedeutung**	**Beispiele**
dys-	übel, krankhaft	Dysfunktion (gestörte Funktion)
geo-	Erde, Land	Geologie (Lehre von Aufbau, Entstehung und Entwicklung der Erde), geografisch (erdkundlich)
iso-	ähnlich, gleich, entsprechend	Isobare (Verbindungslinie zwischen Orten gleichen Luftdrucks)
makro-	groß, hoch, weit	Makrokosmos (Weltall)

mikro-	klein	Mikroskop (Vergrößerungsgerät), Mikrobiologie (Lehre von den kleinsten Lebewesen)
mono-	einzeln, allein	Monogamie (Leben mit nur einem Partner)
öko-	Natur-, Umwelt-	Ökologie (Wissenschaft von den Lebewesen in ihrer Umwelt)
ortho-	gerade, richtig	Orthografie (Rechtschreibung)
päd-	Kind-	Pädagogik (Erziehungslehre), Pädiatrie (Kinderheilkunde)
paläo-	alt, aus früher Zeit	Paläozoologie (Lehre von den Lebewesen vergangener Entwicklungsstufen)
phil-	freundlich, lieb	Philosoph, bibliophil (Bücher liebend)
physio-	Natur, Wuchs	Physiologie (Wissenschaft von den Lebensvorgängen im Organismus)
poli-	Stadt-	Politik (Gestaltung des öffentlichen Lebens)
pseudo-	falsch, unecht	Pseudonym (Deck-, Künstlername)
psych-	Seele	Psychiater (Facharzt für seel. Störungen)
tele-	fern	Telepathie (Gedankenübertragung)

167 *Gigabyte* und *Nanometer* – Griechische Präfixe bei Maßangaben

Von den **Maßeinheiten** sind meist nur die gängigsten (z. B. *Kilo, Tonne, Zentimeter*) bekannt. Deshalb hier eine vollständige Übersicht auch über die größten und die kleinsten Maßeinheiten.

exa-	eine Trillion	Exabecquerel (eine Trillion Becquerel)
peta-	eine Billiarde	Petameter (eine Billiarde Meter)
tera-	eine Billion	Terabyte (eine Billion Byte)
giga-	eine Milliarde	Gigahertz (eine Milliarde Hertz)

mega-	eine Million	Megatonne (eine Million Tonnen)
kilo-	tausend	Kilowatt (tausend Watt)
hekto-	hundert	Hektoliter (hundert Liter)
deka-	zehn	Dekagramm (zehn Gramm)
dezi-	Zehntel	Dezimeter (ein zehntel Meter)
zenti-	Hundertstel	Zentigramm (ein hundertstel Gramm)
milli-	Tausendstel	Millisekunde (eine tausendstel Sekunde)
mikro-	Millionstel	Mikrometer (ein Millionstel Meter)
nano-	Milliardstel	Nanofarad (ein Milliardstel Farad)
piko-	Billionstel	Pikofarad (ein Billionstel Farad)
femto-	Billiardstel	Femtofarad (ein Billiardstel Farad)
atto-	Trillionstel	Attometer (ein Trillionstel Meter)

Einige dieser Präfixe werden auch **in anderen Zusammenhängen** verwendet:

Megafon (Sprachrohr)	**Mega**hit (Verkaufsschlager)	**Mega**star (Weltstar)
hektografieren (vervielfältigen)	**Deka**n (Leiter einer Fakultät)	**Deka**log (die zehn Gebote)
Dekameron (Boccaccios Erzählungen)	**Milli**onär (Besitzer eines Millionenvermögens)	**Mikro**skop (optisches Vergrößerungsgerät)
Mikrochirurgie (Operieren unter dem Mikroskop)	**Nano**technologie (Herst. extrem kleiner Bauteile)	**Nano**somie (Zwergwuchs)

° Die Wortbausteine am Wortende: Suffixe

TESTEN SIE IHR WISSEN

1 Ableitung statt Umleitung

: 170

Bilden Sie mithilfe von Suffixen Verben zu folgenden Nomen und Adjektiven.

a) Loch: ______
b) Glied: ______
c) Bündel: ______
d) Eifer: ______
e) krank: ______
f) kurz: ______
g) rot: ______
h) schmal: ______

2 Wundersame Heilung

: 172

Unterstreichen Sie die passende Form.

a) Es geht mir schon viel besser, ich fühle mich nur noch ein wenig *krank / kränklich*.
b) Ich hatte die *vierteljährige / vierteljährliche* Kontrolluntersuchung versäumt.
c) Um gesund zu werden, ist nun eine Diät *nötig / notwendig*.
d) Eigentlich finde ich das alles ein bisschen *kindisch / kindlich*.

3 Sind Sie transportabel und kompatibel?

: 173

Welches der folgenden Adjektive wird mit dem Suffix *-abel*, welches mit *-ibel* gebildet?

a) akzept______
b) flex______
c) oper______
d) intellig______
e) repräsent______
f) dispon______
g) toler______
h) irrevers______

4 Variationen

173

Welche Variante ist richtig? Unterstreichen Sie.

a) Die Bürgermeisterin hat eine *Delegierung / Delegation* aus der Partnerstadt empfangen.
b) Die Abwässer sind ungeklärt in die *Kanalisierung / Kanalisation* gelangt.
c) Diese private Stiftung bemüht sich um die *Resozialisierung/ Resozialisation* straffällig gewordener Jugendlicher.

5 Steile Karriere: erst Praktikant, dann Diplomand

173

Unterstreichen Sie bei den folgenden Nomen das korrekte Suffix.

Intrig*ant* / Intrig*and*, Promov*ent* / Promov*end*, Rehabilit*ant* / Rehabilit*and*, Refer*end* / Refer*ent*, Rever*end* / Rever*ent*

6 Endung gut, alles gut

174

Erklären Sie kurz die Bedeutung der folgenden Suffixe. Nennen Sie ein mit dem Suffix gebildetes Nomen.

a) -archie: ______________________
b) -grafie: ______________________
c) -ismus: ______________________
d) -logie: ______________________

LÖSUNGEN

1 a) löch**ern**, **b)** glied**ern**, **c)** bünde**ln**, **d)** eife**rn**, **e)** kränk**eln**, **f)** kürz**en**, **g)** röt**en**, **h)** schmäl**ern** • **2 a)** krank, **b)** vierteljährliche, **c)** notwendig, **d)** kindisch • **3 a)** akzept**abel**, **b)** flex**ibel**, **c)** oper**abel**, **d)** intellig**ibel**, **e)** repräsent**abel**, **f)** dispon**ibel**, **g)** toler**abel**, **h)** irrevers**ibel** • **4** Delegation, Kanalisation, beides korrekt • **5** Intrig**ant**, Promov**end**, Rehabilit**and**, Refer**ent**, Rever**end** • **6 a)** Herrschaft, z. B. *Monarchie*, **b)** Aufzeichnung, z. B. *Biografie*, **c)** geistige, kulturelle Ausrichtung, z. B. *Modernismus*, **d)** Wissenschaft, z. B. *Biologie*

168 Was sind denn eigentlich Suffixe?

Suffixe (abgeleitet aus dem lateinischen *suffigere* = hinten anheften) werden auch Nachsilben genannt. Allerdings ist „Nachsilbe" keine ganz korrekte Bezeichnung, denn viele Suffixe sind keine richtigen Silben, sondern **Wortanhängsel**, die aus mehr als einer Silbe bestehen oder nur aus wenigen Buchstaben.

Suffixe werden **an Wortstämme, Nomen, Adjektive und Verben**, manchmal aber auch an andere Wortarten, z. B. **Adverbien, angehängt** und lassen auf diese Weise neue Wörter entstehen. Beispiele:

Suffixe werden angehängt an ...

Nomen → sie werden zu	**Adjektive** → sie werden zu	**Verbstämme** → sie werden zu	**andere Wörter** → sie werden zu
neuen Nomen:	Nomen:	Nomen:	Adverbien:
Mann → Mannschaft	schön → Schönling schlau → Schlauheit	wachsen → Wachstum stauen → Stauung lehren → Lehrer	mein → meinerseits
Adjektiven:	Verben:		Adjektiven:
Welt → weltlich Kind → kindisch	bereit → bereiten		sofort → sofortig oben → obig
Verben:			Nomen:
Tanz → tänzeln			bald → in Bälde

→ vgl. auch R 171 (Suffixe für Nomen) sowie R 172 (Suffixe für Adjektive)

Verschiedene Suffixe sind auch **miteinander kombinierbar**:

Welt → welt**lich** → Weltlich**keit**
Aus dem Nomen *Welt* wurde ein Adjektiv und dann ein neues Nomen.

ganz → Ganz**heit** → ganzheit**lich**
Aus dem Adjektiv *ganz* wurde ein Nomen und dann ein neues Adjektiv.

nicht → nicht**ig** → Nichtig**keit**
Aus der Negationspartikel *nicht* wurde ein Adjektiv und dann ein Nomen.

Was können Suffixe?

169

Suffixe **legen die Wortart fest**.

Während Präfixe (→ R 156 - 167) nur die Bedeutung von Wörtern verändern, bestimmen Suffixe die **grammatischen Eigenschaften der Wörter**:

Wird ein Suffix an ein Wort angehängt, verändert sich häufig die Wortart. Aus Adjektiven werden Nomen oder Verben, aus Verben werden Adjektive usw. Suffixe können also ihre **Basiswörter in andere Wortarten überführen**. Diesen Vorgang nennt man ***transponieren*** (abgeleitet vom lateinischen *transponere* = an einen anderen Ort versetzen). Beispiele:

Das Suffix ***-ig*** macht z. B. aus einer Kratzbürste ein Adjektiv: kratzbürst**ig**. Das Suffix ***-ieren*** zeigt an, dass plaston**ieren** ein Verb sein muss, obwohl es gar nicht existiert.

Bei Nomen legt das Suffix häufig auch das **Genus** (Geschlecht) fest (→ R 171). Zum Beispiel bestimmt das Suffix ***-heit***, dass das Wort ein feminines (weibliches) Nomen ist: die Schön**heit**, die Dumm**heit**, die Frei**heit** ...

Wird jedoch ein **Adjektiv als Basiswort mit *-lich*** verbunden, bleibt es ein Adjektiv, auch wenn das Wort eine neue Bedeutung erhält:

blau → bläu**lich** (= kein reines Blau)
krank → kränk**lich** (= nicht richtig krank, aber auch nicht gesund)
schwer → schwer**lich** (= kaum, fast unmöglich, Adverb)

→ R 172

Suffixe geben Wörtern eine bestimmte Bedeutung.

Das Adjektiv schön lässt sich durch Anhängen des Suffixes ***-heit*** in das passende Nomen Schön**heit** verwandeln. Die inhaltliche Bedeutung des Adjektivs *schön* ändert sich nicht. Hängt man an *schön* allerdings das Suffix ***-ling***, erhält das Nomen eine eher abwertende Bedeutung: Ein Schön**ling** ist ein Mann, der gerne durch Schönheit auffällt.

Manche Suffixe verursachen bei den Basiswörtern eine **Umlautung des Stammvokals**: Aus ***a*** wird ***ä***, aus ***o*** wird ***ö***, aus ***u*** wird ***ü***, aus ***au*** wird ***äu***. Beispiele:

K**a**rte	→ K**ä**rtchen	St**u**hl	→ St**ü**hlchen
verh**a**lten	→ Verh**ä**ltnis	H**u**t	→ h**ü**ten
D**o**rf	→ D**ö**rfchen	H**au**s	→ h**äu**slich
g**u**t	→ g**ü**tlich		

170 Welche Suffixe gibt es zur Bildung von Verben?

Die meisten deutschen Verben enden im Infinitiv auf *-en:* gehen, frieren, speisen, leuchten ... Darüber hinaus gibt es noch die **Verbsuffixe *-ern*** und ***-eln***.

-ern kommt bei Verben vor, die **von Nomen abgeleitet** sind, die auf ***-er*** enden: Ärger → ärgern, Schimmer → schimmern, Stocher (Zahnstocher) → stochern, Jammer → jammern ...

Manchmal liegt dem Wort ein **Plural als Basiswort** zu Grunde: Loch → löchern, Glied → gliedern, Blatt → blättern, Rauch (veralteter Plural: *Räuche*) → räuchern ...

Selten werden am Basiswort **Endbuchstaben getilgt**: Wilderer → wildern

Manchmal wird ein **Basiswort gleichzeitig mit einem Präfix und *-ern*** versehen: bebildern, entvölkern, vergöttern ...

-eln **schwächt Vorgänge ab**. Dabei wird der Stammvokal oft umgelautet: kochen → köcheln, lachen → lächeln, werken → werkeln, sausen → säuseln, tanzen → tänzeln, streichen → streicheln ...

Mit **Nomen als Basiswort**: Krise → kriseln, Hans → hänseln, Mensch → menscheln (ein noch recht neues Wort), Schlange → schlängeln ...

Ein Nomen als Basiswort kann auch bedeuten, dass etwas in eine bestimmte Form gebracht wird: Stück → stückeln, Haufen → häufeln ...

Basiswörter, die auf *-el* enden, werden zu **Verben mit *-eln*** transponiert: Säbel → säbeln, Zwiebel → zwiebeln, Ferkel → ferkeln ...

Kombination von **Präfix und *-eln*** bei einem Basiswort: verästeln, verschandeln ...

Mit **Adjektiv als Basiswort**: krank → kränkeln, schwach → schwächeln, fromm → frömmeln, blöd → blödeln ...

Welche Suffixe gibt es zur Bildung von Nomen?

171

Die Zahl der Suffixe, mit denen Nomen gebildet werden können, ist sehr groß:

-chen	**-e**	**-ei**	**-er**	**-heit**	**-in**
-keit	**-le**	**-ler**	**-li**	**-ling**	**-ner**
-nis	**-schaft**	**-sel**	**-tum**	**-ung**	

Viele dieser Suffixe werden an Nomen angehängt und es entstehen neue Nomen mit neuer Bedeutung. Das ursprüngliche Nomen hat eine **inhaltliche Modifizierung** erfahren. Beispiele:

Basisnomen	+ Suffix	neues Nomen	Bedeutung
		männlich	
Musik	+ er	= der Musiker	Person

Schreiber	**+ ling**	= der Schreiberling	Abwertung
		weiblich	
Mensch	**+ heit**	= die Menschheit	Gesamtheit
Polizist	**+ in**	= die Polizistin	feminine Form
Metzger	**+ ei**	= die Metzgerei	Ausweitung
Zeit	**+ ung**	= die Zeitung	Summe der Ereignisse
Freund	**+ schaft**	= die Freundschaft	Gesamtheit
		sächlich	
Bürger	**+ tum**	= das Bürgertum	Gesamtheit

Bei bestimmten Suffixen wird der Stammvokal häufig umgelautet:

Schule	**+ er**	= Schüler	Person
Kunst	**+ ler**	= Künstler	Person
Sold	**+ ner**	= Söldner	Person

Es gibt auch Suffixe, die aus Nomen **Verkleinerungsformen** (Diminutiva) machen: ***-chen, -(e)lein***. Bei diesen Formen werden manchmal aus Gründen der besseren Sprechbarkeit Buchstaben hinzugefügt (Bäum**e**lein) oder getilgt (Leute → Leutchen). Allen ist aber gemeinsam, dass sie **in der Verkleinerung** zu **neutralen (sächlichen) Nomen** werden.

der Wald → das Wäld**chen**
die Blume → das Blüm**chen**, das Blüm**elein**
der Engel → das Engel**chen**, das Engel**ein**
der Ring → das Ring**chen**, das Ring**lein**

Besondere Formen der Verkleinerung findet man in Ableitungen wie Anzügelchen, Sächelchen, Jüngelchen, Ringelchen ...

Manche Dialekte haben eigene Suffixe für Verkleinerungsformen entwickelt:

das schwäbische Suffix ***-le***:
Fladen → Läd**le** (= Pfannkuchen, in Streifen geschnitten), Spatz → Spätz**le** (eine Art frisch zubereiteter Nudeln) ...

das bayerisch-österreichische Suffix ***-erl***, mit dem auch teilweise neue Wörter gebildet werden:
Hund → Hunderl; Schmankerl (= kleine Zutat, kleiner zusätzlicher Genuss) ...

das schweizerische Suffix ***-li***:
Rippe → Ripp**li**, Rübe → Rüb**li** ...

Manche Suffixe lassen **Verbstämme zu Nomen** werden:

beacht~~en~~	**+ ung**	= Beachtung
mecker~~n~~	**+ ei**	= Meckerei
streck~~en~~	**+ e***	= Strecke
ergeb~~en~~	**+ nis**	= Ergebnis
hack~~en~~	**+ sel**	= Häcksel

* Im neueren Sprachgebrauch findet man auch Ableitungen wie Abzocke, Anmache, Tanke. Sie gehören der Umgangssprache an und haben oft abwertende Bedeutung oder werden im Fachjargon benutzt wie z. B. Denke, Schreibe, Schalte.

Das Genus (grammatisches Geschlecht) der **Nomen auf *-nis*** kann **weiblich oder sächlich** sein.

Weibliche Ableitung z. B.: die Bedrängnis, Befugnis, Beschwernis, Besorgnis, Empfängnis, Erkenntnis, Erlaubnis, Erschwernis, Ersparnis, Kenntnis, Kümmernis, Verdammnis, Verderbnis ...

Sächliche Ableitung: das Ärgernis, Bedürfnis, Begräbnis, Bekenntnis, Besäufnis, Ergebnis, Erzeugnis, Gelöbnis, Hemmnis, Hindernis, Verhältnis, Verhängnis, Verzeichnis, Wagnis, Zerwürfnis, Zeugnis ...

Habseligkeiten

Zu den Wörtern auf *-sel* wie *Anhängsel*, *Gerinnsel* und *Überbleibsel* gehört auch das Wort *Habseligkeiten*. Der Innenteil des Wortes hat also nichts mit *selig* zu tun, sondern es sind die beiden Suffixe *-sel* und *-ig* in Kombination mit *-keit*. Deshalb müsste bei *Habseligkeiten* die Silbe *-sel* eigentlich kurz ausgesprochen werden.
Im Jahr 2004 wurde das Wort *Habseligkeiten* unter 22.838 Vorschlägen aus 111 Ländern zum schönsten deutschen Wort gewählt. In der Begründung führte die Jury an, das Wort verbinde zwei Bereiche des Lebens: den irdischen Besitz und die im irdischen Leben unerreichbare Seligkeit. Diese Spannung bringe den Leser dazu, dem Besitzer der Habseligkeiten positive Gefühle entgegenzubringen. Die Liebe zu den kleinen, wertlosen Dingen werde als Voraussetzung zum Glück aufgefasst ...

Viele Suffixe, die aus Verben Nomen machen, können auch **Adjektive in Nomen umwandeln**:

dumm	→ Dumm**heit**,	früh	→ Früh**chen**,
eigen	→ Eigen**tum**,	lecker	→ Lecker**li** (schweiz. Gebäck),
einig	→ Einig**keit**,	reich	→ Reich**tum**,
faul	→ Fäul**nis**,	tief	→ Tief**e** ...

Mit welchen Suffixen werden Adjektive gebildet?

172

Es gibt viele Suffixe, mit denen aus anderen Wörtern oder Wortstämmen Adjektive entstehen:

-en	**- erlei**	**- ern**	**- fach**	**- fähig**	**- haft**	**- ig**
-isch	**- istisch**	**- lich**	**- los**	**- mäßig**	**- sam**	

Mithilfe mancher Suffixe entstehen aus **Adjektiven neue Adjektive mit abgewandelter Bedeutung**. Solche Suffixe sind zum Beispiel:

schwarz	**+ lich**	= schwärz**lich**
genial	**+ isch**	= genial**isch**
faul	**+ ig**	= faul**ig**
feudal	**+ istisch**	= feudal**istisch**
heil	**+ sam**	= heil**sam**
verschieden	**+ erlei**	= verschieden**erlei**
hundert	**+ fach**	= hundert**fach**

Die meisten Adjektive, die erst durch ein Suffix zum Adjektiv geworden sind, sind von Nomen abgeleitet. Einige der schon genannten Suffixe gelten auch hier:

Glück → glück**lich**,
Kind → kind**isch**,
Furcht → furcht**sam**,
Sitte → sitt**sam**,
Woche → wöch**ig** ...

! Es ist ein Unterschied, ob eine Zahlung vierteljährlich erfolgt oder es sich um einen vierteljährigen Lehrgang handelt.

Das **Suffix *-lich*** im Zusammenhang mit einer Zeitangabe bezeichnet die **Wiederholung eines Vorgangs** in bestimmten Abständen. Das **Suffix *-ig*** bezeichnet die **Dauer eines Vorgangs**.

Eine Zeitschrift erscheint also monat**lich**, eine Kündigungsfrist ist 3-mona**tig**. Man schreibt einen wöchent**lichen** Bericht und begibt sich auf eine dreiwöch**ige** Reise.

Je nachdem, mit welchen Suffixen Nomen verbunden werden, kann es zu **Verwechslungen** kommen, weil die so entstandenen Adjektive einander sehr ähnlich sehen, aber sich in ihrer Bedeutung stark unterscheiden. Hier eine Auswahl **leicht verwechselbarer Adjektive**:

bäuerlich = den Bauern betreffend Dies hier ist eine **bäuerliche** Gegend.	**bäu(e)risch** = grob, plump Er hat sich mal wieder **bäu(e)risch** benommen.
charakterlich = auf den Charakter bezogen Der neue Chef ist **charakterlich** wirklich in Ordnung.	**charakteristisch** = typisch Birkenwälder sind **charakteristisch** für diese Gegend.
farblich = die Farbe betreffend **Farblich** passt diese Krawatte gut zu deinem Anzug.	**farbig** = mit Farbe, mit mehreren Farben, von nicht weißer Hautfarbe **Farbige** Wäsche darf nicht so heiß gewaschen werden wie weiße.
sprachlich = auf die Sprache bezogen **Fremdsprachliche** Bildung ist heute wichtiger denn je.	**-sprachig** = eine Sprache sprechend / enthaltend An internationalen Schulen wird **mehrsprachiger** Unterricht erteilt, z. B. auf Englisch.
heimlich = geheim, diskret Sie hat wieder **heimlich** geraucht.	**heimisch** = wie zu Hause, heimatlich Wir fühlen uns hier **heimisch**.
kindlich = nach Art eines Kindes **Frühkindliche** Erfahrungen prägen für das Leben.	**kindisch** = albern Es war **kindisch** von ihm, einfach die Sitzung zu verlassen.

löslich = in Flüssigkeit aufzulösen

Zucker ist in Wasser **löslich**.

lösbar = kann gelöst / erledigt werden

Dieses Problem ist leicht **lösbar**.

nervlich = die Nerven betreffend

Sie ist **nervlich** völlig am Ende.

nervig = unangenehm; sehnig

Der neue Kollege ist ein **nerviger** Typ.

nervös = gereizt, fahrig

Dass er nicht anruft, macht mich ganz **nervös**.

nördlich = im Norden

Kiel liegt **nördlich** von Hamburg.

nordisch = den Norden betreffend

Das **nordische** Klima ist geprägt von langen Wintern und kurzen Sommern.

nötig = für eine bestimmte Sache erforderlich

Dein Wagen hätte eine Wäsche **nötig**. Wir müssen die nötigen Ersatzteile besorgen.

notwendig = unvermeidlich, unbedingt erforderlich

Die **notwendigen** Maßnahmen wurden ergriffen. Der notwendige Verkauf des Grundstückes wurde durchgeführt.

seelisch = psychisch

Die **seelische** Belastung war für ihn enorm.

selig = glücklich, zufrieden

Sie ist ganz **selig**, weil sie eine Gehaltserhöhung bekam.

täglich = jeden Tag

Dieser Zug fährt **täglich**.

-tägig = Tage dauernd

Wir machen demnächst eine **mehrtägige** Reise an die Nordsee.

(→ Tipp vor der Tabelle)

verständlich = akustisch gut zu verstehen bzw. gut zu begreifen

Habe ich mich **verständlich** ausgedrückt?

verständig = einsichtig, vernünftig

Er zeigte sich sehr **verständig**, als ich ihm mitteilte, dass sein Vorschlag abgelehnt wurde.

widerlich = abstoßend, ekelerregend

Seine Bemerkung war **widerlich**.

widrig = ungünstig

Wir müssen mit **widrigen** Wetterverhältnissen rechnen.

wunderlich = seltsam	**wundersam** = wie ein Wunder
Für mich eine **wunderliche** Entscheidung!	Dieser Kräutertrank hat angeblich **wundersame** Wirkung.

Weitere Suffixe lassen **Nomen zu Adjektiven** werden:

Erde, Gold	**+ en**	= ird**en**, gold**en**
Eisen, Silber, Stein	**+ (er)n**	= eiser**n**, silber**n**, stein**ern**
Einfall, Takt	**(+ Fugen-s) + los**	= einfalls**los**, takt**los**
Bruchstück, Herz	**+ haft**	= bruchstück**haft**, herz**haft**

Mithilfe von Suffixen können auch **aus Verbstämmen Adjektive entstehen**. Auch hier gelten viele der bisher genannten Suffixe:

misstrauen → misstrau**isch**, schweigen → schweig**sam**, abhängen → abhäng**ig**, wehren → wehr**haft** ...

Zwei besondere Suffixe werden nur an **Verbstämme** angehängt, um sie **zu Adjektiven** zu transponieren:

verwend~~en~~	**+ bar**	= verwend**bar**
brenn~~en~~		= brenn**bar**
schlaf~~en~~	**+ rig**	= schläf**rig**
kleb~~en~~		= kleb**rig**

Die **Adjektive mit dem Suffix *-bar*** haben **immer eine passive Bedeutung**: Verwendbar ist etwas, wenn es verwendet werden kann; etwas ist brennbar, wenn es verbrannt werden kann.

Lösbar ist etwas, was gelöst werden kann: Das Rätsel ist leicht lösbar. **Aber** löslich ist etwas, das sich (auf)löst: Aquarellfarben sind in Wasser löslich.

Das Suffix ***-bar*** wird jedoch nicht bei allen Ableitungen unmittelbar an den Verbstamm angefügt. Eine Ausnahme bilden hier die Verben, deren Wortstamm im Laufe der sprachgeschichtlichen Entwicklung vom Mittelhochdeutschen zum (Früh-)Neuhochdeutschen verkürzt worden ist. So hatten Verben wie ***öffnen, ordnen, rechnen, (be)regnen, trocknen, zeichnen*** im Mittelhochdeutschen die Formen *offenen, ordenen, rechenen, regenen, trockenen, zeichenen.* Ihre Verbstämme lauteten also *orden-, rechen-, regen-, trocken-, zeichen-*. Der alte Wortstamm findet sich heute noch als erster Bestandteil in zusammengesetzten Nomen wie **Rechen**buch, **Zeichen**unterricht. Wenn von diesen Verben Adjektivbildungen auf *-bar* sprachüblich sind, wird das Suffix an den alten Wortstamm angehängt, auch bei jüngeren Zusammensetzungen:

Diese Datei ist schreibgeschützt und nur mit Passwort **öffenbar** (**nicht:** ~~öffnenbar~~).

Seine Musik ist stilistisch schwer **einordenbar** (**nicht:** ~~einordnenbar~~).

Die Autorin ist keiner literarischen Richtung eindeutig **zuordenbar** (**nicht:** ~~zuordnenbar~~).

Die Aufgabe ist leicht **rechenbar** (**nicht:** ~~rechnenbar~~).

Die Wirkung dieser Aussage war im Voraus **berechenbar** (**nicht:** ~~berechnenbar~~).

Die Felder der landwirtschaftlichen Versuchsstation sind computergesteuert **beregenbar** (**nicht:** ~~beregnenbar~~).

Die neu aufgelegte Staatsanleihe ist ab 1. Januar **zeichenbar** (**nicht:** ~~zeichnenbar~~).

Einige Adverbien können **durch das Suffix *-ig* zu Adjektiven** werden. Beispiele:

Adverb + Suffix	bald	**+ ig**	= bald**ig**
Tilgung von *-s*	damals	**+ ig**	= damal**ig**
Tilgung von *-e*	heute	**+ ig**	= heut**ig**

Tilgung von *-en*	morgen	**+ ig**	= morg**ig**

Weitere Beispiele: sofortig, dreimalig, jenseitig, rückwärtig, obig

173 Der *Imperator* beim *Diktat* – Suffixe lateinischen Ursprungs

Die deutsche Sprache enthält viele lateinische Suffixe, in der Regel zusammen mit einem Basiswort lateinischen Ursprungs. Die wichtigsten:

Suffix	Bedeutung des Suffixes	Beispiele
-abel	Adjektive auf *-abel* haben passive Bedeutung; sie sind von einem Verb auf *-ieren* abgeleitet.	akzept**abel** = kann akzeptiert werden, oper**abel** = kann operiert werden, transport**abel** = kann transportiert werden
-ar	Nomen auf *-ar* sind beauftragte Personen	Kommiss**ar**, Bibliothek**ar**, Justizi**ar**
-at	Nomen auf *-at* deuten auf einen Vorgang oder dessen Ergebnis hin.	Dikt**at**, Antiquari**at**, Telefon**at**
-ibel	Fähigkeit	flex**ibel**, sens**ibel**, fung**ibel**
-ium, -um	Mit dem Suffix *-ium* bzw. *-um* werden Nomen von Verben abgeleitet.	stud**ieren** → Stud**ium**, abstrah**ieren** → Abstrakt**um**, optim**ieren** → Optim**um**
-ion	Das Suffix *-ion* deutet auf den Verlauf einer Handlung hin.	Akt**ion**, Funkt**ion**, Injekt**ion**
-or	Das durch das Suffix *-or* entstandene Nomen hat eine aktive, handelnde Bedeutung.	Auktionat**or**, Akkumulat**or**, Imperat**or**, Navigat**or**, Ventilat**or**

-isieren	zu etw. verwandeln	atomis**ieren**, fanat**isieren**
	mit etw. versehen	automatis**ieren**, harmon**isieren**
-zid	Das Suffix *-zid* bedeutet Tötung.	Sui**zid**, Pesti**zid**, Insekti**zid**
-ant / -ent → Tipp unten	Nomen auf *-nt* haben aktive Bedeutung; sind Träger einer Handlung.	Ped**ant**, Produz**ent**, Ag**ent**, Inform**ant**, Inser**ent**
-and / -end → Tipp unten	Nomen auf *-nd* haben passive Bedeutung; sie sind Objekt einer Handlung.	Doktor**and**, Multiplik**and**, Inform**and**, Konfirm**and**
-us	Das Suffix *-us* bildet Nomen, die den Verlauf einer Handlung oder einen Zustand bezeichnen.	Habit**us**, Stat**us**, Exit**us**, Kurs**us**, Bon**us**, Gen**us**, Rhythm**us**, Ton**us**
-fizieren, -fikation	Die beiden Suffixe *-fizieren* und *-fikation* geben an, dass jemand oder etwas zu etw. gemacht wird.	identi**fizieren**, Identi**fikation**; quali**fizieren**, Quali**fikation**
-ieren	etw. mit dem Inhalt des Basiswortes versehen	intensiv**ieren**, optim**ieren**
-tät	Nominalbegriff einer Eigenschaft	Intimi**tät**, Anonymi**tät**, Agressivi**tät**, Produktivi**tät**

Die **Suffixe *-ant*** und ***-ent*** (siehe oben) signalisieren, dass es sich um **Personen** handelt, die etwas tun, also Träger einer Handlung sind. Beispiel: Ein Pedant ist jemand, der die Dinge übergenau erledigt. Ein Informant informiert andere. Ein Patient erträgt etwas geduldig. Dazu gehören auch Praktikant, Komödiant, Assistent, Dezernent.

Die **Suffixe *-end*** und ***-and*** zeigen an, dass die Person oder der Begriff **Objekt einer Handlung** ist, also etwas mit ihm geschieht. Ein Informand ist folglich jemand, der informiert wird. Ein Konfirmand ist ein

Jugendlicher, der konfirmiert werden soll. Zu diesen Wörtern gehören auch Korrigend, Promovend, Minuend, Proband, Summand, Maturand (schweizerisch für: Abiturient), Diplomand.

Die **Suffixe *-ation*** und ***-ierung*** liegen in ihrer Bedeutung eng beieinander.
Die mit diesen Suffixen gebildeten abstrakten Begriffe können deshalb weitgehend **ohne Bedeutungsunterschied** nebeneinander benutzt werden. Beispiel: Isolierung / Isolation: beide Wörter meinen sowohl den Vorgang als auch das Ergebnis des Isolierens.

Die Isolierung / Isolation der Gefangenen wurde aufgehoben.
Die Isolierung / Isolation der Heizleitungen war defekt.

Desgleichen: Konfrontierung / Konfrontation, Personifizierung / Personifikation, Realisierung / Realisation …

Bei einigen dieser Wortpaare jedoch besteht ein **Unterschied in der Bedeutung**. Es ist zum Beispiel ein Unterschied, ob man von einer Identifikation (Ergebnis des Identifizierens) oder einer Identifizierung (Vorgang des Identifizierens) spricht:

Die Identifikation mit dem Unternehmen, für das man arbeitet, ist wichtig für die Motivation bei der Arbeit.
Die Identifizierung der Leiche ist noch nicht abgeschlossen.

Weitere Beispiele, bei denen man aufpassen sollte:

Vorgang (was sich abspielt)	**Ergebnis** (was am Ende da ist)
Infizierung = Eindringen von Erregern in den Körper	Infektion = Krankheitsbild einer Entzündung

Kanalisierung =Bau von Kanalanlagen	Kanalisation = System der Abwasserleitungen
Reservierung = Aufbewahrung, Vormerkung, Zurückhalten für einen bestimmten Anlass oder einen späteren Kauf	Reservation = Vorbehalt, Verwahrung, Reservat
Sozialisierung = Verstaatlichung von privatem Eigentum	Sozialisation = Eingliederung in ein Sozialwesen / in die Gesellschaft

Ein *telegener Pessimist* – Suffixe griechischen Ursprungs 174

Griechische Wortbildungselemente, also auch Suffixe, finden sich in einer Vielzahl von Wörtern, insbesondere Fremdwörtern, die in den Wissenschaften, der Kunst und der Technik verwendet werden.

Hier eine Auswahl griechischer Suffixe:

Suffix	Bedeutung des Suffixes	Beispiele
-archie	Herrschaft	An**archie**, Mon**archie**
-ie, -ia	Endung eines abstrakten Nomens	Chem**ie**, Alex**ie**, Utop**ia**
-gen, -genese	entstanden aus, Entstehung	mono**gen**, Mono**genese**
-gen	für etwas geeignet	foto**gen**, tele**gen**
-gnose	Erkenntnis	Dia**gnose**, Pro**gnose**
-graf / graph	Aufzeichner	Tele**graf**, Bio**graf**, Foto**graf**
-grafie / graphie	Aufzeichnung	Bio**grafie**, Foto**grafie**

-ik	Beschaffenheit, Eigenschaft, Gesamtheit	Hekt**ik**, Dogmat**ik**, Idyll**ik**, Mim**ik**, Romant**ik**, Anglist**ik**
-ismus	(oft einseitige) geistige, kulturelle Ausrichtung	Ideal**ismus**, Extrem**ismus**, Militar**ismus**
-ist	Anhänger / Ausübender eines *-ismus*;	Militar**ist**, Optim**ist**, Bass**ist**, Individual**ist**
	daraus abgeleitete Adjektive werden mit dem Suffix *-isch* gebildet	pazif**istisch**, militar**istisch**, individual**istisch**
-itis	Entzündung	Arthr**itis**, Bronch**itis**
	etwas zu oft Benutztes	Telefon**itis**, Konjunkt**ivitis**
-lexie	Wort, Rede	Dys**lexie**, Para**lexie**
-loge, -login	Wissenschaftler(in)	Bio**loge**, Geo**login**
-logie	Wissenschaft	Archäo**logie**, Bio**logie**
-ma, -em, -om (Pluralendung: **-mata, -men, -me**)	Endung für von griechischen Verben abgeleitete Nomen	Asth**ma**, The**ma**, Graph**em**, Probl**em**, Idi**om**, Melan**om**
-nomie	Lehre von etwas	Astro**nomie**, Öko**nomie**
-ode	Geschehen	Meth**ode**, Epis**ode**, Peri**ode**
-ose	degenerative, chronische Erkrankung	Arthr**ose**, Skler**ose**, Osteopor**ose**
-phil(ie)	lieb, wert; Freundschaft	biblio**phil**, Anglo**philie**
-phob(ie)	etwas ablehnend, Schrecken	Klaustro**phobie**
-phon, fon	Ton, Schall, Stimme	Tele**fon**, Saxo**fon**
-soph(ie)	Weisheit	Philo**sophie**, Kosmo**sophie**
-skop(ie)	sehen, optisches Gerät	Stetho**skop**, Endo**skopie**
-thek	(Räumlichkeit für eine) Sammlung, Zusammenstellung	Biblio**thek**, Media**thek**, Spielo**thek**
-typ(ie)	Form, Schlag, Letter	Mono**typie**, stereo**typ**

° Wie werden Wörter zusammengesetzt? - die Komposition

TESTEN SIE IHR WISSEN

1 Damit Ihnen nicht langweilig wird ... : 176
... unterstreichen Sie hier bitte die richtige Form:

Aus lauter *Langerweile / Langeweile* begann er, sein Zimmer aufzuräumen.

2 Länderspiegel und Auslandsjournal : 176
Unterstreichen Sie die korrekte Form.

a) Ein bayrischer *Landmann / Landsmann* hat mir ganz deutlich erklärt, dass Schulpolitik *Landessache / Ländersache* ist.
b) Für ihre Koreareise hat sie nicht nur die *Ländersprache / Landessprache* gelernt, sondern sich auch *landeskundliche / länderkundliche* Kenntnisse angeeignet.

3 (Binde-)Stricheleien : 179
Welche Wörter schreibt man besser mit Bindestrich?

a) Kannbestimmung
b) Diplomatenwagenkolonne
c) Fitnesstraining
d) Steuervorteile
e) Sollbruchstelle
f) Kaffeepause
g) Teeernte
h) Möchtegerncasanova

4 Nur Mut! : 180
Unterstreichen Sie den richtigen Artikel.

a) *die / der* Edelmut
b) *die / der* Großmut
c) *die / der* Gleichmut
d) *die / der* Missmut

5 Seien Sie auch bei Adjektiven mutig!

180

Unterstreichen Sie die richtige Form.

a) kleinmütig / kleinmutig
b) schwermütig / schwermutig
c) unmütig / unmutig
d) wagemutig / wagemütig

6 Ins Blaue hinein

183

Unterstreichen Sie die richtige Schreibweise.

a) Sarah hat *graublaue / grau-blaue* Augen.
b) An der Grenze zu Bayern stehen *weißblaue / weiß-blaue* Grenzpfähle.
c) Sein Bluterguss schimmerte *blaurot / blau-rot*.
d) Er trug eine *rotblaue / rot-blaue* Krawatte.

7 Die Kunst der Fuge

185

Welche Wörter stehen mit, welche ohne Fugen-*s*? Unterstreichen Sie.

a) betriebsstörend / betriebstörend
b) Berufsstand / Berufstand
c) rechtsmäßig / rechtmäßig
d) Handelsstraße / Handelstraße
e) Glückssache / Glücksache
f) Essensmarke / Essenmarke

LÖSUNGEN

1 Langeweile • **2 a)** Landsmann, Ländersache **b)** Landessprache, landeskundliche • **3** a), b), e), g), h) • **4 a)** der, **b)** die, **c)** die / der, **d)** der • **5 a)** kleinmütig, **b)** schwermütig, **c)** unmutig, **d)** wagemutig • **6 a)** graublaue (Farbschattierung), **b)** weiß-blaue (zwei Farben unvermischt nebeneinander), **c)** blaurot (Farbmischung), **d)** rot-blaue (zwei Farben unvermischt nebeneinander) • **7 a)** betriebsstörend, **b)** Berufsstand, **c)** rechtmäßig, **d)** Handelsstraße, **e)** Glückssache, **f)** Essensmarke, Essenmarke

175 Was bedeutet eigentlich Komposition?

Unter Komposition (lat. *componere* = zusammensetzen) versteht man in der Sprachwissenschaft die Zusammensetzung von selbstständig vorkommenden Wörtern, die gemeinsam ein neues Wort bilden.

Zusammengesetzte Wörter, also **Komposita**, bestehen grundsätzlich aus einer linken und einer rechten Einheit.
Jedoch nur die rechte Einheit legt die grammatischen Eigenschaften des neuen Wortes fest. Es ist das **Basiswort** (Grundwort).
Die linke Einheit bestimmt das rechte Wort nur näher, verstärkt den Inhalt, schwächt ihn ab oder modifiziert ihn auf andere Weise. Daher spricht man hier auch von **Bestimmungswörtern**.

Die linke Einheit kann selbst auch ein zusammengesetztes Wort sein (→ R 177).

An das Basiswort können auch **Suffixe** (→ Kapitel „Suffixe", R 168 - 174) angehängt werden. Beispiel:

linke Einheit	**rechte Einheit**		**Wortart**
	Basiswort	**+ Suffix**	
	Freund		maskulines Nomen
	Freund-	**-in**	feminines Nomen
Kinder	freund		maskulines Nomen
Kindergarten	freund		maskulines Nomen
	Freund-	**-schaft**	feminines Nomen
	freund-	**-lich**	Adjektiv
un-	freund-	**-lich**	antonymes Adjektiv
be-	freund-	**-en**	Verb

Verwendet werden auch wortähnliche Elemente, die nur gebunden - also nicht selbstständig - in der Sprache vorkommen, sogenannte **Konfixe** (lat. *configere* = anheften) wie ***schwieger-, stief-, zimper-***.

→ siehe R 154

Nicht jede Zusammensetzung kann „logisch" aufgelöst werden nach dem Prinzip „Türschloss = Schloss einer Tür" oder „Bahnhofsvorplatz = Vorplatz eines Bahnhofs".
Wäre dies ein generelles Kompositionsprinzip, müssten Zusammensetzungen wie Lichtjahr, Kernkraftwerk oder gar Ladenpreis aus unseren Wörterbüchern gestrichen werden. Hier gilt der sprachliche Grundsatz, dass eine Zusammensetzung eine komplexe Bedeutung haben kann, die daraus resultiert, das ihre linke Einheit (das **Bestimmungswort**) **einer umfangreicheren syntaktischen Konstruktion entspricht**.

Bestimmungswörter stehen also nicht immer nur für einen bestimmten Gegenstand, der zu bezeichnen ist. Sie stehen in vielen Fällen zusammenfassend für so genannte syntaktische Fügungen aus Präposition + Nomen, Adjektiv + Nomen oder sogar für komplette (Neben-)Sätze.

Beispiele:

Zukunftshoffnung	= Hoffnung **auf die Zukunft**
Südfrucht	= Frucht **aus dem Süden**
Winterlandschaft	= **winterliche** Landschaft
Adventsstimmung	= **adventliche** Stimmung
Bisswunde	= Wunde, **die von einem Biss herrührt**
Verlustgeschäft	= Geschäft, **das ein Verlust ist**

Auch die bei Fachleuten verpönte Zusammensetzung **Stundenkilometer** ist von der Wortbildung her durchaus korrekt. Sie darf keineswegs aufgelöst werden als „Kilometer einer Stunde", denn hier steht die linke Einheit „Stunden-" für die syntaktische Konstruktion „(Kilometer,) die in einer Stunde bei gleicher Geschwindigkeit gefahren werden".

176 Der Hund hat *Bandwürmer* – Deklination der rechten Einheit

Bei zusammengesetzten Nomen dekliniert man nur die rechte Einheit, also das Basiswort, die **linke Einheit bleibt immer unverändert**:

Der Hund hat einen Bandwurm. Der Hund ist von **Bandwürmern** befallen.
(**Nicht:** ~~Bänderwürmer~~)

Es wird **immer nur die rechte Einheit dekliniert**, auch wenn links ein Adjektiv steht wie in Langeweile:

Aus lauter Langeweile (**nicht:** ~~Langerweile~~) schälten wir Kartoffeln.

Vergleichen Sie auch die beiden folgenden Beispiele:

Die **Hohe Straße** führt von der Goethe- zur Schillerstraße.
Ich wohne in der **Hohen Straße**.
(Hier wird das Adjektiv *hoch* dekliniert, weil der Straßenname aus zwei Wörtern besteht.)

Aber:
Die **Hohestraße** führt von der Goethe- zur Schillerstraße.
Ich wohne in der **Hohestraße**.
(ein zusammengesetztes Wort → nur die rechte Einheit wird dekliniert: *Straße*.)

Nicht immer jedoch steht das Bestimmungswort (linke Einheit) in der Grundform. Beispiel:

Landwirtschaft, Landmann, Landgut, Landhaus ...
Aber: Ländersache, Landessprache, Landsmann, Landeskunde, Länderkunde ...

→ siehe auch R 185 (Fugenelemente)

Verwechseln Sie nicht die Bedeutung der folgenden Wörter, die sehr ähnlich klingen:

Landmann (Plural: Landleute): veraltetes Wort für *Landwirt;*
aber: Landsmann: jemand, der aus demselben Land wie man selbst stammt

Landeskunde: ein Unterrichtsthema im Fremdsprachenunterricht;
aber: Länderkunde: weitergreifender als Landeskunde; ein Wissenschaftsfach

Die Semmelknödel oder die Semmelnknödeln?

Das Deklinationsverbot der linken Einheit gilt auch für das bayerische Wort *Semmelknödel*, auch wenn Karl Valentin anderer Meinung war: *„Semmelknödel sagt man zu EINEM – aber zu mehreren sagt man Semmelnknödeln. Semmel ist die Einzahl, das musst Ihnen merken, und Semmeln ist die Mehrzahl, das sind also mehrere einzelne zusammen. Die Semmelnknödeln werden aus Semmeln gemacht, also aus mehreren Semmeln; du kannst nie aus einer Semmel Semmelnknödeln machen. (...)“*
(zitiert nach Wikipedia)

177 *Pflaumenmusglas* und *Datenhandschuh* – links- und rechtsverzweigte Komposita

Wenn die linke oder die rechte Einheit eines zusammengesetzten Wortes aus zwei oder mehreren Teilen besteht, spricht man von **Verzweigung**.

Links verzweigt: Das Pflaumenmusglas ist zweifellos ein Glas, ebenso ist ein Pflaumenmusglas|deckel in jedem Fall ein Deckel. Da die linke Einheit jeweils aus mehreren Teilen besteht (*Pflaumen* + *Mus* → *Pflaumenmus* +

Glas), ist sie verzweigt. Die rechte Einheit besteht aus einem einzelnen Wort, nämlich *Deckel*.

Weitere Beispiele:
Blaumeisen|kasten, Schreibtisch|lampe, Sonnenschein|dauer …

Rechts verzweigt: Der Daten|handschuh ist dagegen keinesfalls ein *Schuh*, der zu einer *Datenhand* gehört, sondern ein *Handschuh*, der *Daten* steuert*. Hier ist also das Bestimmungswort (linke Einheit) ein Einzelwort, das Basiswort (rechte Einheit) ist verzweigt, besteht also aus mehreren Wörtern.

*Erläuterung: Durch die Bewegungen der Hand und der Finger werden Daten in einen Computer eingegeben, deren Auswirkungen der Benutzer im Datenhelm beobachten kann.

Weitere Beispiele: Betriebs|krankenkasse, Tisch|fußball, Wechselgeld|fach …

Eine Zusammensetzung kann **sowohl links- als auch rechtsverzweigt** sein. In dem Wort Edelstahlwalzwerk befindet sich die Hauptfuge zwischen *Edelstahl-* und *-walzwerk*, weil es sich um ein *Walzwerk* handelt, in dem *Edelstahl* verarbeitet wird; nicht etwa um ein *Stahlwalzwerk*, das besonders edel eingerichtet ist.

Links verzweigte Zusammensetzungen scheinen beliebter zu sein als rechtsverzweigte, weil die rechte Einheit so schön einfach und damit leicht verständlich ist:

Bei einer Armbanduhr handelt es sich um eine Uhr. Eine Strauchtomatensuppe ist in erster Linie eine Suppe, und niemand käme auf den Gedanken, darin eine Tomatensuppe zu sehen, die man am Strauch zu suchen hätte. Ebenso abwegig wäre es anzunehmen, ein Bärlauchpesto wäre ein Lauchpesto, das von Bären bevorzugt wird.

Die Nomen Elektrorasenmäher und Lehrlingswerkstück sind da schon komplizierter, denn hier handelt es sich um rechtsverzweigte Begriffe. Die rechte

Einheit besteht aus zwei Teilen: *Rasen* + *Mäher*. Es ist also ein Rasenmäher, der elektrisch betrieben wird. Entsprechend ist ein Lehrlingswerkstück ein Werkstück (*Werk* + *Stück*), das von einem Lehrling hergestellt wird.

Die Verzweigung ist nicht immer auf Anhieb eindeutig zu klären.

Was z. B. ist das Nationalparkhaus, das in der norddeutschen Stadt Husum steht? Handelt es sich um ein nationales Parkhaus? Oder doch eher um ein Haus, das mit einem Nationalpark zu tun hat? Letzteres ist der Fall, weshalb man im norddeutschen Städtchen Husum die Schreibung NationalparkHaus vorfindet.

Ist eine Diplomatenwagenkolonne eine Kolonne aus Diplomatenwagen oder eine Wagenkolonne, die Diplomaten befördert?

Wenn Sie in Ihren Texten bei unübersichtlichen Komposita für **Eindeutigkeit** sorgen wollen, greifen Sie zur **Schreibung mit Bindestrich**. Schreiben Sie also:

Die Diplomatenwagen**-**Kolonne setzte sich langsam in Bewegung.

Noch besser ist es, wenn Sie eine unübersichtliche Zusammensetzung auflösen:

Die Wagenkolonne mit den Diplomaten setzte sich in Bewegung.

Aber übertreiben Sie's nicht. **Bei übersichtlichen Komposita** sollte man **auf den Bindestrich verzichten** – auch wenn man vor allem in der Werbung inzwischen häufig leider den anderen Trend feststellt. Also:

Kaffeehaus (nicht: ~~Kaffee-Haus~~)
Fitnesstraining (nicht: ~~Fitness-Training~~)
Messeaktion (nicht: ~~Messe-Aktion~~)
Steuervorteile (nicht: ~~Steuer-Vorteile~~)

→ siehe R 65 und 66 (Bindestrich)

178 *Magerquark* gegen *Doppelkinn* – Nomen verbinden sich mit Adjektiven

Die Adjektive in solchen Verbindungen behalten meist ihren attributiven Charakter, das heißt, das **Adjektiv** als erster Teil des Kompositums **beschreibt** lediglich die Beschaffenheit, **die Eigenschaft des nachfolgenden Nomens**. So bedeutet Altbau, dass der Bau alt ist. Ein Magerquark ist ein Quark, der besonders wenig Fett enthält. Eine Tiefgarage ist eine Garage, die tief, also im Boden liegt.

Nicht immer jedoch ist auf Anhieb der attributive Aspekt der Adjektive zu erkennen, weil es sich um **übertragene Bedeutungen** handelt. Einige Beispiele:

Süßholz (raspeln)	schmeichelnde Worte (sagen); das Holz bleibt Holz.
Schwarzmarkt	illegaler Handelsplatz; der Markt bleibt ein Markt.
Weißbuch	„weißes" Buch; Dokumentensammlung zu einer Vorgehensweise; das Buch bleibt ein Buch.

Bei anderen Zusammensetzungen ist etwas völlig anderes gemeint, als das Basiswort vermuten lässt. Dabei entstehen oft sehr **bildhafte, metaphernartige Wörter**:

Rotschwanz	nicht nur ein roter Schwanz, sondern ein Singvogel mit roten Schwanzfedern
Blaubart	kein blauer Bart, sondern der Name eines Frauenmörders, nach einem französischen Märchen
Langfinger	kein langer Finger, sondern ein Mensch, der gewohnheitsmäßig stiehlt
Schlaukopf	intelligenter Mensch

Die Begleitumstände des Istzustands – Verben hängen sich vor Nomen

179

Häufig haben aus Verb + Nomen zusammengesetzte Nomen **aktiven Charakter**:

Ein Folgeschaden ist ein Schaden, der auf einen anderen folgt.
Ein Rollcontainer ist ein Container, der rollen kann.
Ein Gefrierschrank friert Lebensmittel ein.

Weitere Beispiele:
Kehrmaschine, Spülwagen, Schließmuskel …

Andere Wörter dieser Art bezeichnen **passive Vorgänge**:

Ein Schreibtisch ist ein Tisch an dem geschrieben wird, der aber nicht selbst schreibt.
Ein Warteraum ist ein Raum in dem gewartet wird.

Ähnliches gilt für Speisewagen, Liegestuhl, Hörgerät, Schweigeminute, Liefertermin …

Im Allgemeinen verwendet man die Verbstämme, um sie mit Nomen zu verbinden:

stehen → **Steh**café, **sitz**en → **Sitz**möbel, **rasier**en → **Rasier**spiegel …

Oft wird das **Fugenelement -e-** eingefügt:

Bind**e**mittel, Les**e**buch, Häng**e**partie, Wag**e**mut, Färb**e**mittel …

→ R 185 (Fugenelemente)

Bei **Modal- und Hilfsverben** werden statt des Verbstamms häufig konjugierte Verbformen für Zusammensetzungen verwendet:

der Istbestand, die Iststärke, die Kannbestimmung, die Kannvorschrift, der Möchtegernrennfahrer, die Mussvorgabe, die Mussanforderung, der Sollbestand, die Sollbruchstelle …

Diese Wörter kann man der besseren Lesbarkeit wegen mit Bindestrich schreiben:

die Kann-Bestimmung, die Soll-Bruchstelle ...

180 *Die* oder *der Langmut*? – Nomen auf *-mut* mal männlich, mal weiblich

Zusammensetzungen mit ***-mut*** haben entweder **männliches oder weibliches** Geschlecht. Diese scheinbare Unregelmäßigkeit ist wortgeschichtlich bedingt. Nomen mit weiblichem Genus sind nicht selbst als Nomen entstanden, sondern in der Regel aus entsprechenden Adjektiven rückgebildet worden. In einigen Fällen ist der heutige Wortgebrauch an spätere Bedeutungen eines Adjektivs angelehnt worden und dadurch sozusagen im Nachhinein eine Rückbildung entstanden.

männlich	weiblich
der Edelmut, der Frohmut, der Gleichmut (selten: die Gleichmut), der Hochmut, der Kleinmut, der Missmut, der Übermut, der Unmut, der Wagemut, der Wankelmut ...	die Anmut, die Demut, die Großmut, die Langmut, die Sanftmut, die Schwermut, die Wehmut ...

Bei den **Adjektiven** heißt es übrigens manchmal ***-mutig***, aber meistens ***-mütig***:

-mütig:	-mutig
demütig, edelmütig, einmütig, gleichmütig, großmütig, hochmütig, kleinmütig, langmütig, sanftmütig, schwermütig, übermütig, wankelmütig ...	anmutig, missmutig, unmutig, wagemutig ...

181

Stocknüchtern eislaufen – Zusammengesetzte Adjektive und Verben

Bei Adjektiven und Verben gilt entsprechend wie bei anderen Komposita: Ist das Basiswort, also das Wort rechts, ein Adjektiv, bleibt das ganze Kompositum ein Adjektiv. Ist das Basiswort ein Verb, bleibt auch das Kompositum ein Verb.

Erster Wortteil (Bestimmungswort)	**Adjektiv**	**Verb**
Nomen	zuckersüß, blutarm	eislaufen, katzbuckeln, standhalten
Adjektiv	böswillig, dickflüssig	schönreden, großschreiben
Verb	lerneifrig, laufruhig	kennenlernen, schwingschleifen
Adverb	immergrün, nimmersatt	gernhaben, entgegenkommen
Numerale (Zahlwort)	viertelvoll	vierteilen
Präposition	überreif, hinterhältig	untertreiben, beisetzen

! Bedenken Sie, dass alle **Adjektive und Verben** auch **zu Nomen** (nominalisiert, substantiviert) werden können. Dann schreibt man sie groß, obwohl sie manchmal gar kein Nomen enthalten:

das Dickflüssige, das Entgegenkommen, ein ganz Hinterhältiger, beim ersten Kennenlernen ...

182 *Kopfüber*, aber nicht Land unter - komponierte Adverbien

Es gibt einige Adverbien, die durch Zusammensetzung anderer Wortarten mit Präpositionen entstanden sind. Beispiele:

-über: darüber, herüber, hierüber, hinüber, kopfüber, querüber, tagsüber, vornüber ...

-unter: dahinunter, herunter, hierunter, hinunter, kopfunter, mitunter, worunter ...

-auf: bergauf, hellauf, hierauf, landauf, vollauf, wohlauf ...

-gegen: dagegen, dahingegen, hingegen, wo(hin)gegen, zugegen ...

-bei: anbei, dabei, herbei, hierbei, nahebei, nebenbei, vorbei ...

183 *Weißgrau* ist noch lange nicht *weiß-blau* - zusammengesetzte Farbadjektive

Zusammengesetzte Adjektive wie grauweiß drücken Farbabstufungen aus.

Im Hintergrund sah man eine **grauweiße** Wand.

Grauweiß bedeutet hier: Die Wand ist im Grunde weiß, aber auch gleichzeitig grau, vielleicht weil sie schmutzig geworden ist. Sie ist nicht reinweiß.

Sarah hat **graugrüne** Augen.
→ Sarahs Augen sind grün, aber das Grün hat etwas Graues an sich, sodass sich eine Farbschattierung ergibt.

Der Bluterguss an seinem Arm schimmerte **blaurot**.
→ Farbmischung aus Blau und Rot

In solchen Fällen erfolgt **immer Zusammenschreibung**.

→ siehe auch R 16 (zusammengesetzte Adjektive)

Bei weiß-blau ist die Sache anders. Es handelt sich um zwei verschiedene, unvermischte Farben, die nebeneinander auftreten:

An der Grenze zu Bayern stehen **weiß-blaue** Grenzpfähle.
→ Die Grenzpfähle tragen also nebeneinander die Farben Weiß und Blau.

Zebras tragen ein **schwarz-weißes** Fell.
→ Das Fell ist sowohl schwarz als auch weiß, beide Farben sind nebeneinander vorhanden, also nicht gemischt.

Er trug eine **blau-rote** Krawatte.
→ Die Krawatte besteht aus blauen und roten Farbelementen.

! Machen Sie bei Adjektiven durch **Zusammenschreibung oder Bindestrichschreibung** klar, was Sie meinen.

Wenn Sie aber immer auf der sicheren Seite sein wollen, schreiben Sie zusammen, denn das ist erlaubt. Schwarz-weiß-Fernseher ist richtig, Schwarzweißfernseher auch.

Bei umfangreicheren Zusammensetzungen sollten Sie die Schreibung mit Bindestrichen wählen, schon um der besseren Lesbarkeit willen:

Sein **grün-weiß-schwarzes** Kabrio fiel sofort auf.

***Ruckzuck* im *Holterdiepolter* – Reduplikation** 184

Man spricht von Reduplikation (lat. *reduplicare* = verdoppeln), wenn durch **Wiederholung eines Wortes ein neues Wort gebildet** wird. Solche Wörter sind manchmal bewusste Anlehnungen an die **Kindersprache** oder gehören der gehobenen Umgangssprache an. Zuweilen sind sie aber auch hochsprachlich akzeptiert; in vielen Fällen ist eine abwertende Bedeutung nicht zu übersehen.

Häufig erfolgt in Reduplikativa ein **Vokalwechsel von *i* zu *a***:

pl**i**tschpl**a**tsch, z**i**ckz**a**ck, M**i**schm**a**sch, Kr**i**mskr**a**ms, R**i**tscher**a**tsche, W**i**rrw**a**rr, Z**i**lpz**a**lp (ein Singvogel) ...

Deutlich ist an diesen Beispielen, dass sie **lautmalende Elemente** haben. Im Falle des *Zilpzalps* z. B. ahmt das Wort den Ruf des Vogels nach.

In anderen Fällen findet ein **Konsonantenwechsel** am Beginn des wiederholten Wortes statt:

Ramba**z**amba, **Sch**icki**m**icki, **r**uck**z**uck ...

Es gibt aber auch Beispiele, bei denen die Wiederholung **unverändert** bleibt:

Mau-Mau (ein Kartenspiel), Dumdum (Geschoss), Blabla (Gerede) ...

Jede Wiederholung der **Verwandtschaftsbezeichnung *ur-*** wie in Urururenkel hat eine eigene Bedeutung, denn jedes *ur-* meint eine weitere Generation. Der Urururenkel ist also drei Generationen vom entsprechenden Großvater entfernt.

185 *Schafskälte* ist nicht *sonnenwarm* – Welche Fugenelemente gibt es und was bedeuten sie?

Unter Fugenelementen versteht man **Buchstaben, die an der Stelle eingefügt werden, wo Wörter zusammengesetzt sind**. Diese Elemente sind ohne eigene Bedeutung und beeinflussen die Bedeutung der beteiligten Wörter nicht.

Das am häufigsten verwendete Fugenelement ist das **-s-**, z. B. in:

Schaf**s**kälte, gebrauch**s**fertig, Staat**s**raison

Dieses sogenannten **Fugen-s** ist sprachhistorisch aus dem Genitiv-s der starken männlichen und sächlichen Nomen hervorgegangen (*Königskrone* = des Königs Krone, *Schafsmilch* = Milch des Schafs). Fest ist dieses Fugenelement **nach linken Einheiten** (Bestimmungswörtern), **die mit den Suffixen *-heit, -ling, -keit, -schaft, -tum, -ung, -ion, -(i)tät* enden**:

wahrheit**s**gemäß, Frühling**s**anfang, Dankbarkeit**s**bezeugung, Vaterschaft**s**klage, Eigentum**s**wohnung, bedeutung**s**los, Passion**s**blume, Stabilität**s**prüfung ...

Kein Fugen-*s* haben einsilbige weibliche Nomen als Bestimmungswörter (Nachtstunde, Jagdpächter), die meisten männlichen Nomen auf ***-er*** (Fleischerladen, Fahrersitz) sowie die weiblichen Nomen auf ***-er*** und ***-el*** (Leberschaden, Federhalter; Angelschnur, Nadelöhr).

Bei vielen Bestimmungswörtern stehen auch Formen **mit und ohne Fugen-*s*** nebeneinander (Auftragsannahme, Auftraggeber; Werk[s]feuerwehr). Wer hier Zweifel hat, ob eine Zusammensetzung mit oder ohne das Fugenelement ***s*** üblich ist oder wer eine neue Zusammensetzung bildet, sollte in einem Wörterbuch nachschlagen, ob es analoge Bildungen gibt, nach denen man sich richten kann.

Weitere Fugenelemente:

-e-: Lieg**e**stuhl, Anleg**e**stelle, Lös**e**geld ...
-es-: Tag**es**mutter, spaß**es**halber, Grab**es**ruhe ...
-n-: Sonne**n**wärme, Pfanne**n**gericht, linie**n**treu, elfe**n**gleich, Breite**n**sport ...
-o-: kommt bei Fremdwörtern griechischen Ursprungs vor: Therm**o**meter, End**o**skop, Gramm**o**phon ...
-t-: hoffen**t**lich, gelegen**t**lich, versehen**t**lich ..., aber: morgen**d**lich

In Wörtern wie Ärztekalender, Gästeliste, Pferdesalbe, Männermagazin, tagelang gelten die linken Einheiten als Pluralbildungen. Hier liegen also keine Fugenelemente vor. Diese Lesart wird auch durch die Umlautungen nahegelegt.

Wenn das Basiswort mit einem *s* beginnt, wird die Frage, ob ein Fugen-*s* steht oder nicht, besonders wichtig, weil man das *s* nicht immer heraushören kann. Achten Sie deshalb bei den folgenden Wörtern darauf, dass Sie keinen Buchstaben zu viel oder zu wenig schreiben:

Immer ohne Fugen-*s*:	**Immer mit Fugen-*s*:**
betriebstörend, Geschmacksache geschmackvoll / -los, Glückwunschkarte, liebevoll, Liebediener(in), rechtmäßig, rechtgläubig, Mehrwertsteuer ...	Beruf**s**stand, beruf**s**los, Betrieb**s**störung, Ansicht**s**sache, geschmack**s**neutral, Hilf**s**sheriff, Glück**s**sache, Glück**s**spiel, Handel**s**spanne, Handel**s**straße, Willen**s**-stärke, liebe**s**toll, Liebe**s**szene, Recht**s**staat, Übung**s**stück, Verkehr**s**steuer, Vertrauen**s**-sache ...

Aber hier haben Sie die freie Wahl: Bezug**(s)**schein, Bezug**(s)**stoff, Betrieb**(s)**stätte, Einkommen**(s)**steuer, Essen**(s)**marke, Grunderwerb**(s)**steuer (Amtlich werden die verschiedenen Steuerarten aber stets ohne Fugen-*s* geschrieben.)

Bei der **lateinischen Silbe *trans*** (= hinüber, hindurch) stehen **immer zwei *s***, wenn das Basiswort mit einem *s* beginnt, da die Silbe *trans* eben auf *s* endet:

Tran**s**silvanien, Tran**s**sibirische Eisenbahn, Tran**s**sexualität ...

186 Als *Bräutigam* noch ledig? - Einzeln vorkommende Worteinheiten

Manche Zusammensetzungen enthalten Elemente, die man heute nicht mehr kennt, weil sie nur noch in einzelnen Wörtern vorkommen, aber ansonsten ausgestorben sind.

Beispiel Nachtigall: Das Wort besteht aus den Elementen *Nacht - i - gall*. Das *i* ist ein altes Fugenelement, *-gall* bedeutet Sänger, abgeleitet vom mittelhochdeutschen Wort *galen* = singen. Also handelt es sich um einen Singvogel, der in der Nacht singt.

Hier eine kleine Auswahl weiterer Beispiele:

Zusammensetzung	Wurzel
Bräuti**gam**	althochdeutsch *gomo*: Mann
Brombeere	mittelhochdeutsch *bromo*: Dornenstrauch
Bahn**gleis**	althochdeutsch *leisa*: Wagenspur
Sintflut	germanisch *sin*: groß, immerwährend, umfassend
ent**led**igen	althochdeutsch *lid*: Teil
Schornstein	althochdeutsch *scorren*: herausragen

Zur **Entwicklung der deutschen Sprache**: Sie beginnt mit dem Indogermanischen, aus dem bis ca. 500 vor Christus das Germanische entstand. Mit Beginn der Völkerwanderung (375 n. Chr.) geriet die germanische Welt in Unordnung.

Nachdem die Völker ihre neue Heimat gefunden hatten, gab es auch eine neue Sprache: das **Althochdeutsche** (ca. 800 - 1100 n. Chr.). Die **mittelhochdeutsche** Zeit ging einher mit dem Mittelalter (ca. 1100 - 1600 n. Chr.).

Mit Martin Luthers Bibelübersetzung und der Ausbreitung der Reformation, dann auch der Erfindung des Buchdrucks durch Johannes Gutenberg entstand das **Neuhochdeutsche**, das - mit immer wieder neuen Veränderungen - auch jetzt noch die Grundlage der heutigen deutschen Sprache ist.

Was sind Anglizismen und wie geht man mit ihnen um?

TESTEN SIE IHR WISSEN

1 Unser tägliches Englisch ...

188

Unterstreichen Sie die richtige Bedeutung:

1. E-Commerce: a) Eillieferung
   b) elektronischer Handel
   c) Europakommune
2. CD: a) Central Data
   b) Cash Deal
   c) Compact Disc
3. updaten a) aktivieren
   b) akzeptieren
   c) aktualisieren

2 Perfect Englisch required

189

Kennen Sie die englischen Entsprechungen für diese „deutschen" Begriffe? Unterstreichen Sie die korrekte Form.

1. Showmaster: a) host
   b) Master of Ceremonies
   c) show maker
2. Handy: a) handphone
   b) mobile phone
   c) handshaking
3. Chef a) manager
   b) boss
   c) director

3 Wo Deutsch draufsteht, ist nicht immer Deutsch drin

:· 190

Unterstreichen Sie die im folgenden Text versteckten Anglizismen und „übersetzen" Sie sie.

Es machte nach unserer Einschätzung durchaus Sinn, wenn die Geschäftsleitung in Zukunft ihre Entscheidungen frühzeitiger kommunizieren würde. In 2009 ist das so nicht wirklich gehandhabt worden, und einmal mehr müssen wir befürchten, dass sich hieran so schnell nichts ändern wird.

4 Wer solche Freunde hat ...

:· 191

... hat „falsche Freunde", zumindest sprachlich. Denn:

a) ein *Briefcase* ist keine Brieftasche, sondern

b) *Cornflakes* sind keine Körnerflocken, sondern

c) *Silicon* bedeutet im Englischen nicht Silikon, sondern

LÖSUNGEN

1 1 b), 2 c), 3 c) • **2** 1 a), 2 b), 3 b) • **3** *Es machte* nach unserer Einschätzung durchaus *Sinn* = **Es wäre ... sinnvoll**, wenn die Geschäftsleitung in Zukunft ihre Entscheidungen frühzeitiger *kommunizieren* = **bekannt geben** würde. *In 2009* = **Im Jahr 2009** ist das so *nicht wirklich* = **nicht richtig / gar nicht** gehandhabt worden, und *einmal mehr* = **wiederum** müssen wir befürchten, dass sich hieran so schnell nichts ändern wird. • **4 a)** eine Aktentasche (Brieftasche = *wallet*), **b)** werden aus Mais hergestellt (*corn* = Mais), **c)** Silizium (chem. Element; Silikon = *silicone*)

187 Was sind denn eigentlich Anglizismen?

Unter Anglizismen versteht man Wörter oder Phrasen, die aus dem Englischen in die deutsche Sprache übernommen werden. Dies kann durch den direkten Gebrauch des englischen Wortes geschehen oder durch Lehnübersetzung oder Lehnübertragung (→ R 190). Anglizismen sind in fast allen Lebensbereichen vertreten, besonders in den Sparten

- Computer/ EDV: User, E-Mail, Internet, surfen, chatten, downloaden ...
- Medien: News, Late-Night-Show, Talkshow, Casting, zappen ...
- Sport: Trainer, Team, Match, Fan, joggen, skaten, biken, walken ...
- Gesellschaft: Mobbing, Loser, Event, High Society ...
- Wirtschaft: Manager, Outsourcing, E-Commerce, Jobsharing ...
- Jugendsprache: cool, chillen, cringe ...

Anglizismen in der deutschen Sprache – Wohltat oder Übel?

Der Einzug englischer Wörter in andere Sprachen bedeutet nicht unbedingt etwas Negatives, sondern kann eine Sprache (und zwar nicht nur die deutsche!) bereichern. Aber es wird problematisch, wenn englische Wörter nicht mehr gleichrangig neben deutschen stehen, sondern die deutschen Begriffe verdrängen. Deshalb sehen manche Kritiker die deutsche Sprache in Gefahr. Außerdem wird die Kommunikation zumindest erschwert, wenn die Menschen eines Sprachgebietes unterschiedlich sprechen, wenn z. B. Alt und Jung einander fremd werden, weil die Jungen einen schwer verständlichen Deutsch-Englisch-Mix (auch das Wort *Mix* ist ein Anglizismus!) bevorzugen.

Auch die Fachsprache wird zusehends von englischen Wörtern durchsetzt. Eine Fachdozentin für Marketing sagte einmal zu ihren Studenten während einer ihrer Vorlesungen: „*Der Consumer ist heutzutage so low-involved, dass es schon eines Reminders bedarf, um die Brandawareness zu gewährleisten.*“ Wäre es da nicht sinnvoller, das Seminar ganz auf Englisch zu halten?

Killer oder *Bodyguard*? – Welche Abweichungen muss man beim Gebrauch englischer Wörter beachten? 188

Die einfachste Form des Anglizismus ist die **direkte Übernahme englischer Wörter** in die deutsche Sprache. Häufig gibt es keine zwingende Notwendigkeit für einen solchen Vorgang, weil sehr wohl deutsche Entsprechungen für solche Wörter zur Verfügung stehen. Trotzdem greifen deutsche Sprecher und Schreiber gerne zu Anglizismen, vielleicht, weil sie oft kürzer sind.

Wenn man englische Wörter im Deutschen benutzt, muss man einige Regeln beachten:

- **Groß- und Kleinschreibung**: Englische Nomen schreibt man groß:
  der **A**irbag, das **M**eeting, die **N**o-**F**uture-**G**eneration ...
  Verben, Adjektive und andere schreibt man klein:
  chillen, **c**hecken, **c**ool, **l**ive ...
- **Pluralbildung**: Meistens wird ein ***s*** angehängt:
  die Caravan**s**, die Coach**s** (engl. coaches), die Team**s**, die CD**s** (Compact Discs) ...
  Das gilt auch für Nomen auf *-y*:
  die Bod**ys**, die Gull**ys** ...
  Bei Nomen auf *-er* entfällt eine Pluralendung:
  die Flyer, die Loser, die Surfer, die Trainer, die Broker ...
- **Genitiv-*s***: In der Regel wird an männliche und sächliche Nomen ein ***s*** ohne Apostroph angehängt:
  des Bodygard**s**, des Drink**s**, des Flop**s**, des Hearing**s**, des Cover**s** ...
  Bei weiblichen Nomen entfällt das *s*:
  die Konsistenz der Cream, die Thronrede der Queen ...
  Bei manchen Begriffen kann das Genitiv-*s* entfallen:
  des Casting**(s)**, des Go-in**(s)**, Sit-in**(s)**, Facelifting**(s)** ...
  Bei Wörtern, die auf einen *s*-Laut enden, entfällt das Genitiv-*s*:
  des Service, des E-Commerce, des Space ...

Zur Konjugation eingedeutschter englischer Verben → siehe R 52
→ siehe auch R 28 (Infinitiv mit *zu*), R 163 (Partizip Perfekt) sowie R 105 (Plural bei Fremdwörtern)
→ siehe auch R 125 (starke und schwache Verben)

Schreibung mit Bindestrich:

- Substantive, die aus **Verb + Partikel** gebildet sind, schreibt man mit großem Anfangsbuchstaben und Bindestrich:
  das Check-in, das Make-up, das Drive-in-Restaurant ...
  Zusammenschreibung ähnlicher Begriffe ist dann erlaubt, wenn die Lesbarkeit gewährleistet ist:
  das Back-up / Backup, das Come-back / Comeback, der Knock-out-Sieg / Knockoutsieg (Kurzform: K.-o.-Sieg) ...
- Zusammensetzungen aus **Nomen + Nomen** werden zwar zusammengeschrieben, aber auch die Schreibung mit Bindestrich ist zur Verdeutlichung der Bestandteile möglich:
  das Desktop-Facelift / Desktopfacelift, das Release-Center / Releasecenter, die Science-Fiction / Sciencefiction ...

Kleine Auswahl englischer Wörter, die fast unverändert im Deutschen benutzt werden:

Anglizismus	Bedeutung	deutsche Entsprechung
Airbag, der		Aufprallkissen
Bodyguard, der		Leibwächter
Boom, der	plötzliche starke Nachfrage	Hochkonjunktur
canceln	z. B. einen Flug absagen	streichen, annullieren
checken		kontrollieren, aber auch verstehen
Coach, der	Trainer	Berater, Betreuer

Controller, der	Sachbearbeiter für Kostenrechnung,	Finanzplaner, Revisor;
	Steuer-, Regeleinrichtung	Regler, Steuergerät
Cover, das	Deckel, Abdeckung	Titelseite; Tonträgerhülle
Cream, die		Creme, Salbe, Sahne
Cup, der	Wettkampf, Siegestrophäe	Pokal
Drink, der		Getränk
Flop, der	Sache, die keinen Anklang findet	Misserfolg
Flyer, der		Flugblatt, Handzettel
Headphones, die		Kopfhörer
Hearing, das	öffentl. Befragung von Experten	Anhörung
Hightech, das/die	Kunstwort: high style technologie	Spitzentechnologie
live	zeitgleiche Übertragung, original	direkt, persönlich
Master, der	akademischer Grad	Magister (lateinisch)
Meeting, das		Gesprächsrunde
Mix, der		Mischung
mobben	jdn. beruflich benachteiligen	schikanieren, intrigieren
Model, das		Mannequin, Fotomodell
Monster, das		Ungeheuer, Scheusal
Outdoor, das	Freizeitsport im Freien	Freiluftsport
Party, die		private Feier
Safe, der		Geldschrank
Service, der	Kundenbetreuung	Kundendienst

Set, das / der	1. das Set: zusammengehörende Gegenstände	Serie, Garnitur
	2. das Set: Deckchen unterm Gedeck	Platzdeckchen
	3. der Set: Szenerie der Filmaufnahme	Drehort
Shop, der		Laden, Geschäft
Song, der		Lied
Spoiler, der	„Störklappe"	Luftleitblech
sponsern	zu Werbezwecken finanziell unterstützen	materiell fördern
Stunt, der	akrobatische Aktion im Film	Sensationsdarsteller
Ticket, das		Eintrittskarte
Trend, der	erkennbare Entwicklungsrichtung	Entwicklung

189 *topfit* mit *Handy* – Welche Wörter sind gar kein echtes Englisch?

Einige Wörter haben sich im Deutschen angesiedelt, die im Englischen entweder gar nicht existieren oder eine andere oder engere Bedeutung haben. Hier die häufigsten:

Scheinanglizismus	**Bedeutung im Deutschen**	**Bedeutung im Englischen bzw. englische Entsprechung**
Beamer, der	digitaler Projektor	*data projector*
Body, der	einteiliges, eng anliegendes Wäschestück	*bodysuit* (*body* allein bedeutet *Körper*)

checken	verstehen (im Sinne von *prüfen* gibt es allerdings das entsprechende englische Verb to check)	*understand*
CityNightLine, der/die	Nachtreisezug	*night train*
Flipper, der	elektronisches Spielgerät mit Kugeln	*pinball machine*
Fotoshooting, das	professioneller Fototermin	*photo shoot, photo session*
Funsport, der	spaßbringende Sportart	(existiert nicht)
Handy, das	Mobiltelefon	*mobile phone, cellphone*
Hometrainer, der	Fitnessgerät, Ergometer	*fitness machine, exercise machine*
Pullunder, der	ärmelloser Pullover	*tank top*
Service Point, der	Auskunftsschalter	*information desk*
Showmaster, der	Moderator einer Show	*show host*
Spleen, der	Marotte, Eigenheit	*strange habit*
Talkmaster, der	Leiter einer Talkshow	*talk show host*
topfit	körperlich leistungsfähig	*in a good shape*

nicht wirklich *gefeuert* – aus dem Englischen übersetzt

190

Manchmal werden Wörter oder Phrasen aus dem Englischen direkt und wortgetreu ins Deutsche übersetzt und verändern so die ursprüngliche Bedeutung der herkömmlichen deutschen Wörter. Dann spricht man von einer **Lehnübersetzung**:

Wegen seiner ständigen privaten Telefongespräche während der Arbeitszeit wurde er fristlos **gefeuert**.

Gemeint ist, er wurde unverzüglich aus dem Arbeitsverhältnis entlassen. Das englische Verb *to fire* wird durch *feuern* exakt übersetzt.

Übersetzungen, die nicht ganz wörtlich vorgenommen werden, nennt man **Lehnübertragung**:

Frankfurt ist die Stadt der **Wolkenkratzer**.

Das englische Ausgangswort lautet *skyscraper*. *To scrape* heißt zwar *kratzen*, aber *sky* bedeutet Himmel. Die genaue Übersetzung wäre also *Himmelskratzer* und nicht *Wolkenkratzer*; deshalb spricht man hier von einer Lehnübertragung.

Weitere Beispiele von Lehnübersetzungen und Lehnübertragungen:

Anglizismus	Kommentar
Ich **erinnere** (engl.: *to remember something*) die Besprechung von voriger Woche noch sehr gut.	Die transitive Form verwendet man im Deutschen nur in Bezug auf Personen: *jemanden an etwas erinnern*. Im Deutschen gilt sonst immer noch nur *sich* ***an*** *etwas erinnern* als korrekt.
Das letzte Mal trafen wir uns **in 2005.**	Im Deutschen braucht man das Wort *in* vor der Jahreszahl nicht: ... *trafen wir uns 2005*. Oder man sagt *im Jahr 2005*.
Du hast die Vokabeln **nicht wirklich** (engl. *not really*) gelernt.	Die Phrase schwächt die direkte Verneinung mit *nicht* ab. Mögliche Alternativen: *nicht richtig, gar nicht*
Es würde **Sinn machen** (engl.: *to make sense*), schnellstens nach Hause zurückzukehren.	Mögliche Alternativen: *Es wäre sinnvoll* oder *es hätte Sinn*
Der Punkt ist (engl.: *to make a point*), dass wir sie schon einmal abgemahnt haben.	Die Bedeutung von *point* = Argument steht im Vordergrund. Alternative: umformulieren: *Wir haben sie ...*

Unser Chef **kommunizierte** (von engl. *to communicate something*) seine Einwände sehr deutlich.	Hier werden die Verben *mitteilen, bekanntgeben* durch das Fremdwort ersetzt, das nun transitiv verwendet wird. Bisher war im Deutschen das Verb *kommunizieren* nur in der Wendung *miteinander kommunizieren* gebräuchlich.
Das Spiel fand am späten Abend unter **Flutlicht** (von engl. *floodlight*) statt.	Lehnübersetzung
Wird ein Dateisystem unsachgemäß behandelt, endet dies häufig in **Datenkorruption** (engl.: *data corruption*).	Damit meint man einen partiellen Datenverlust. *Korruption* bedeutet im Deutschen *Bestechung, Bestechlichkeit*, die hier nicht vorliegt.
Ohne moderne **Datenverarbeitung** (von engl. *data processing*) kann man heute keinen Betrieb mehr führen.	Lehnübersetzung

Besser falsche Freunde als gar keine? - Missverständliche englische Wörter

191

Manche Wörter englischen Ursprungs werden im Deutschen falsch verwendet, weil sie deutschen Wörtern ähnlich sehen. Aber sie haben eine andere Bedeutung. Man nennt sie deshalb **false friends** – falsche Freunde. Beispiel:

Ein Controller ist in der Wirtschaftssprache kein Kontrolleur, sondern jemand, der für Kostenkalkulation und -planung zuständig ist.

Einige weitere Begriffe, die zuweilen in der deutschen Sprache benutzt werden:

all day	Ein *All Day English Breakfast* ist kein alltägliches Frühstück, sondern eines, das den ganzen Tag über serviert wird (z. B. auf den britischen Kanalfähren)

brand	Man spricht von *Brand* oder *Branding*, wenn man Markennamen meint oder ihre Entwicklung. Mit Feuer hat es insofern zu tun, als das englische *brand* es auch *Brandzeichen* heißt.
briefcase	Ein *Briefcase* ist eine Aktentasche, aber keine Brieftasche. Die heißt auf Englisch *wallet*.
Bush Administration	Darunter versteht man die Regierung des Präsidenten Bush. Sonst bedeutet *administration* unter anderem *Behörde*, *Verwaltung*.
checken	*Checken* heißt im Englischen nur *kontrollieren*, aber niemals *verstehen*, *kapieren*.
Chef	Ein *Chef* ist im englischen Sprachgebrauch ein Koch oder Küchenchef im Restaurant. Ein Chef im deutschen Sinne, also ein Vorgesetzter, ist im Englischen ein *boss*.
Congress	Das ist kein beliebiger Kongress, sondern das US-amerikanische Parlament.
Cornflakes	*Cornflakes* sind keine Getreide- oder Körnerflocken, sondern werden aus Mais hergestellt; *corn* ist die englische Bezeichnung für *Mais*. Ein *Getreidekorn* ist ein *grain*. Übrigens: Der *Korn*, den man trinkt, heißt auf Englisch *corn schnapps*.
dome	Ein *Dome* ist eine Kuppel wie der Kölner Musical Dome, nicht zu verwechseln mit dem Kölner Dom, einer Kathedrale.
engaged	*Engaged* kann leicht mit *engagiert* verwechselt werden, bedeutet aber *verlobt*. Es wird auch benutzt, um zu sagen, wenn gerade eine Telefonleitung besetzt ist: *The line is engaged*. Wenn man engagiert ist, sagt man im Englischen *committed* oder *involved in*.
figures	*Figures* sind nicht in erster Linie Figuren, sondern Zahlen, technische Daten, Umsätze etc.
gift	Das Wort taucht in der Formulierung *Free Gift* auf und bedeutet *Werbegeschenk*. Garantiert nicht giftig!
gym(nasium)	Mit *gym(nasium)* ist im Englischen eine Turn- oder Gymnastikhalle gemeint, kein Gymnasium im Sinne von *Oberschule*.

handy	Das „deutsche“ *Handy* heißt im Englischen *mobile phone* oder *cell(ular) phone*. Im Englischen ist *handy* ein Adjektiv und bedeutet *handlich, praktisch*.
High School	Die *High School* in den USA ist eine Sekundarschule ab Klasse 7, keinesfalls eine Hochschule oder Universität (diese heißen *college, university*) Man lässt den Begriff am besten unübersetzt.
old-timer	Mit *Old-timer* meint man einen älteren Menschen, einen „alten Hasen“. Ein *Oldtimer* als Auto nennt man *vintage car*.
stadium	Ein *stadium* ist ein Sportstadion. Das *Stadium* im Sinne von *Entwicklungsphase* heißt auf Englisch *stage* oder *state*.
sensible	Das englische *sensible* bedeutet *bewusst* oder *vernünftig*, aber nicht empfindsam, feinfühlig. Das deutsche Wort *sensibel* bedeutet im Englischen *sensitive*.
silicon	*Silicon* bedeutet *Silizium*. Das ist ein chemisches Element, das man zur Herstellung von Computerchips benötigt (→ *Silicon Valley*). Das deutsche *Silikon* (englisch: *silicone*), das unter anderem auch Silizium enthält, sollte damit nicht verwechselt werden.
Undertaker	Ein *Undertaker* ist zwar ein Unternehmer, aber einer der besonderen Art, nämlich ein *Bestatter*.
Warehouse Warehousing	Unter *warehouse* versteht man im Englischen ein Warenlager oder Lagerhaus. Der Begriff wird vor allem im Zusammenhang mit Daten verwendet: *Data-Warehousing* ist der Gesamtprozess der Datenbeschaffung, Verwaltung und Auswertung.
Website	Der Begriff *website* umfasst den gesamten Inhalt, der unter einer URL abgelegt ist. Das englische Wort *site* bedeutet *Ort, Stelle*, aber nicht *Seite*. Die *Website* besteht meist aus mehreren Seiten, die man *pages* nennt.

° Wörter, die das Gegenteil ausdrücken: Antonyme

TESTEN SIE IHR WISSEN

1 Gegenteiliges

:· 194

Kennen Sie die Antonyme (Gegenteile) zu folgenden Wörtern?

a) Teilnahme: ____________________

b) hoch: ____________________

c) reaktionär: ____________________

2 Feine Unterschiede

:· 195

Bilden Sie die Antonyme zu folgenden Wörtern.

a) Stille: ____________________

b) Absicht: ____________________

c) fundiert: ____________________

3 Umgekehrt wird auch ein Schuh daraus

:· 196

Bilden Sie mit Hilfe einer Vorsilbe das Gegenteil dieser Wörter:

a) eskalieren: ____________________

b) These: ____________________

c) Ladung: ____________________

d) aktiv: ____________________

e) relevant: ____________________

f) Wirkung: ____________________

g) günstig: ____________________

h) möglich: ____________________

i) mobil: ____________________

4 Tendenziell trivial

197

Bringen Sie hier kompetent Licht ins Antonymendunkel und nennen Sie die möglichen Gegenbildungen.

a) absolut: ______

b) kompetent: ______

c) tendenziell: ______

d) tendenziös: ______

e) trivial: ______

f) ideell: ______

g) real: ______

h) profan: ______

LÖSUNGEN

1 a) Abwesenheit, Gleichgültigkeit, **b)** tief, niedrig, **c)** aufgeschlossen, modern • **2 a)** Lärm, Geräusch, Gerede, **b)** Versehen, Unachtsamkeit, **c)** grundlos, unbegründet, oberflächlich • **3 a) de**eskalieren, **b) Anti**these, **c) Ent**ladung, **d) in**aktiv, **e) ir**relevant, **f) Gegen**wirkung, **g) un**günstig, **miss**günstig, **h) un**möglich, **i) im**mobil • **4 a)** bedingt, relativ, **b)** inkompetent, unfähig, nicht zuständig, **c)** nicht entwicklungsmäßig, gegenläufig, **d)** objektiv, unvoreingenommen, **e)** ausgefallen, tiefgründig, **f)** materiell, stofflich, **g)** irreal, unwirklich, **h)** religiös, kirchlich, bemerkenswert

192 Was sind eigentlich Antonyme?

Unter einem Antonym (aus dem Griechischen: *Gegenwort*) versteht man das Gegenteil zu einem vorliegenden Begriff. Gegensätze sind ein ständiger Bestandteil sprachlichen Denkens, denn **durch sein Gegenteil gewinnen viele Begriffe erst ihre Bedeutung**. Das Wort Reichtum wäre völlig ohne seine soziale Dimension, wenn es nicht auch Armut gäbe, die den Menschen an die Grenzen seiner Existenz drängen kann.

193 *Anfang* und *Ende* – einfache Gegensatzpaare

Manche Wörter haben kein Gegenteil, weil sie konkrete Sachen bezeichnen wie *Stuhl*, *Uhr* und *Computer*. Antonyme gibt es in der Regel für **abstrakte Nomen** (Liebe - Hass), Adjektive (richtig - falsch), **Verben** (frieren - schwitzen), **Adverbien** (immer - nie) und **Präpositionen** (mit - ohne).

Weitere Beispiele:

Stärke	- Schwäche	Licht	- Dunkel	Stille	- Lärm
dick	- dünn	wahr	- unwahr	stark	- schwach
öffnen	- schließen	lieben	- hassen	starten	- landen
selten	- oft	herein	- hinaus	nur	- auch
auf	- unter	vor	- hinter	nahe	- fern

194 *Dick* und *dünn* oder *mager*? – Antonyme von Bedeutungsvarianten

Bei genauerem Hinsehen wird deutlich, dass Wörter oft in unterschiedlichen Zusammenhängen und mit unterschiedlichen **Bedeutungsvarianten** verwendet werden. In solchen Fällen gibt es nicht nur ein Antonym, sondern mindestens eines für jede Bedeutungsvariante. Beispiele:

Begriff	Antonyme
Teilnahme	
Die Teilnahme ist verbindlich.	Die *Abwesenheit* wird vermerkt.
Seine (An)Teilnahme war sehr tröstlich.	Seine *Gleichgültigkeit* ist empörend.
Seine Teilnahme grenzt an Begeisterung.	Seine *Interesselosigkeit* stört uns.
warten	
Wir warten schon lange auf dich.	Wir *sind in Eile* und brechen auf.
Sie warten den Fahrstuhl halbjährlich.	Sie *vernachlässigen* den Fahrstuhl seit Jahren.
dick	
ein dicke Scheibe Wurst	eine *dünne* Scheibe Wurst
ein dicker Mensch	ein *schlanker, magerer, hagerer* Mensch
eine dicke Suppe	eine *dünne, wässrige* Suppe
ein dickes Auto, ein dicker Scheck	ein *kleines* Auto, ein *kleiner* Scheck
dick auftragen (angeben, wichtig tun)	*sich zurückhalten*
dickfellig	*dünnhäutig*

Bei den Adjektiven ***hoch, tief*** und ***groß*** und ihren Antonymen hat man manchmal **mehrere Möglichkeiten** zur Auswahl, aber nicht immer sind alle richtig:

eine **hohe / große** Zahl von Einbrüchen	eine **niedrige / geringe** (**nicht:** ~~tiefe~~) Zahl von Verbrechen
eine **hohe / große** Anzahl von Besuchern	eine **kleine / geringe** (**nicht:** ~~niedrige~~) Anzahl von Gästen
1000 ist eine **höhere / größere** Zahl als 999. **Aber nur:** 1001 ist **größer** als 1000.	999 ist eine **niedrigere / kleinere** Zahl als 1000. **Aber nur:** 1000 ist **kleiner** als 1001.

ein **hoher** Preis, ein **Höchst**preis	ein niedriger (**nicht:** ~~tiefer~~) Preis, **aber:** ein **Tiefst**preis
Altbauten mit **hohen** Räumen / Decken	Neubauten mit **niedriger / geringer** (**nicht:** ~~niedere, tiefen~~) Raumhöhe Wohnungen mit **niedrigen** (**nicht:** ~~niedere, tiefen~~) Decken
ein **hoher** Wasserstand	ein **niedriger** (**nicht:** ~~tiefer~~) Wasserstand
ein **hohes** Niveau	ein **niedriges** (**nicht:** ~~flaches~~) Niveau
eine **hohe** (**nicht:** ~~heiße~~) Temperatur	bei **niedrigen / tiefen** (**nicht:** ~~kalten~~) Temperaturen
ein **hoher / großer** Anteil	ein **geringer / kleiner** (**nicht:** ~~niedriger~~) Anteil
ein **hoher** (**nicht:** ~~großer~~) (Geld-)Einsatz beim Pokern, **aber:** ein **Groß**einsatz der Feuerwehr	ein **niedriger / geringer** (Geld-) Einsatz beim Pokern, **aber:** ein **Klein**einsatz der Polizei
flaches (**nicht:** ~~niedriges~~) Wasser	**tiefes** Wasser
eine **flache** Diskussion	eine **tiefgehende / intensive** (**nicht:** ~~tiefe~~) Diskussion
ein **großer** (**nicht:** ~~hoher~~) Erfolg	ein **kleiner** Erfolg, **aber:** mit **geringem** Erfolg

(!) Verwechseln Sie nicht **die beiden Adjektive *niedrig* und *niedere(r)***.

Das Adjektiv ***niedere(r)*** wird im Sinne von *sozial benachteiligt* oder *ethisch verwerflich* benutzt, z. B.:

Ernährungsprobleme treten in sozial **niederen** Schichten häufiger auf.
Er handelte aus **niederen** Motiven.

Halb leer oder *halb voll*? – Verschiedene Arten von Antonymen

195

Man unterscheidet bei Antonymen drei verschiedene Arten:

Graduelle Antonymie:

Dabei handelt es sich um **Gegensatzpaare, die Abstufungen zulassen**, z. B. das Paar laut und leise. Abstufungen wären hier *geräuschvoll* und *gedämpft*. Man kann diese Wörter durch verneinende Präfixe **nicht in ihr Gegenteil verkehren**: *unlaut* und *unleise* sind nicht üblich. Weitere Beispiele:

Gegensatzpaare	Abstufungen
Hitze – Kälte	Wärme, Kühle
Helligkeit – Dunkelheit	Dämmerung, Finsternis
stark – schwach	kräftig, matt
schnell – langsam	rasant, zügig, gemächlich
Absicht – Versehen	Unachtsamkeit, Gedankenlosigkeit

Inkompatibilität (Unvereinbarkeit):

Begriffe, die **gleichrangig** einem Oberbegriff untergeordnet sind, **schließen sich gegenseitig aus**. Eiche, Buche, Linde, Erle gehören unter den Oberbegriff Baum und sind deshalb antonym. Eine *Eiche* kann eben keine *Buche* sein.

Konverse (umgekehrte) und reverse (gegenläufige) Relation:

Konverse Wörter meinen ein und denselben Ablauf, betrachten diesen aber **aus verschiedenen Perspektiven**. Z. B. bezeichnen Import und Export beide den Transfer von Gütern von einem Land in ein anderes, betrachten den Vorgang aber aus verschiedenen Blickwinkeln.

Ebenso:
Eingang – Ausgang,

Enklave (fremdstaatliches Gebiet im eigenen Land) – Exklave (heimatstaatliches Gebiet in einem fremden Land),
hineingehen – herauskommen,
halb leer – halb voll ...

Revers ist ein Wortpaar, wenn die genannten **Vorgänge gegenläufig** sind: einatmen – ausatmen.

Ebenso:
ankleiden – auskleiden
beachten – verachten
sichern – entsichern ...

196 *un-, miss-, anti-, in- / im-, gegen-, ent-*: Präfixe schaffen Antonyme

Die meisten Antonyme werden im Deutschen durch **verneinende Präfixe** gebildet. Aus Frieden wird **Un**frieden, aus Klang wird **Miss**klang, aus These wird **Anti**these, aus human wird **in**human, aus Wind wird **Gegen**wind und aus erben wird **ent**erben. Weitere Beispiele:

Präfix	Begriff	Antonym
un-	gerecht, Art, fähig, dicht, Geist, Tiefe	ungerecht, Unart, unfähig, undicht, Ungeist, Untiefe (→ Tipp in R 164)
miss-	handeln, Griff, Erfolg, Täter, Management	misshandeln, Missgriff, Misserfolg, Missetäter, Missmanagement
anti-	Körper, Held, kritisch	Antikörper, Antiheld, antikritisch
in-, im-	direkt, mobil, Perfekt	indirekt, immobil, Imperfekt
gegen-	Angriff, rechnen, Wirkung, lesen	Gegenangriff, gegenrechnen, Gegenwirkung, gegenlesen
ent-	ehren, gehen, sagen	entehren, entgehen, entsagen

→ siehe auch R 163 (Partizip Perfekt)

! Das **Präfix *ent-*** drückt **nicht immer das Gegenteil** des Basiswortes aus:

- *ent-* als Verstärkung des Basiswortes: entleeren, entblößen, entfernen ...
- *ent-* als Ausdruck der Entfernung von etwas: enteilen, entlaufen, entschweben ...
- *ent-* als Ausdruck der Herauslösung aus etwas: entnehmen, entreißen ...
- *ent-* als Befreiung von etwas: entgräten, entlausen, entfärben, entfallen ...

→ vgl. R 159 (Präfixe bei Verben)

Manchmal wird bei einem Wort das Präfix **gegen ein negierendes** (verneinendes, hier: gegensätzliches) **Präfix ausgetauscht**:

Gefallen	↔	Missfallen	Sympathie	↔	Antipathie
Vertrauen	↔	Misstrauen	Beachtung	↔	Missachtung
beseelt	↔	entseelt	exhalieren	↔	inhalieren
sich verloben	↔	sich entloben			

Schwierige Antonympaare 197

Einzelnen Wörtern ein eindeutiges Antonym zuzuordnen ist nicht immer möglich, weil Bedeutungsvarianten andere Antonyme erfordern (→ vgl. R194). Besonders bei **Fremdwörtern** ergeben sich Schwierigkeiten. Die folgende Übersicht versucht, ein wenig Licht ins Dunkel zu bringen.

Begriff	Bedeutung	Antonym
absolut	völlig, unbedingt	bedingt, relativ
emotional	gefühlsbetont, gefühlsmäßig	rational, objektiv
explizit	ausdrücklich, entschieden	implizit, einschließlich
fundiert	begründet, kundig	grundlos, oberflächlich
heterogen	nicht gleichartig	homogen, übereinstimmend
ideal	allen Vorstellungen entsprechend	real, tatsächlich
ideell	geistig, nicht materiell	materiell, stofflich
kompatibel	miteinander vereinbar	inkompatibel, unvereinbar
kompetent	maßgebend, befugt, fähig	inkompetent, nicht zuständig, unfähig
methodisch	durchdacht, planvoll	chaotisch, planlos
morbid	brüchig, morsch, krank	gesund, intakt, stabil
optional	fakultativ, nicht zwingend	zwingend
partiell	teilweise, nicht ganz	völlig, lückenlos, total
permanent	andauernd, unentwegt	gelegentlich, zeitweilig, mit Unterbrechung, sporadisch
profan	irdisch, weltlich, alltäglich	religiös, kirchlich; bemerkenswert
profund	erschöpfend, umfassend	oberflächlich, unbedeutend
reaktionär	fortschrittsfeindlich	aufgeschlossen, modern
real	wirklich, an der Wirklichkeit orientiert	irreal, unwirklich
relevant	wesentlich, wichtig	irrelevant, bedeutungslos
renitent	trotzig, widerspenstig	brav, schüchtern
tendenziös	befangen, unsachlich, parteiisch	objektiv, unvoreingenommen
trivial	alltäglich, gewöhnlich	ausgefallen, tiefgründig

→ vgl. R 198 und 199

Die häufigsten Stolperfallen bei der Wortwahl

TESTEN SIE IHR WISSEN

1 Wenn die Apparatur aus der Rüschenbluse raus ist ...

198

... dann sind Sie – in eine Stolperfalle geraten. Richtig heißt es nämlich „Appretur". Stolpern Sie jetzt nicht bei folgenden Beispielen und unterstreichen Sie das richtige Wort.

a) Er hat zum Thema Sex vor der Ehe eine sehr *dedizierte / dezidierte* Meinung.
b) Sie zeigt ihrem Freund gegenüber ein ziemlich *inkonsistentes / inkontinentes* Verhalten.
c) Die Professorin ist eine *Konifere / Koryphäe* auf dem Gebiet der Fehlerlinguistik.
d) Rübezahl ist eine *mystische / mythische / mysteriöse* Gestalt des Riesengebirges.

2 Abrufbare Fähigkeiten

200

Unterstreichen Sie die richtige Wortform.

a) Sie war in ihrer Meinung nicht *beeinflussfähig / beeinflussbar.*
b) Er stieß einen kaum *zitierfähigen / zitierbaren* Fluch aus.
c) Das Tiefenruder war ausgefallen und somit das U-Boot nicht mehr *steuerfähig / steuerbar.*

3 Erscheinungen

203

Unterstreichen Sie die richtige Verbform.

a) Seine Situation *erschien / schien* hoffnungslos zu sein.
b) Es *erscheint / scheint* notwendig, dass hier Korrekturen vorgenommen werden.
c) Seine Situation *erschien / schien* hoffnungslos.

4 Gewohnheitssache

205

Unterstreichen Sie die richtige Wortform.

a) Er ist das Treppensteigen nicht *gewohnt / gewöhnt*.
b) Wir sind schon daran *gewohnt / gewöhnt*, dass er immer zu spät kommt.
c) Sie ist als Mutter von drei Kindern *gewohnt / gewöhnt*, Stress zu haben.

5 Bares in Scheinen

206

Unterstreichen Sie in diesen Zusammensetzungen die richtige Wortform.

a) Sie wohnt noch nicht lange hier und hat *anscheinend / scheinbar* auch keine Verwandten in der Stadt.
b) Der verdeckte Ermittler ging *anscheinend / scheinbar* auf das Angebot des Dealers ein.
c) Die Sonne dreht sich *anscheinend / scheinbar* um die Erde

6 Das war schon immer so

207

Unterstreichen Sie die falschen Wörter bzw. Wortfügungen. Wie muss es richtig heißen?

a) Meines Erachtens nach ist es dafür noch nicht zu spät.
b) Nachts, insbesonders wenn es regnet, fahre ich nicht gern Auto.
c) Seit alters her findet an diesem Tag ein Festumzug statt.

LÖSUNGEN:

1 a) dezidierte **b)** inkonsistentes, **c)** Koryphäe, **d)** mythische • **2 a)** beeinflussbar, **b)** zitierfähigen / zitierbaren, **c)** steuerbar • **3 a)** schien, **b)** erscheint / scheint, **c)** erschien / schien • **4 a)** gewohnt, **b)** gewöhnt, **c)** gewohnt • **5 a)** anscheinend, **b)** scheinbar, **c)** scheinbar • **6) a)** Meines Erachtens ~~nach~~ / Meiner Meinung nach, **b)** ~~insbesonders~~ insbesondere / besonders, **c)** Seit alters ~~her~~ / Von alters her

198 Ein *Restaurator* beim *Restaurateur* – Wörter mit ähnlichem Aussehen, aber unterschiedlicher Bedeutung

Viele Wörter sehen sich sehr ähnlich und werden deshalb leicht verwechselt. In der folgenden Übersicht finden Sie die häufigsten „Stolperpaare".

abstrus – *verworren, absonderlich* ein abstruser Gedanke	**absurd** – *widersinnig, abwegig* absurdes Theater
dediziert – *gewidmet, geweiht* ein dediziertes Buch	**dezidiert** – *entschieden, entschlossen* eine dezidierte Meinung
effektiv – *tatsächlich; wirksam* effektiver Zins; eine effektive Trainingsmethode	**effizient** – *erfolgreich im Verhältnis zu den eingesetzten Mitteln, wirtschaftlich, leistungsfähig* eine effiziente Arbeitsweise
ethnisch – *die Sprache und Kultur eines Volkes betreffend* verschiedene ethnische Gruppen	**ethisch** – *sittlich, moralisch* hohe ethische Ansprüche
der Fond – *Rücksitz im Auto; Bratensaft* im Fond des Taxis ein würziger Rinderfond	**der Fonds** – *Geldreserve, Vermögensanlage* ein Fonds zur Schuldentilgung
formal – äußerlich, die Form betreffend ein formal korrektes Schreiben	**formell** – *förmlich, der Form entsprechend* eine formelle Entschuldigung
die Geisel – *Gefangene/-r* fünf wohlbehaltene Geiseln	**die Geißel** – *Peitsche, Plage* die Geißel der Armut
der / das Grad – *Maßeinheit* fünf Grad Celsius	**der Grat** – *scharfer Bergrücken* der verschneite Südwestgrat

Hypertonie – *erhöhter Druck* unter Hypertonie (Bluthochdruck) leiden	**Hypotonie** – *verringerter Druck* unter Hypotonie (niedrigem Blutdruck) leiden → R 166
ideal – *bestmöglich* Der Zeitpunkt ist ideal für den Umzug.	**ideell** – *gedanklich, geistig* Die Vase hat nur noch ideellen Wert.
real – *wirklich vorhanden* ein Versuch unter realen Bedingungen	**reell** – *ehrlich, echt* Unser Chef ist ein reeller Mensch.
Koryphäe – *Könner in seinem Fach* Er ist eine Koryphäe auf seinem Gebiet.	**Konifere** – *Nadelholzgewächs* Die Weißtanne gehört zu den Koniferen.
legal – *dem Gesetz gemäß* legale Steuertricks	**legitim** – *vertretbar, berechtigt* ein legitimer Anspruch
materiell – *an Dingen und Gütern orientiert* der materielle Wert von Gütern	**materialistisch** – *auf materiellen Vorteil bedacht* eine materialistische Einstellung

mystisch – *geheimnisvoll* eine mystische Geschichte	**mysteriös** – *rätselhaft, dunkel* ein mysteriöser Vorfall	**mythisch** – *zur Sagenwelt gehörend* die mythische Dichtung

Mistel – *Schmarotzerpflanze an Bäumen*	**Mispel** – *Kernobstgehölz*
Myrre / Myrrhe – *Baumharz, das als Räuchermittel verwendet wird*	**Myrte** – *immergrüner Strauch*

niedrig – *klein, flach; in geringer Höhe; zahlenmäßig gering, wenig* niedrige Schuhabsätze	**nieder** – *von geringem Rang; wenig entwickelt* niedere Gesinnung → Tipp in R 194
original – *echt, ursprünglich* original irischer Whisky (*original* wird nicht dekliniert.)	**originell** – *einzigartig; schöpferisch* ein origineller Einfall
Präsens – *eine Zeitform*	**Präsenz** – *Anwesenheit*
rational – *vernunftgemäß, vernünftig* ein rational handelnder Mensch	**rationell** – *wirtschaftlich, zweckmäßig* eine rationelle Arbeitsmethode
Referenz – *Empfehlung, Bezugnahme* gute Referenzen vorweisen können	**Reverenz** – *Ehrerbietung* seine Reverenz erweisen
Restaurator – *stellt alte Kunstwerke wieder her*	**Restaurateur** – (veraltet:) *Besitzer eines Restaurants*
spezial – *veraltet für „speziell“* (*spezial* wird nicht dekliniert)	**speziell** – *von besonderer Art* Wir alle haben unsere speziellen Interessen.
das Teil – *Stück eines Ganzen mit einer gewissen Selbstständigkeit* ein fehlendes Maschinenteil	**der Teil** – *Teil eines Ganzen* der vordere Teil des Hauses → R 103
tendenziell – *der Tendenz nach* eine tendenzielle Verbesserung	**tendenziös** – *befangen, einseitig* eine tendenziöse Berichterstattung
wohlgesinnt – *entgegenkommend, freundlich gesinnt* ein wohlgesinnter Mensch	**wohlgesonnen** – umgangssprachlich für *wohlgesinnt*; ursprünglich gab es dieses Wort nicht. Die Bedeutung ist dieselbe.

Wörter - *einzelne Wörter* ein Satz mit fünf Wörtern	**Worte** - *gehobener Ausdruck für ganze Sätze* deutliche Worte sprechen

Wenn Sie die Wörter ***Sprichwort*** **und** ***Stichwort*** **in den Plural setzen**, müssen Sie aufpassen:

Es gibt Sprich**wörter**, die man nicht befolgen sollte. (Nur eine Pluralform!)

Er schaute kurz auf seine Stich**worte** und hielt dann seine Rede. (Diese Pluralform können Sie verwenden, wenn sie einen größeren Zusammenhang repräsentiert.)

Das Verzeichnis der Stich**wörter** befindet sich am Ende des Buches. (Diese Form des Plurals verwenden Sie am besten, wenn es sich um eine alphabetische Anordnung ohne inneren Zusammenhang handelt.)

Profan, aber nicht *banal* - Wörter, die Ähnliches, aber nicht dasselbe bedeuten

199

Manche Wörter sehen völlig unterschiedlich aus, aber sie haben ähnliche Bedeutung. Dennoch sollte man sie, eben weil sie nicht ganz dasselbe bedeuten, gut unterscheiden, damit man sie richtig einsetzt:

Antitranspirant - hemmt oder verhindert die Schweißbildung

Deodorant - wirkt gegen Körpergeruch

autark – wirtschaftlich unabhängig: ein autarker Staat

autonom – selbstständig, politisch unabhängig, nach eigenen Gesetzen lebend: eine autonome Gruppe von Menschen

konsequent – folgerichtig, logisch; entschlossen, beharrlich: eine konsequente Erziehung

logisch – folgerichtig: ein logischer Gedanke

stringent – zwingend: ein stringentes Verhalten

banal – inhaltslos, alltäglich: eine banale Angelegenheit

profan – alltäglich; weltlich (nicht religiös): profane Architektur (↔ sakrale Architektur)

trivial – oberflächlich, anspruchslos, seicht: triviale Unterhaltung

ironisch – leicht spöttisch

sarkastisch – mit beißendem Spott

zynisch – verächtlich, verletzend spöttisch

der gleiche – identisch in der Art: das gleiche Auto fahren wie der Nachbar

derselbe – identisch: dasselbe Auto, das neulich vor der Einfahrt stand → R 208

verständig – klug, einsichtig: sich verständig zeigen

verständlich – akustisch oder inhaltlich verstehbar: in verständlichen Worten schreiben

verstehbar – verstandesmäßig erfassbar: eine nur schwer verstehbare Erklärung

Kleckern in feinen Abstufungen

Eine Frau, ihr ehemaliger und ihr aktueller Lebenspartner sitzen gemeinsam im Restaurant. Beim Essen bekleckert sich die Frau mit Soße. Der aktuelle Lebenspartner kommentiert diesen Vorfall ironisch: „Die Farbe der Soße passt beinahe zur Farbe deiner Bluse." Der ehemalige Lebenspartner fügt sarkastisch hinzu: „Du hast schon immer akribisch dein Essen nach der Farbe deiner Bluse gewählt." Und die Frau entgegnet beiden zynisch: „Die motorischen Fähigkeiten des Mannes reichen oft nicht einmal zu sabberfreiem Bierverzehr. Aber zum Glück lassen sich die Bierflecken auf euren Unterhemden immer restlos entfernen."

Nicht der Gleitschirm ist *lenkfähig*, sein Lenker muss es sein! – Bedenkliche Adjektivbildungen mit *-fähig* 200

Eine Brücke kann tragfähig, ein Insekt schwimmfähig, ein Beschluss mehrheitsfähig und eine Truppe kampffähig, eine Arbeitnehmerin wieder arbeitsfähig, ein Politiker manchmal lernfähig sein. Das Adjektiv ***fähig*** bedeutet nämlich, dass jemand oder etwas in der Lage ist, etwas zu tun oder die Voraussetzungen für etwas erfüllt. Dementsprechend haben Zusammensetzungen mit ***-fähig*** aktivischen Sinn. Erstglieder solcher Zusammensetzungen sind Verbstämme.

Dieser Stoff ist sehr strapazierfähig.
Margarine bleibt auch gekühlt streichfähig.

Ebenfalls aktivische Bedeutung haben mit ***-fähig*** gebildete Adjektive, deren erster Bestandteil ein Verbalsubstantiv (= ein Nomen, das von einem Verb abgeleitet wurde) ist. Sie drücken aus, dass jemand oder etwas für etwas geeignet ist oder sich in einem Zustand befindet, der etwas Bestimmtes gestattet:

Die Patientin ist nicht transportfähig.
Die Zeugin liegt im Krankenhaus und ist noch nicht vernehmungsfähig.

Der Schneepflug steht einsatzfähig im Hof.
Diese Sonderausgaben erkennt das Finanzamt als abzugsfähig an.

In diesen Fällen hat *-fähig* seine Bedeutung als eigenständiges Adjektiv verloren und hat die Rolle eines Suffixes angenommen, es wird als ***Suffixoid*** (oder: ***Affixoid***) verwendet. Manchmal tritt es dann auch in Konkurrenz zum **Suffix *-bar***:

ein strapazierfähiger / strapazierbarer Stoff
ein nicht zitierbarer / zitierfähiger Fluch

Bei manchen Zusammensetzungen mit ***-fähig*** liegt aber eine Verwechslung von Aktiv und Passiv vor: ein lenkfähiger Gleitschirm kann nicht selbst lenken, sondern kann gelenkt werden, ist also lenkbar. Hier darf die dem Suffix *-bar* innewohnende passivische Bedeutung nicht mit dem Suffixoid (= ein Wort, das wie ein Suffix benutzt wird) *-fähig* ausgedrückt werden. Dies gilt auch z. B. für beeinflussbar (nicht: ~~beeinflussfähig~~), lieferbar (nicht: ~~lieferfähig~~) oder verwechselbar (nicht: ~~verwechslungsfähig~~).
In vielen Fällen ist es stilistisch besser, statt der möglichen Bildungen mit *-fähig* Adjektive auf *-bar* oder Alternativen zu verwenden.

Seien Sie vorsichtig, wenn Sie **Zusammensetzungen mit *-fähig*** verwenden. Prüfen Sie, ob sich nicht ein anderes Wort oder eine Umschreibung finden lässt, die besser ausdrückt, was Sie meinen. Es lohnt sich in den meisten Fällen.

Zusammensetzung mit -fähig	bessere Alternative
abzugs**fähig**	absetzbar, abziehbar
beihilfe**fähig**	anrechenbar
einsatz**fähig**	einsatzbereit
genehmigungs**fähig**	kann genehmigt werden
publikations**fähig**	publizierbar

transfer**fähig**	verkäuflich, transferierbar
vernehmungs**fähig**	kann vernommen werden (vernehmungsfähig sollte der Beamte sein.)
zitier**fähig**	zitierbar

→ siehe auch R 172 (Suffixe für Adjektive)

201 *Was für einen* Wein möchten Sie trinken? – *Einen guten!* – Problemfall *was für ein / welcher*

Der Frager hat mit Sicherheit etwas anderes hören wollen, aber die Antwort auf die Frage „Was für einen Wein möchten Sie trinken?" lautet eben „Einen guten" oder „Einen preiswerten". Man könnte natürlich auch antworten „Einen französischen", „Einen trockenen Weißwein", „Einen leichten Rotwein" oder „Einen aus der Pfalz". Mit der Fügung ***was für ein*** wird nämlich nach **der Art oder der Beschaffenheit** einer Sache oder auch eines Wesens gefragt. Man erwartet als Antwort also **eine Auswahl aus der jeweiligen Art oder Gattung**:

Was für einen Wein möchten Sie trinken? – Einen halbtrockenen Weißwein.
Was für ein Kleid möchtest du dir kaufen? – Ein Abendkleid.
Was für eine Partei wählt er wohl? – So wie ich ihn einschätze, eine konservative.
Was für ein Modell würden Sie mir empfehlen? – Das mit der höheren Umdrehungszahl.
Was für eine Lehrerin ist das? – Eine strenge.
In was für Filmen hat sie mitgespielt? – Meistens in Krimis.

Wenn man nach einer ganz bestimmten Sache oder nach einem ganz bestimmten Wesen fragt, also die Antwort **eine konkrete Auswahl aus einer bestimmten Art oder Menge** darstellt, wird das Fragepronomen ***welcher, welche, welches*** benutzt:

Welches Kleid (= welches von diesen Kleidern hier) soll ich anziehen? - Das bunte, das macht dich jünger.
Welche Partei wählt er wohl? - So wie ich ihn einschätze, die „Alternative Liste".
Welches Modell würden Sie mir empfehlen? - Den stufenlos verstellbaren TX 200.
Welche Lehrerin ist das? - Unsere Lateinlehrerin.
In welchem Film hat sie mitgespielt? - In „Ein Quantum Trost".

Die Fügung ***was für ein*** steht vor einem Nomen, das Pronomen *was* bleibt stets unverändert, dekliniert wird nur *ein-*, und zwar wie der unbestimmte Artikel. Steht die Fügung allein, wird der Bestandteil *ein-* wie das Indefinitpronomen *einer, eine eines* dekliniert:

vor einem Nomen (Artikelwort)	alleinstehend (Pronomen)
Was für **ein** Mensch ist das nur?	Was für **einer** ist das nur?
Was für **ein** Buch liest sie?	Was für **ein(e)s** liest sie?
Plural: ***was für***	**Plural:** ***welche***
Was für Menschen sind das?	Was für **welche** sind das?
Was für Bücher liest sie?	Was für **welche** liest sie?

Die **Trennung** von *was* und dem Rest der Fügung ist **umgangssprachlich**.

Nicht: ~~Was macht sie denn heute für ein Gesicht?~~
Sondern: Was für ein Gesicht macht sie denn heute?

Nicht: ~~Was erzählst du denn da wieder für Schauermärchen?~~
Sondern: Was für Schauermärchen erzählst du denn da wieder?

Ebenfalls umgangssprachlich ist die Verwendung von *was für welch-* anstelle von *was für ein*:

Nicht: Sie trinkt gern Rotwein. - ~~Was für welchen?~~ - Spätburgunder.
Sondern: Sie trinkt gern Rotwein. - Was für einen? - Spätburgunder.

Lange gewartet, weil die Schlange *lang* war - Adjektive mit und ohne e-Auslaut

202

Einige Adjektive werden heute mit oder ohne **-e im Auslaut** gebraucht (blöd - blöde; fad - fade; feig - feige ...).

Bei manchen dieser Adjektive ist die Form **mit dem auslautenden -e** die allgemein übliche (feige), sie ist im Allgemeinen **stilistisch neutral**.

Die Form **ohne -e** hingegen enthält oft eine stilistische Nuance. Sie wird besonders dann verwendet, wenn eine persönliche Anteilnahme ausgedrückt werden soll, wenn die Ausdrucksweise also von **Emotionalität** geprägt ist. Es kann aber auch eine **Bedeutungsdifferenzierung** vorliegen wie z. B. bei los = abgelöst, abgetrennt und lose = nicht mehr fest, locker.
Beispiele:

Adjektiv	Form mit -e	Form ohne -e
blöd - blöde	standardsprachlich	standardsprachlich; umgangssprachlich im Sinne von „dumm, töricht"
bös - böse	standardsprachlich	süddeutsch, umgangssprachlich
fad - fade	standardsprachlich	besonders süddeutsch und österreichisch ohne *-e*
feig - feige	standardsprachlich	standardsprachlich seltener
irr - irre	standardsprachlich und umgangssprachlich üblich	seltener

leis - leise	standardsprachlich	veraltet; noch in regionaler Umgangssprache
mild - milde	standardsprachlich; eher norddeutsch	standardsprachlich; eher süddeutsch
träg - träge	standardsprachlich	standardsprachlich etwas seltener
trüb - trübe	standardsprachlich	standardsprachlich seltener
zäh - zähe	standardsprachlich	standardsprachlich selten

Die unterschiedlichen Formen ***lang*** und ***lange*** sind allerdings keine Schreibvarianten. Hier muss beim Gebrauch zwischen *lang* als der ungebeugten Grundform des Adjektivs und ***lange* als Adverb** unterschieden werden.

Adjektiv (*lang, langer, lange, langes*):

Sie hat **langes** schwarzes Haar:
Die Hose ist **zu lang**.
Die Warteschlange vor dem Stadioneingang schien endlos **lang** (nicht: ~~lange~~).

Adverb (nur: *lange*):

Sie hatte **lange** warten müssen.
Er war **lange** krank.
Seine Rede hat einfach **zu lange** gedauert.

Besonders in der süddeutschen Umgangssprache wird häufig die Adjektivform *lang* anstatt der Adverbform *lange* verwendet. Das ist standardsprachlich nicht korrekt:

Sie hat ~~lang~~ (korrekt: lange) warten müssen.
Er war ~~lang~~ (korrekt: lange) krank.

Dieser Weg *erschien* oder *schien* mir der richtige – Wann gebraucht man *erscheinen*, wann *scheinen*?

203

Das Verb ***erscheinen*** bedeutet zum einen *sichtbar werden; auftreten; sich zeigen*, zum anderen verwendet man es in der Bedeutung *sich in bestimmter Weise darstellen; (bei jemandem) einen bestimmten Eindruck hervorrufen*. Nur in diesem Sinne stimmt es mit dem Verb ***scheinen*** inhaltlich überein, beide Verben können somit synonym (bedeutungsgleich) verwendet werden. Beide Verben dürfen jedoch in diesem Sinnbereich nur ausgetauscht werden, wenn eine **Adjektivgruppe, ein einfaches Satzglied, ein Nebensatz oder ein selbstständiger Teilsatz folgen**:

Dieser Weg erschien / schien ihr der richtige.
Seine Situation erschien / schien hoffnungslos.
Es erscheint / scheint notwendig, dass hier Korrekturen vorgenommen werden.
Dieser Hinweis erscheint / scheint überflüssig, denn der Text ist auch so verständlich.

Wird der Satz jedoch mit einem **Infinitiv mit *zu*** weitergeführt, ist nur die Verwendung von ***scheinen* standardsprachlich korrekt**:

Dieser Weg schien (nicht korrekt: ~~erschien~~) ihr der richtige zu sein.
Seine Lage schien (nicht korrekt: ~~erschien~~) hoffnungslos zu sein.
Dieser Hinweis scheint (nicht korrekt: ~~erscheint~~) überflüssig zu sein, denn der Text ist auch so verständlich.

Sind Sie sich nicht sicher, ob in einem Satz *erscheinen* oder *scheinen* zu verwenden ist, können Sie keinen Fehler machen, wenn Sie das einfache *scheinen* verwenden.

204 *Trauen* Sie sich ruhig ins kalte Wasser, oder *getrauen* Sie sich nicht? – Wann gebraucht man *sich getrauen*, wann *sich trauen*?

Im Sinne von „genug Mut besitzen, etwas tun" kann man sowohl ***sich getrauen*** als auch ***sich trauen*** verwenden. Beide Verben sind im Wesentlichen synonym. Einige Besonderheiten sollten aber beachtet werden.

Das **reflexive *sich getrauen*** wird in der heutigen Standardsprache überwiegend mit dem **Reflexivpronomen im Akkusativ** gebraucht:

Ich getraue mich nicht zu fragen.

Der Dativ ist selten, aber durchaus korrekt:

Ich getraue mir nicht zu fragen.

Hängt von *sich getrauen* ein Akkusativ der Sache ab, setzt man das Reflexivpronomen jedoch besser in den **Dativ**:

Ich würde mir (besser als: ~~mich~~) die Reparatur des Geräts schon getrauen / zutrauen.

Wird *sich getrauen* ohne Akkusativ der Sache gebraucht, steht es nur mit dem **Akkusativ**, nicht mit dem Dativ:

Frag ihn doch, ob er dir das Geld leiht. – Ich getraue mich (nicht: ~~mir~~) nicht.

Wo *sich getrauen* mit dem **Reflexivpronomen im Akkusativ** verbunden wird, kann es auch **durch *sich trauen* ersetzt** werden:

Ich getraue (ebenfalls korrekt: traue) mich nicht zu fragen.
Frag ihn doch, ob er dir das Geld leiht. – Ich getraue mich (ebenfalls korrekt: traue mich) nicht.

Liegt die Bedeutung „sich an eine bestimmte Stelle / von einer bestimmten Stelle wagen" vor, sollte man nur *sich trauen* verwenden:

Ich traue mich nicht (nicht: ~~getraue mich nicht~~) ins Wasser / aus dem Haus.

Das reflexive ***sich (etwas) zutrauen*** wird nur mit dem **Dativ** der Person verbunden:

Ich würde (es) mir schon zutrauen, das Gerät selbst zu reparieren.

In diesen Fällen ist *sich (etwas) zutrauen* auch mit *sich getrauen* + Akkusativ der Person und *sich trauen* + Akkusativ der Person austauschbar:

Ich würde mir schon zutrauen, das Gerät selbst zu reparieren.
Oder: Ich würde mich (nicht: ~~mir~~) schon getrauen, das Gerät selbst zu reparieren.
Oder: Ich würde mich (nicht: ~~mir~~) schon trauen, das Gerät selbst zu reparieren.

gewöhnt oder *gewohnt* – Gewöhnen Sie sich an den richtigen Gebrauch 205

Das Partizip ***gewöhnt*** (vgl. *Gewöhnung*) **drückt einen Vorgang aus**. Man findet sich in einer Situation allmählich zurecht. Standardsprachlich korrekt wird gewöhnt **immer mit der Präposition *an*** verbunden:

Sie hat sich **gewöhnt an** frühes Aufstehen (Oder: Sie ist an frühes Aufstehen gewöhnt).
Du bist noch nicht **an** seine Art **gewöhnt**.

Wird ein Pronominaladverb verwendet, kann dementsprechend nur ***daran*** oder auch ***woran*** stehen:

Sie ist **daran gewöhnt**, früh aufzustehen.
Sie hat sich längst eine stilistisch gute Schreibweise angeeignet, **woran** du noch immer nicht **gewöhnt** bist.

Das Partizip ***gewohnt*** (vgl. *Gewohnheit*) **drückt einen Zustand aus**. Wenn man etwas *gewohnt* ist, hat man sich längst darauf eingestellt; man hat sich längst daran *gewöhnt*. Korrekterweise wird *gewohnt* **immer mit dem Akkusativ** verbunden:

Sie ist als Krankenschwester anstrengenden Dienst **gewohnt**.
Er ist diesen rauen Umgangston am Arbeitsplatz nicht **gewohnt**.

Häufig wird *gewohnt* auch **mit *zu* + Infinitiv** verwendet:

Sie ist es als Krankenschwester **gewohnt**, anstrengenden Dienst **zu haben**.
Er ist es nicht **gewohnt**, so respektlos **angeredet zu werden**.

206 Hat sie *anscheinend* oder *scheinbar* recht? – Achten Sie auf den Unterschied

Wer *anscheinend* und *scheinbar* unterschiedslos verwendet, begeht leicht einen Fehler.

Mit ***anscheinend*** wird die **Vermutung** zum Ausdruck gebracht, dass etwas so ist, wie es erscheint. Man glaubt, dass etwas aufgrund des Anscheins auch wirklich ist. Beispiele:

Die Vorhänge sind zugezogen, man sieht kein Licht. **Anscheinend** ist niemand zu Hause.

Sie hat eine heiße Stirn, ihre Wangen sind ganz rot. Sie hat **anscheinend** Fieber.

Sie wohnt noch nicht lange hier und hat **anscheinend** auch keine Verwandten in der Stadt.

Gestern hat er noch erklärt, er wolle sie nie mehr sehen. Heute Morgen hat er schon wieder mit ihr telefoniert. Er hat seine Meinung **anscheinend** über Nacht geändert.

Das Wort ***scheinbar*** besagt, dass etwas nur **dem Schein nach**, aber nicht in Wirklichkeit so ist, wie es sich darstellt. Was nur scheinbar ist, ist eine - oft bewusste - Täuschung, verhält sich in der Realität anders. Beispiele:

Wir sehen die Sonne im Osten aufgehen und im Westen wieder untergehen. Die Sonne dreht sich **scheinbar** um die Erde.
(Aber wir wissen es besser: Die Erde dreht sich um die Sonne!)

Der verdeckte Ermittler ging **scheinbar** auf das Angebot des Dealers ein.
(Der Ermittler tat nur so, als ob er einen Handel abschließen wolle. In Wirklichkeit wollte er den Dealer auf frischer Tat ertappen.)

Sie hörte ihm mit **scheinbarer** Anteilnahme zu.
(In Wirklichkeit interessierte sie nicht, was er ihr erzählte.)

Merken Sie sich also folgende Regel:

anscheinend = wie es den Anschein hat; vermutlich, offenbar

scheinbar = nur dem äußeren Schein nach; in Wirklichkeit anders; nur vorgetäuscht, nicht echt

(!) Auch wenn die Umgangssprache zwischen den beiden Wörtern oft nicht mehr unterscheidet, muss man stilistisch korrekt in jedem Fall dort unterscheiden, wo Missverständnisse entstehen können:

Will man eine **Vermutung** ausdrücken, also sagen, was man selbst glaubt, kann es nur heißen: Es macht ihr anscheinend nichts aus.

Hat man selbst den Eindruck, dass sich jemand **nur äußerlich** gelassen zeigt, darf man nur sagen: Es macht ihr scheinbar nichts aus.

207 Du hättest *zumindestens* oder *zumindest* anrufen können – Stolperfalle Wortkreuzungen (Kontaminationen)

Selbst stilistisch erfahrene Vielschreiber geraten leicht ins Straucheln bei den so genannten **Wortkreuzungen** (Kontaminationen). Dies sind falsch zusammengesetzte Wörter oder Wortfügungen, die sowohl hinsichtlich ihrer Form als auch inhaltlich verwandt sind. Ein beliebtes Beispiel dafür ist das im Süddeutschen und Schweizerischen gern verwendete Wort Gebäulichkeiten als Mischung aus *Gebäude* und *Baulichkeiten*.

Oftmals entstehen bei der Bildung dieser Wortkreuzungen auch Begriffe oder Wendungen, bei denen ein Teil redundant, also überflüssig ist. Hier eine Auswahl solcher stilistischer Fußangeln:

Nicht so:	Sondern so:
~~Seit alters her~~ findet an diesem Tag ein Festumzug statt.	**Seit alters / Von alters her** findet an diesem Tag ein Festumzug statt.
Die alte Fabrikhalle wurde gesprengt und das Gelände ~~einplaniert~~.	Die alte Fabrikhalle wurde gesprengt und das Gelände **planiert / eingeebnet**.
Die neu gewählte Präsidentin ~~entstammt aus~~ einer Arbeiterfamilie.	Die neu gewählte Präsidentin **stammt aus** einer Arbeiterfamilie. / **entstammt** einer Arbeiterfamilie.
~~Meines Erachtens nach~~ ist es dafür noch nicht zu spät.	**Meines Erachtens / Meiner Meinung nach** ist es dafür noch nicht zu spät.
~~Unseres Ermessens nach~~ solltet ihr sein Angebot annehmen.	**Nach unserem Ermessen / Unserer Einschätzung nach** solltet ihr sein Angebot annehmen.
Nachts, ~~insbesonders~~ wenn es regnet, fahre ich nicht gern Auto.	Nachts, **insbesondere / besonders** wenn es regnet, fahre ich nicht gern Auto.

Du hättest ~~zumindestens~~ anrufen können.	Du hättest **zumindest** (oder: **zum Mindesten**) anrufen können.
Ihm wurde das Projekt ~~aufoktroyiert~~.	Ihm wurde das Projekt **aufgezwungen / oktroyiert**.
Wir müssen das Problem ~~auseinanderteilen~~.	Wir müssen das Problem **in mehrere kleinere teilen / auseinandernehmen**.
Die ~~anlässlich zu unserem Firmenjubiläum~~ erschienene Broschüre kann man aus dem Internet herunterladen.	Die **anlässlich unseres Firmenjubiläums / zu unserem Firmenjubiläum** erschienene Broschüre kann man aus dem Internet herunterladen.

Das gleiche **Auto ist noch lange nicht** ***dasselbe*** **– Achten Sie auf den feinen Unterschied** 208

Gleichheit – nicht immer für alle(s)!

Da hängen sie in der Boutique nebeneinander auf der Stange, zum Verwechseln ähnlich: zwei hinreißende Sommerkleider, dieselbe Farbe, derselbe figurbetonte Schnitt, sogar dieselbe Größe. Die beiden Freundinnen sehen die guten Stücke, sind begeistert, kaufen sie sofort, behalten sie gleich an. Bezaubernd sehen sie aus, wenn sie jetzt im selben Kleid durch die Fußgängerzone bummeln. Optisch ist das mit Sicherheit ganz toll, nur stilistisch ist es falsch. Denn schließlich stecken beide Damen nicht gemeinsam in derselben Hülle, jede trägt ihr eigenes Kleid! Es handelt sich zwar um dasselbe Modell, aber um zwei Dinge. Folglich tragen die beiden Freundinnen das gleiche Kleid (nicht dasselbe!).

Die Demonstrativbegleiter bzw. Demonstrativpronomen ***(der)selbe, (die)selbe, (das)selbe*** bezeichnen die **Identität** einer einzelnen Sache:

Die beiden Schreibkräfte arbeiten am **selben** Computer (= sie teilen sich einen Computer).

Im Unterschied dazu bezieht sich ***der gleiche, die gleiche, das gleiche*** auf zwei oder mehrere Sachen, also **die Identität einer Art oder Gattung**:

Ich habe den **gleichen** Computer wie mein Freund (= ich habe einen Computer desselben Fabrikats).

In der Umgangssprache nimmt man es hier allerdings nicht so genau. Denn im Allgemeinen ergibt sich aus dem Zusammenhang, was gemeint ist. So kann eine der Damen aus dem Beispiel oben sagen: *„Meine Freundin hat dasselbe Kleid“* (verstärkt auch: *genau dasselbe Kleid*), und wir verstehen es richtig: Sie meint ein Kleid in derselben Farbe, mit demselben Schnitt, vielleicht sogar in derselben Größe (wie das Kleid der Freundin).

! Wenn Sie von Personen oder Tieren sprechen, die es nur einmal gibt auf der Welt, sollten Sie nur der-/die-/dasselbe benutzen:

Es war **dieselbe** Frau, die mich neulich am Bahnhof ansprach.
Das ist **dieselbe** Katze, die neulich von uns Milch bekam.

209 *Madrilene* trifft *Jenenserin* – schwierige Einwohnerbezeichnungen

Die Mehrzahl der Einwohnerbezeichnungen von Städten wird gebildet, indem an den (unveränderten oder umgelauteten) Städtenamen das **Suffix *-er(in)*** angehängt wird:

Amsterdam → Amsterdam**er(in)**
Berlin → Berlin**er(in)**
Darmstadt → Darmstädt**er(in)**
Gotha → Gotha**er(in)**
New York → New York**er(in)**
Rom → Röm**er(in)**
Stuttgart → Stuttgart**er(in)**

Einige Einwohnerbezeichnungen weichen aber von diesem Bildungsmuster ab und haben **besondere Endungen**, und zwar abhängig von der jeweiligen Endung des Ortsnamens. Hier eine Auswahl der auftretenden Besonderheiten:

Ortsname endet auf unbetontes ***-er*** → Einwohnerbezeichnung auf ***-aner(in)***:

Hannover → Hannover**aner(in)**
Jever → Jever**aner(in)**
Münster → Münster**aner(in)**
Salzgitter → Salzgitter**aner(in)**, auch: Salzgitter**er(in)**

Ortsname endet auf ***-e*** / ***-a*** → Einwohnerbezeichnung auf ***-enser(in)***:

Jena → Jen**enser(in)**, häufiger: Jena**er(in)**
Halle (Sachsen) → Hallen**ser(in)** (auch zur Unterscheidung von Haller(in) = Einwohner(in) von Halle / Westfalen)

Insbesondere bei **ausländischen Städten** wird neben den deutschen Einwohnerbezeichnungen auf ***-er*** (Neapel → Neap(e)ler) auch die Bezeichnung der fremden Sprache - oft in eingedeutschter Form - verwendet. Beispiele:

Buenos Aires → Buenaerenser(in)
Bologna → Bologneser(in)
Bordeaux → Bordeleser(in)
Lugano → Luganeser(in), neben: Luganer(in)
Madrid → Madrilene / Madrilenin, neben: Madrider(in)
Monaco → Monegasse / Monegassin
Neapel → Neapolitaner(in), neben: Neap(e)ler(in)
Orléans → Orleaner(in)
San Marino → San-Marinese / San-Marinesin
Tokio → Tokioter(in), neben: Tokioer(in)
Venedig → Venezianer(in)

Selten gewordene Wörter - und was sie bedeuten

TESTEN SIE IHR WISSEN

1 Es war einmal

210

Ordnen Sie den Wörtern den Grund zu, der dazu geführt hat, dass sie (fast) nicht mehr verwendet werden.

1) Volkskammer, Reichspräsident	a) technische Veränderungen
2) Aufprallkissen, Wasserglätte	b) politische Veränderungen
3) Blaustrumpf, Kranzgeld	c) Ersatz durch Anglizismen
4) Griffel, Schürhaken	d) gesellschaftliche Veränderungen

2 Andere Zeiten, andere Wörter

211

Ordnen Sie die richtigen Bedeutungen zu.

1. delikat	a) kleines Geschenk
2. ehern	b) schnell, flink, rasch
3. hold	c) Sofa, Couch
4. hurtig	d) zart, heikel
5. saumselig	e) Kaffee-Ersatz
6. Muckefuck	f) lieb, wert, teuer
7. Schifferklavier	g) nachlässig
8. Angebinde	h) hart, eisern
9. Lotterbett	i) Akkordeon
10. kujonieren	j) verfluchen
11. verderbt	k) schikanieren
12. vermaledeien	l) verdorben

3 Als der Großvater die Großmutter gefreit

211

Ordnen Sie diese veralteten Verwandtschaftsbezeichnungen ihren Bedeutungen zu.

1. Eidam	a) Tante	3. Base	c) Cousine
2. Muhme	b) Onkel	4. Oheim	d) Schwiegersohn

4 Besuch der alten Dame
211

„Übersetzen" Sie die kursiven Wörter in modernes Deutsch.

Mit der *ordinären Post* von Gotha trafen ... drei *Frauenzimmer* vor dem renommierten Hause am Markte ein ... es waren Mutter, Tochter und *Zofe* ... „Guten Tag ...", sagte die mütterliche der beiden Damen ... „*Logis* für dreie brauchen wir also, ein *zweischläfrig Zimmer* für mich und mein Kind ... und eine *Kammer* für meine *Jungfer*." (Thomas Mann, Lotte in Weimar).

5 Oh, wie wird mir!
211

Wenn jemand sagt: „Mir ist so blümerant.", dann meint er damit, dass ...

a) er glücklich ist. b) ihm schwindlig ist. c) er Blumen pflücken möchte.

6 Die Wut über den verlorenen Groschen
211

Ein Groschengrab ist ein altes Wort für ...

a) Finanzamt b) Sparschwein c) Parkuhr oder Spielautomat

7 Was weiland gang und gäbe war
212

Die Adverbien *allenthalben, allzumal, dereinst, ehedem* und *indes* sind selten geworden. Können Sie sie trotzdem richtig verwenden?

a) Es hatte ______________ begonnen zu regnen.
b) ______________ werden Wälder Städten weichen.
c) ______________, getreu und fleißig, tat er manchen tiefen Zug ... (Wilhelm Busch)
d) Man sah ______________ blühende Wiesen.
e) Wir kamen ______________ zur selben Zeit an.

LÖSUNGEN

1 1 b), 2 c), 3 d), 4 a) • **2** 1 d), 2 h), 3 f), 4 b), 5 g), 6 e), 7 i), 8 a), 9 c), 10 k), 11 l), 12 j) • **3** 1 d), 2 a), 3 c), 4 b) • **4** normalen Postkutsche, Frauen / weibliche Personen, Dienerin / Hausangestellte, Unterkunft, Doppelzimmer, kleinerer, einfach ausgestatteter Raum zum Schlafen, Dienerin / Hausangestellte • **5** b) • **6** c) • **7** a) indes, b) Dereinst, c) Ehedem, d) allenthalben, e) allzumal

210 Warum verändert sich der Wortschatz?

Da eine Sprache so etwas wie ein lebendes Wesen ist, unterliegt sie auch der Veränderung. So wie sie neue Wörter aufnimmt, verlieren sich auch Begriffe, die nicht mehr benötigt werden. Das kann mit dem technischen Fortschritt zusammenhängen. Ein Zündverteiler ist in modernen Autos durch Elektronik ersetzt, also braucht man ihn nicht mehr und der Begriff verschwindet. Auch Zwischengas, Wählscheibe, Direktübertragung, Sendeschluss und Phonotruhe erleiden ein ähnliches Schicksal.

Bei Verben und Adjektiven ist der Verlust an Wörtern erheblich geringer als bei Nomen. Das liegt vielleicht daran, dass Tätigkeiten und Eigenschaften sich doch länger erhalten als Bezeichnungen für mehr oder weniger kurzlebige Gegenstände, Begriffe oder Sachverhalte.

Über den technischen Fortschritt hinaus gibt es noch andere Ursachen für den Verlust von Wörtern:

Gesellschaftliche Veränderungen:
Hagestolz, Blaustrumpf, Eheversprechen, Sommerfrische, Taugenichts ...

Politische Veränderungen:
Zonengrenze, Apartheid, Beitrittsgebiet, Trümmerfrau ...

Ersatz durch Anglizismen:
kujonieren → mobben, Gabelfrühstück → Brunch, Bankier → Banker, Verkaufsschlager → Bestseller, Dauerlauf → Jogging ...

211 Animiert vom *Bandsalat* - ABC selten gewordener Wörter

Die Liste der immer seltener werdenden Wörter ist so lang, dass sie hier nicht abgedruckt werden kann. Die folgende Auswahl gibt nur einen kleinen Ausschnitt. Vielleicht findet das eine oder andere darin enthaltene klangvolle oder bildhafte Wort wieder den Weg zurück in den aktuellen Sprachgebrauch?

Angebinde	- kleines Geschenk, Aufmerksamkeit
angelegentlich	- nachdrücklich, eingehend
sich anheischig machen	- anbieten, eine Aufgabe zu übernehmen
anrainen	- angrenzen
Augenstern	- das Liebste
Aussteuer	- Mitgift, Güter, die eine Ehefrau in die Ehe mitbringt
Backfisch	- weiblicher Teenager
Bandsalat	- verheddertes Magnetband
Barbier	- Friseur und Bartschneider
Base	- Cousine
bauchpinseln	- loben, schmeicheln
Behuf	- Zweck
blümerant	- schwindelig
Chaiselongue	- verlängerter Sessel, Liege mit erhöhtem Kopfteil
changieren	- schillern bei Stoffen
das Einjährige	- mittlerer Schulabschluss
delikat	- zart, heikel
dünken	- scheinen (mir / mich dünkt)
Durchlaucht	- Adelsprädikat für Fürsten
ehern	- hart, eisern
Eidam	- Schwiegersohn
feilbieten	- günstig zum Verkauf anbieten, anpreisen
Felleisen	- Reiserucksack wandernder Handwerker
fernmündlich	- telefonisch
Fersengeld geben	- fliehen
Fisimatenten	- Ausflüchte
Flegeljahre	- Pubertät
Fräulein	- unverheiratete Frau
frohlocken	- jauchzen, jubeln
Gabelfrühstück	- Brunch
genant	- gehemmt
gebärden, sich	- sich verhalten, sich benehmen
Gebaren	- Verhalten, Auftreten

geloben	- feierlich versprechen
Gemach	- schöner Wohnraum, Bedachtsamkeit
genehm	- willkommen, passend
Groschengrab	- Parkuhr
Heiermann	- 5-DM-Münze
hold	- lieb, wert, teuer
hudeln	- schlampig oder hektisch arbeiten
hurtig	- schnell, flink, rasch
Imponderabilien	- unkalkulierbare Faktoren
inbrünstig	- innig, leidenschaftlich
indignieren	- Unwillen hervorrufen
Ingrimm	- Zorn
Jungfer	- Jungfrau
Junggeselle	- Single
Kapaun	- kastrierter Masthahn
Kemenate	- (mit einem Kamin) beheizter Raum
Kleinod	- wertvolle Kleinigkeit, Schmuckstück
kommod	- bequem
kujonieren	- schikanieren, herumschubsen
Labsal	- Erfrischung, Wohltat, Annehmlichkeit
lavieren	- sich durchschlängeln, taktieren
Leibchen	- eine Art Unterhemd
Lichtspielhaus	- Kino
linnen	- aus Leinen
Lump	- Mensch von schlechtem Charakter
malträtieren	- schlecht behandeln
Maulschelle	- Schlag auf die Wange
meucheln	- hinterrücks ermorden
Muckefuck	- Kaffee-Ersatz
Muhme	- Tante
müßig sein	- faulenzen, nichts tun
naseweis	- vorlaut, besserwisserisch
neckisch	- flott, frech

neppen	- übervorteilen
Nietenhose	- Jeans
obliegen	- unterliegen, in die Zuständigkeit fallen
Oheim	- Onkel
opportun	- günstig, angebracht
Pedell	- Schulhausmeister
Persilschein	- entlastende Bescheinigung, Freibrief
poussieren	- flirten, den Hof machen, liebäugeln
querulieren	- nörgeln, meckern, sich beklagen
Rauke	- Rucola
raunzen	- murren
ruchbar werden	- bekannt werden, durchsickern
säumen	- zögern
saumselig	- nachlässig
Schifferklavier	- Akkordeon, Ziehharmonika
Schnurrpfeiferei	- verrückter Einfall
überständig	- längst überholt
umfloren	- umflorter Blick = mit Tränen in den Augen
unbedarft	- naiv, unerfahren
verderbt	- verdorben
vermaledeien	- verfluchen
vermeinen	- irrigerweise annehmen
wahnschaffen	- missgestaltet, hässlich
Wams	- Jacke
weiden, sich	- sich erfreuen
wohlfeil	- preiswert; im übertragenen Sinn: anbiedernd
Zähre	- Träne
zeihen	- beschuldigen
zetern	- schimpfen
Zofe	- Dienerin der Hausherrin
Zögling	- Schüler
zotig	- unanständig, derb, vulgär

212 Selten gewordene Adverbien, Konjunktionen und Präpositionen

Die genaue Bedeutung mancher Adverbien, Konjunktionen und Präpositionen ist oftmals nicht mehr bekannt. Hier eine Auswahl mit Anwendungsbeispielen:

Beispiel	Wortart	Bedeutung und Anwendungsbeispiel
allenthalben	Adverb	überall: Man sah allenthalben blühende Wiesen.
alldieweil	Konjunktion	weil: Wir brachen auf, alldieweil es schon spät geworden war.
allzumal	Adverb	alle zusammen: Wir kamen allzumal zur selben Zeit an. immer: Diese Regel gilt allzumal.
behufs	Präposition	zum Zwecke: Das Gerät wurde gekippt behufs seiner vollständigen Entleerung.
dereinst	Adverb	irgendwann in der Zukunft: Dereinst werden Städte Wäldern weichen.
ehedem	Adverb	früher: Ehedem, getreu und fleißig, tat er manchen tiefen Zug, ... (Wilhelm Busch)
fürbass	Adverb	tatsächlich: Das ist fürbass eine Überraschung. vorwärts: Lustig schritt er fürbass weiter.
fürderhin	Adverb	in Zukunft: Sündigt fürderhin nicht mehr!
fürwahr	Adverb	in der Tat: Das ist fürwahr ein guter Wein.
gemach	Adverb	langsam: Gemach, gemach, nicht so schnell!
hienieden	Adverb	auf dieser Erde: Hienieden wandeln wir im Tal der Tränen.

indes(sen)	Konjunktion	während: Indes sie duschte, kochte ich.
	Adverb	inzwischen: Es hatte indes(sen) begonnen zu regnen.
	Adverb	jedoch: Indes(sen) hörte niemand ihm zu.
ingleichen	Adverb	ebenso: Der hat mich sehr enttäuscht, ingleichen du.
nachgerade	Adverb	geradezu, sehr: Die Bemerkung ist nachgerade unverschämt.
		allmählich: Es wird nachgerade Zeit, dass du dich bemühst.
posthum (auch postum)	Adverb	nach jmds. Tod: Er erhielt posthum den Orden.
spornstreichs	Adverb	unverzüglich: Er machte sich spornstreichs auf den Weg.
traun	Adverb	fürwahr, in der Tat: Traun, da müssen Herz und Kopf sich lange zanken, ob Menschenhass, ob Schwermut siegen soll (Lessing, Nathan der Weise).
vermöge	Präposition	aufgrund, mithilfe: Diese Stelle hat er nur vermöge seiner Beziehungen bekommen.
vordem	Adverb	damals: Wie war es doch in Köln vordem mit Heinzelmännchen so bequem ... (A. Kopisch)
weiland	Adverb	einst: Im Schloss spukte weiland ein böser Geist.
wohlan	Adverb	nun gut, nun denn: Wohlan, lasst uns gehen.

Bedeutungswandel

TESTEN SIE IHR WISSEN

1 Der geile Mönch

214

Welche Bedeutung hatte das Wort *geil* zu althochdeutscher Zeit?

a) betrunken
b) fröhlich
c) lüstern

2 Bedeutungserweiterung

215

In welcher Hinsicht hat sich die Bedeutung der folgenden Wörter gegenüber früher erweitert?

a) billig = *günstig*, jetzt auch: → ____________________

b) nüchtern = *nichts gegessen*, jetzt auch: → ____________________

c) Strom = *großer* Fluss, jetzt auch: → ____________________

3 Bedeutungsverengung

216

In welcher Hinsicht hat sich die Bedeutung der folgenden Wörter gegenüber früher verengt?

a) Mut = *Gemütszustand*, jetzt nur noch: → ____________________

b) Hochzeit = *Feier*, jetzt nur noch: → ____________________

c) Dirne = *Mädchen*, jetzt nur noch: → ____________________

4 Bedeutungsverschiebung

217

Welche neueren Bedeutungen haben diese Wörter angenommen?

a) Maus → ____________________

b) Speicher → ____________________

c) navigieren → ______

d) Galerie → ______

5 Schön gesagt!

218

Was verbirgt sich hinter diesen Euphemismen?

a) freisetzen → ______

b) Rubensfigur → ______

c) Wertstoff → ______

d) Entsorgungspark → ______

LÖSUNGEN

1 b) • **2 a)** minderwertig, **b)** nichts getrunken, **c)** Elektrizität • **3 a)** Tapferkeit, **b)** Fest bei der Eheschließung, **c)** Prostituierte • **4 a)** Computermaus, **b)** Datenspeicher, **c)** durch ein bestimmtes Programm oder System steuern, **d)** Ausstellungsraum, Kunsthandlung • **5 a)** entlassen, **b)** Person mit Übergewicht, **c)** Müll, **d)** Mülldeponie

213 Was bedeutet eigentlich Bedeutungswandel?

Die inhaltliche Seite eines Wortes, die **Wortbedeutung**, setzt sich zusammen aus den Komponenten (Bedeutungs-)Inhalt und (Bedeutungs-) Umfang. Der **Bedeutungsinhalt** bezeichnet die Summe aller Eigenschaften und Merkmale, die dem Wort innewohnen. Nehmen wir als Beispiel das Wort „Tier“:

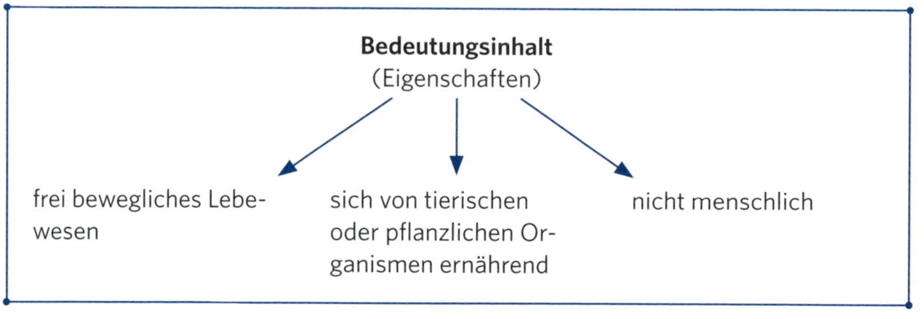

Der **Bedeutungsumfang** des Wortes „Tier“ umfasst alle Einzelwesen, die mit diesem Wort bezeichnet werden können:

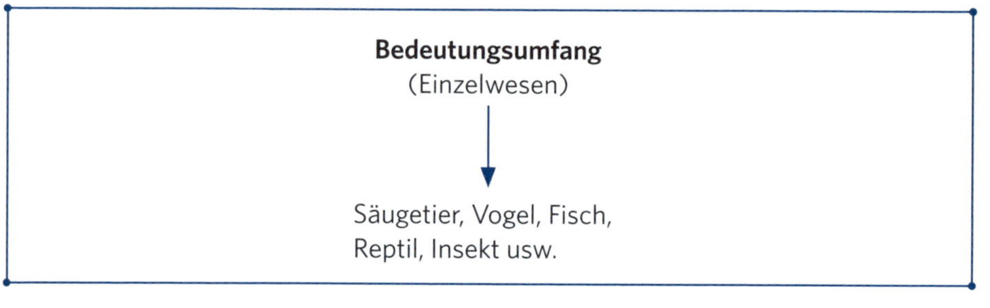

Vergrößert man den Bedeutungsinhalt, wird der Bedeutungsumfang kleiner. Fügt man z. B. zum Inhalt von „Tier“ als Eigenschaft noch hinzu „das seine Jungen säugt“, verkleinert sich der Bedeutungsinhalt auf die Einzelwesen, auf die die Kennzeichnung *Säugetier* zutrifft.

Verkleinert man den Bedeutungsumfang, wird der Bedeutungsinhalt um eine oder meistens mehrere Eigenschaften erweitert: Bedeutungsumfang wird verkleinert auf „Vogel" → Bedeutungsinhalt erhält die zusätzlichen Eigenschaften „zweibeinig, gefiedert, meistens flugfähig" usw.

Da Sprache eine soziale Erscheinung ist, spiegeln sich politische, soziale, wirtschaftliche und geistesgeschichtliche Verhältnisse darin wider. Dies gilt vor allem für den Wortschatz und damit für die Wortbedeutung und ihre Komponenten. Ein Wort unterliegt also nicht nur der Veränderung seiner äußeren Gestalt (**Ausdrucksseite**: mittelhochdeutsch *arebeit* - neuhochdeutsch *Arbeit*), sondern oft auch der Veränderung seiner Bedeutung (**Inhaltsseite**: mittelhochdeutsch *arebeit* = Mühsal, neuhochdeutsch *Arbeit* = Tätigkeit).

Manchmal erweitern Wörter ihren Bedeutungsumfang, manchmal verringern sie ihn. Oder Wörter erhalten Bedeutungen, die in ganz anderen Bereichen liegen. Einige Wörter dienen der beschönigenden Umschreibung drastischer Vorgänge; oder der Teil eines Gegenstandes dient zur Bezeichnung des ganzen. Eine Veränderung der Wortbedeutung wird als **Bedeutungswandel** bezeichnet. Die Erscheinungsformen des Bedeutungswandels sind vielschichtig. Einige sind im Folgenden aufgeführt.

Karriere ist *geil* – Der Bedeutungswandel eines Adjektivs 214

Wörter verändern im Laufe der Zeit ihre Bedeutung, es vollzieht sich ein **Bedeutungswandel**. Die Gründe liegen in der Weiterentwicklung aller Lebensbereiche und der dadurch notwendig werdenden **Anpassung der sprachlichen Bezeichnungen**.

Ein Beispiel dafür ist das Wort **geil**.

In **althochdeutscher** Zeit bedeutete das Wort *üppig, fröhlich, lustig*.
Im **neuhochdeutschen** Sprachgebrauch bedeutet es *lüstern, geschlechtlich erregt*, meist abwertend.
Die **moderne Umgangssprache** hat das Wort aus der Jugendsprache übernommen und meint damit *aufregend schön, gut, großartig*:

Die Musik ist geil.

Die Phrase ***auf etwas geil sein*** bedeutet *etwas unbedingt haben wollen, versessen sein auf etwas*:

Sie ist geil auf Geld.

In diesen Zusammenhang gehören auch die Zusammensetzungen karrieregeil, machtgeil, sensationsgeil.

215 Zum Arzt *gehen geht* nicht – Wie erweitert sich eine Wortbedeutung?

Der Bedeutungsumfang eines Wortes vergrößert sich, indem die ursprüngliche Bedeutung in den Hintergrund tritt und eine Entwicklung zu übertragenen Bedeutungsvarianten eintritt. Das Wort erhält eine **Bedeutungserweiterung**. Beispiel:

gehen: ursprünglich: sich zu Fuß fortbewegen

einkaufen / schwimmen / zum Arzt gehen: die Art der Fortbewegung bleibt offen.

zum Theater / Fernsehen gehen: in einem Bereich tätig werden

Der Minister muss gehen: sein Amt aufgeben

Die Bahn geht alle zehn Minuten: eine Strecke befahren

das geht (nicht), das geht wie geplant: etwas ist möglich oder nicht, entwickelt sich gut

es geht um dich, es geht um alles: es handelt sich um etwas

Bedeutungserweiterung kann auch dazu führen, dass sich die ursprüngliche **Bedeutung verbessert**, das Wort also „aufgewertet" wird. So bedeutete Kanzler ursprünglich nur „Vorsteher einer Kanzlei", und ein Minister war ursprünglich nur ein „Diener" (vgl. das Fremdwort *Ministrant* = *Messdiener* in der katholischen Kirche).

Weitere Beispiele:

Begriff	ursprüngliche Bedeutung	erweitert um
Absage	Ablehnung	Bemerkung am Ende einer Sendung
billig	angemessen, richtig; dann: günstig im Preis	minderwertig; niveaulos, unbefriedigend
fertig	reisefertig	bereit, beendet
nüchtern	ohne zu essen	kahl, sachlich, nicht betrunken
Strom	großer Fluss	fließende Elektrizität
toll	übermütig, verwirrt	begeisternd, aufregend
Zoll	Grenzgebühr auf Waren	Zollbehörde
Zug	Menge wandernder Menschen	Eisenbahnzug, Luftzug, Vogelzug

Mit *Witz* und *Verstand* – Wie verengt sich eine Wortbedeutung? 216

Bei einer **Bedeutungsverengung** verringert sich der ursprünglich weit gefasste Bedeutungsumfang zugunsten eines einzelnen Gegenstandes oder Vorgangs.

Beispiel **fahren**:

Wir fahren übers Land.

Die ursprüngliche Bedeutung von *fahren* war ganz allgemein *sich fortbewegen*. Im modernen Sprachgebrauch ist mit *fahren* meistens gemeint, dass man sich auf Rädern fortbewegt:

Er fährt mit dem Rad zur Schule.

Weitere Beispiele:

Begriff	**urspr. Bedeutung**	**eingeengt auf**
gerben	gar (= fertig) machen	zu Leder verarbeiten
Mut	Gemütszustand (vgl. engl. *mood*)	Tapferkeit
Salon	repräsentativer Empfangsraum	Modegeschäft, Friseurladen
Hochzeit	im Mittelalter Bezeichnung für jedes große kirchliche und weltliche Fest	Feier bei der Eheschließung
Witz	Intellekt, Verstand, Scherz	scherzhafte Geschichte

Eine Bedeutungsverengung kann auch zu einer **Bedeutungsverschlechterung** führen. Die ursprünglich positive Bedeutung eines Wortes wandelt sich ins Negative. Beispiele:

Begriff	**urspr. Bedeutung**	**verschlechtert zu**
Dirne	Frau, Mädchen; dann: Dienerin, Magd norddeutsch noch „Deern“	Prostituierte
Gift	Gabe, Geschenk (so noch heute englisch *gift*)	schädlicher oder tödlicher Stoff
Mähre	Stute	schlechtes Pferd
überflüssig	mehr als genug	überzählig, unnütz
Weib	Frau, Hausfrau	Schimpfwort; aber auch: Klasseweib

217 Mit dem *Rechner* auf den *Speicher* – Wie verschiebt sich die Bedeutung eines Wortes?

Bei einer **Bedeutungsverschiebung** verlagert sich die ursprüngliche Wortbedeutung in einen anderen Bereich.

Beispiel **Rechner**:

In der Ausgangsbedeutung handelt es sich um eine Person, die rechnet.

Er ist ein kühler Rechner.

In der neuen Bedeutung bezeichnet man mit *Rechner* einen Computer, also eine Maschine.

Die Firma leistet sich einen neuen Großrechner.

Weitere Beispiele:

Begriff	herkömmliche Bedeutung	neuere Bedeutung
Galerie	Säulengang	Ausstellungsraum, Kunsthandlung
Maus	kleines Nagetier	Computermaus
operieren	chirurgisch behandeln	militärisch oder geheimdienstlich vorgehen
Speicher	Lager, Dachboden	Datenspeicher

218 *Freigesetzt* und *sanft entschlafen* – Wie eine Bedeutung beschönigt werden kann

Manche Sprecher oder Sprechergruppen haben ein Interesse daran, drastische oder dramatische Ausdrücke in sanftere Worte zu kleiden, um eine **Aussage in ihrer Härte abzumildern**. Diese Art der Beschönigung nennt man auch **Euphemismus**.

Beispiele:

beschönigender Begriff	gemeint ist
Beitragsanpassung	Beitragserhöhung
entschlafen, dahinscheiden	sterben
freisetzen	entlassen
Kollateralschaden	nicht beabsichtigte zivile Kriegsopfer
Schwangerschaftsunterbrechung	Abtreibung
Seniorenresidenz	Altersheim
vollschlank	füllig, rundlich

! **Beschönigende Ausdrucksformen** sollten Sie nach Möglichkeit in Ihren Texten **vermeiden**, denn sie sind manchmal an Zynismus kaum zu übertreffen. Nennen Sie lieber die Dinge bei ihrem wirklichen Namen, Ihre Zuhörer / Leser werden es Ihnen danken.

ANHANG

In dieser Übersicht finden Sie Definitionen und Erläuterungen zu zahlreichen grammatischen Fachbegriffen. Nicht alle werden in diesem Buch behandelt, aber vielleicht begegnen Sie ihnen in anderen Büchern. Oftmals werden auch Beispiele angegeben.

A

abänderndes Verb
→ modifizierendes Verb

Abkürzung
Kurzform, die nur in der Schriftsprache verwendet und in der mündlichen Rede vollständig ausgesprochen wird. sog., usw., z. B.

Ablaut
Wechsel des Vokals in einem Wortstamm. b**i**nden, b**a**nd, geb**u**nden; der B**au**m, die B**äu**me

ableiten, Ableitung
Bildung von Wörtern durch Anhängen von Präfixen und Suffixen und anderen Wortendungen an einen Wortstamm. **leit** ab**leit**en, Um**leit**ung
→ siehe auch Stammprinzip

Ableitungsspräfix
Präfixe, mit dem neue Wörter gebildet werden können. be-, ver-, zer-

Ableitungssuffix
Suffix, mit dem neue Wörter gebildet werden können. -heit, -lich, -ieren

Absichtssatz
→ Finalsatz

Abstrakta (Singular: Abstraktum)
Nomen für gedachte Dinge, die wir nicht mit den Sinnen begreifen können. Freude, Stille, Weisheit

additive Konjunktion
Konjunktion, die Aufzählungen und Reihungen ermöglicht. und, sowie

Adjektiv (Eigenschaftswort, Wiewort)
beschreibt, wie etwas beschaffen ist. schön, klein, bunt

Adjektivadverb
Adjektiv, das undekliniert als Adverb benutzt wird. Er lügt **schlecht**.

Adjektivattribut
Adjektiv, das als Attribut zu einem Nomen benutzt wird. der **neue** Mitarbeiter

Adverb (Umstandswort)
nicht flektierbare Wortart. Adverbien beschreiben die Umstände einer Handlung oder eines Geschehens. schon, hier, gern, deshalb

Adverbial (Adverbiale, adverbiale Bestimmung, Umstandsbestimmung)
ein Satzglied, das die Umstände (örtlich, zeitlich, Art und Weise, Ursache) beschreibt, unter denen eine Handlung geschieht. **Unter diesen Umständen** stimme ich zu.

Adverbialattribut (Umstandsbeifügung)
Attribut, das aus Adverbien besteht. das Auto **auf der Straße**

adverbiale Bestimmung
→ Adverbial

Adverbialsatz
steht für das Satzglied *Adverbial* des Hauptsatzes. Sie ging fort, **als es noch dunkel war**.

adversativ
einen Gegensatz ausdrückend. Es ist nicht sonnig, **sondern** regnerisch.

Adversativsatz
Nebensatz, der einen Gegensatz zur Handlung des Hauptsatzes ausdrückt; wird eingeleitet durch die Konjunktionen *während, wohingegen*. Ich arbeite Tag und Nacht, **wohingegen du immer nur herumsitzt**.

Affix
Oberbegriff für Infix, Präfix, Suffix und Zirkumfix

Akkusativ
4. Fall, Wen-Fall. **den** Baum, mich

Akkusativobjekt (direktes Objekt, Satzergänzung im 4. Fall)
ein Satzglied. Ich nehme den **roten Mantel**.

Aktiv
Tatform bei Verben. er **läuft**

Alliteration
gleicher Anfangslaut der Stammsilben aufeinanderfolgender Wörter. mit **M**ann und **M**aus, **n**ie und **n**immer, **l**ieber **l**eben **l**assen

Allophon
lautliche Varianten eines Phonems. i**ch**, wa**ch**

Alphabet
Zeichen, mit denen Wörter einer Sprache schriftlich dargestellt werden können. a, b, c, d

Alternativfrage
Frage mit zwei vorgegebenen Antwortmöglichkeiten. Möchtest du Kaffee oder Tee?

Amtsdeutsch
formelhafte, umständliche Ausdrucksweise, wie sie oft von Behörden gebraucht wird.

Anführungszeichen „ "
umschließen wörtliche Rede und Zitate. Er sagte: „Ich freue mich."

Anglizismus
Einführung und Benutzung englischer Wörter in der deutschen Sprache. sich outen, der Event

Anlaut
erster Laut eines Wortes

Anrede
Liebe Tina, sehr geehrte Damen und Herren,
höfliche Anrede Sie, Ihnen

Antonym
Wort, das das Gegenteil zu einem anderen ausdrückt. heiß - kalt; früher - später; kommen - gehen

Apostroph '
Auslassungszeichen. Mir macht's nichts aus.

Appellativ
Gattungsname. Nomen, das eine Klasse von Lebewesen oder Gegenständen bezeichnet. Mensch, Fahrzeug, Hund

Apposition
besondere Form des Attributs. Frau Meyer, **die neue Nachbarin**, hat einen Goldfisch.

Artikel (Geschlechtswort)
ein Begleiter
bestimmter Artikel (Definitartikel) der, die, das
unbestimmter Artikel (Indefinitartikel) ein, eine
verneinender Artikel (Negationsartikel) kein, keine

Artikulation
Bildung der Laute und ihre Aussprache

Attribut (Beifügung)
Satzgliedteil; ergänzt Satzglieder. Du

kaufst sofort ein **neues** Auto.

Attributsatz
Nebensatz, der ein Attribut ersetzt. Der Zug, **der jetzt fahren müsste**, kommt nicht.

Aufforderungssatz
Befehlssatz, mit dem Befehle, Bitten, Vorschläge oder Forderungen formuliert werden. Geh weg! Gehen Sie bitte nach Hause.
Aufforderungssatz in der indirekten Rede: Sie verlangte, **er solle bleiben**.

Ausklammerung
Auflösung einer Satzklammer

Auslassungspunkte ...
zeigen an, dass Text ausgelassen wurde.

Auslassungssatz
→ Satzellipse

Auslassungszeichen
→ Apostroph

Auslaut
letzter Laut eines Wortes

Auslautverhärtung
Stimmloswerden von [b], [d], [g] am Ende einer Silbe oder eines Wortstammes.

Ausrufesatz
Das ist aber schön! Wie geistreich!

Ausrufezeichen !
Schlusszeichen bei Befehls- und Ausrufesätzen. Geh jetzt!

Aussagesatz
einfacher Satz, mit dem Feststellungen, Mitteilungen oder Sachverhalte formuliert werden. Roland lacht.

Aussageweise
→ Modus

B

Basiswort
Wort, dem Präfixe und/oder Suffixe angehängt werden können.
freundlich, ur**alt**

Bedingungssatz
→ Konditionalsatz

Befehlsform
→ Imperativ

Befehlssatz
→ Aufforderungssatz

Begleiter
zusammenfassender Begriff für Wortarten, die ein Nomen begleiten können. **das/ein/dieses/kein/mein/jedes** ... Haus

Begriffswort
→ Abstrakta

Begründungssatz
→ Kausalsatz

Beifügung
→ Attribut

Beistrich
→ Komma

besitzanzeigendes Fürwort
→ Possessivpronomen

Besitzverhältnis
kann ausgedrückt werden durch Possessivpronomen (mein, dein), Genitivattribute (das Haus des Nachbarn),
Dativ + *von* (die Brücken von Amsterdam)

Bestätigungsfrage
Du fährst erst morgen zurück?

bestimmter Artikel
→ Artikel

bestimmtes Geschlechtswort
→ Artikel

Bestimmungswort
erster Bestandteil eines zusammengesetzten Wortes, bestimmt das Grundwort näher. **Hand**schuh, **Blumen**topf, **sonnen**gebräunt

Betonung
Bei mehrsilbigen Wörtern wird immer eine Silbe besonders betont. **heu**te. Bei Sätzen werden einzelne Wörter besonders betont. Er geht morgen **fort**. Er geht **morgen** fort.

Betonungsregel
bei Wortverbindungen. Betonung auf dem ersten Wortteil → Zusammenschreibung;
Betonung verteilt auf die Wortteile → Getrenntschreibung

Beugung
→ Flexion, Deklination, Konjugation

bezügliches Adverb
→ Relativadverb

bezügliches Fürwort
→ Relativpronomen

bezügliches Umstandswort
→ Relativadverb

Bezugssatz
→ Relativsatz

Bezugswort
Wort, auf das sich ein anderes Wort bezieht; z. B. haben alle Begleiter, Adjektive, Präpositionen und Relativpronomen Bezugswörter. auf **dem Tisch**; **die Frau**, die ich sah

Bindestrich -
wird als Trennstrich verwendet

Bindewort
→ Konjunktion

Bindewortsatz
→ Konjunktionalsatz

Bruchzahl
Zahlwort. ein Viertel, zwei Drittel

Buchstabe
kleinste Einheit der geschriebenen Sprache

Buchstabenwort
→ Initialwort

D

Dativ
3. Fall, Wem-Fall. dem Nachbarn; mir

Dativendung
-e bei Nomen. im Jahr**e**, bei Tag**e**

Dativobjekt (indirektes Objekt, Satzergänzung im 3. Fall)
ein Satzglied. Ich helfe **meinem Chef**.

Definitartikel
→ Artikel

Deklination (Beugung, Flexion)
Veränderung von deklinierbaren Wörtern durch Anhängen von Endungen, um verschiedene Kasus- und Numerusformen zu bilden

Demonstrativpronomen (hinweisendes Fürwort)
dieser, jenes

Derivation
→ Ableitung

Dialekt
Mundart. Badisch, Berlinerisch, Sächsisch

Diathese
Oberbegriff für Aktiv und Passiv bei Verben

Diminutiv
Verkleinerungsform bei Nomen, die durch Anhängen bestimmter Suffixe entstehen. Däum**ling**, Schätz**chen**, Spätz**lein**

Diphthong (Zwielaut)
Doppellaut. äu, eu, ai

direkte Rede (wörtliche Rede)
Er sagte: **„Ich gehe jetzt."**

direktes Objekt
→ Akkusativobjekt

disjunktiv
trennend. Disjunktive Konjunktionen trennen Inhalte voneinander.

Doppelperfekt
falsche Zeitformbindung, die in der Umgangssprache statt des Plusquamperfekts benutzt wird. Gebildet aus Perfekt + Anhängen von *gehabt* bzw. *gewesen*. ~~Als sie kam, hat er schon gegessen gehabt.~~

Doppelpunkt :
steht vor wörtlicher Rede

Drehprobe
Hilfsmittel zur Prüfung der Gleichrangigkeit aufgezählter Adjektive

dreiwertiges Verb
Verb, das neben dem Subjekt noch zwei Objekte fordert, damit der Satz vollständig wird. geben, gestehen, schicken. Er gibt ihr einen Kuss.

E

Eigenname
Name für Personen, Tiere, Gebäude, Städte, Flüsse, Länder

Eigenschaftswort
→ Adjektiv

einfache Zeit
Präsens und Präteritum sind einfache Zeiten → zusammengesetzte Zeiten

Einräumungssatz
→ Konzessivsatz

Einschub
→ Parenthese

einwertiges Verb
Verb, das keine Objekte zulässt. niesen, faulen, sich ereignen

Einzahl
→ Singular

Elativ
Superlativform eines Adjektivs zum Ausdruck einer sehr ausgeprägten Eigenschaft. etwas mit **höchster** Sorgfalt behandeln

Ellipse
bewusste Auslassung von Satzteilen oder -gliedern

Empfindungswort
→ Interjektion

Entscheidungsfrage
kann mit *Ja* oder *Nein* beantwortet werden

Entlehnung
Übernahme eines Wortes aus einer Sprache in eine andere Sprache. Sauna, Schamane

Ergänzungsfrage
W-Frage, Satzgliedfrage, fragt nach einem Satzglied

Ersatzprobe
Hilfsmittel zur Bestimmung der Satzglieder, bei der jedes Satzglied durch ein einziges Wort ersetzt wird.

erweiterte Grundformgruppe
→ Infinitivgruppe

erweiterte Infinitivgruppe
→ Infinitivgruppe

erweiterte Mittelwortgruppe
→ Partizipialgruppe

erweiterte Partizipialgruppe
→ Partizipialgruppe

F

Fall
→ Kasus

falscher Freund
Begriff für ein fremdsprachliches Wort, das einem deutschen sehr ähnlich sieht, aber eine völlig andere Bedeutung hat. sensible (engl) - vernünftig; chef (engl) - Küchenchef, Chefkoch

Farbadjektiv
rot, beige, blau

feminin (weiblich)
ein Genus. die Tanne

final
einen Zweck, eine Absicht kennzeichnend → Finalsatz

Finalsatz (Absichtssatz, Zwecksatz)
Nebensatz, der angibt, für welchen Zweck bzw. mit welcher Absicht die Handlung des Hauptsatzes erfolgt; wird eingeleitet durch die Konjunktionen *damit, auf dass, um ... zu*. Wir gehen zur Schule, **damit wir etwas lernen**.

finite Form
konjugierte (gebeugte) Form bei Verben ich gehe, du spielst

flektiert (gebeugt)
zusammenfassender Begriff für *dekliniert* (bei Nomen und Adjektiven) und *konjugiert* (bei Verben). Gegensatz: *unflektiert*

Flexion (Beugung)
zusammenfassender Begriff für Deklination und Konjugation. Veränderung von Nomen, Pronomen, Adjektiven (Deklination) und Verben (Konjugation) durch Anhängen verschiedener Endungen. → Deklination, Konjugation

Flexionsendung
→ Flexionssuffix

Flexionssuffix
Suffix, das zur Bildung der Wortformen dient. Frau**en**, komm**e**, gebau**t**

Folgesatz
→ Konsekutivsatz

Frageadverb
→ Interrogativadverb

Fragebegleiter
Interrogativpronomen, das als Begleiter benutzt wird. **Welchen** Stuhl möchtest du?

Fragefürwort
→ Interrogativpronomen

Fragepronomen
→ Interrogativpronomen

Fragesatz
Wer bist du?

Fragewort
leitet Fragesätze ein. Hierzu gehören Interrogativpronomen und -adverbien. wer? was? wo?

Fragezeichen ?
schließt Fragesätze ab

Fremdwort
Wort, das aus einer anderen Sprache ins Deutsche übernommen wurde und dessen Schreibung und Aussprache weitgehend erhalten sind. Computer, Facette, Visite

Füllwort
→ Partikel

Fürwort
→ Pronomen

Fugenelement/-laut
eingeschobener Hilfslaut. sehen**s**wert, versehen**t**lich, werb**e**wirksam

Funktionsverb (Steckform des Verbs)
Verb, das in festen Gefügen mit Nomen nur eine grammatische Funktion übernimmt. zum Ausdruck **bringen** statt ausdrücken; zur Entfaltung **kommen** statt sich entfalten.

Funktionsverbgefüge
Gefüge aus bestimmten Verben mit Nomen, bei denen das Verb seine ursprüngliche Bedeutung verliert. zur Verfügung stellen, zur Sprache bringen, in Gang kommen, Anwendung finden

Futur I (Zukunft)
eine der sechs Zeiten. ich werde gehen, ich werde spielen

Futur II (vollendete Zukunft)
eine der sechs Zeiten. ich werde gegangen sein, ich werde gespielt haben

G

Gattungszahlwort
dreierlei

Gedankenstrich –
gliedert einen Satz

Gegensatz
→ adversativ, Adversativsatz

Gegenwart
→ Präsens

Gegenstandswort
→ Nomen

gemischte Deklination
Deklination von Nomen und Adjektiven, die Merkmale der starken und der schwachen Deklination besitzt

gemischte Konjugation (unregelmäßige Konjugation)
Konjugation von Verben, die Merkmale der regelmäßigen und der unregelmäßigen Konjugation besitzt

generisches Maskulinum
maskuline Wörter, die sowohl männliche wie weibliche Personen bezeichnen. niemand, die Teilnehmer

Genitiv
2. Fall, Wessen-Fall, **des** Bruders, meiner

Genitivattribut (Beifügung im 2. Fall)
die Frau des **Bäckers**

Genitivobjekt (Satzergänzung im 2. Fall)
ein Satzglied. Ich bin mir **der Sache** bewusst.

Genus (Geschlecht)
grammatisches Geschlecht, das Dingen, Personen, Tieren und Pflanzen in der Grammatik zugewiesen wird. Maskulin (männlich): der Garten; feminin (weiblich): die Blume; neutral (sächlich): das Haus

Genus verbi
Verwendungsweise eines Verbs: aktiv oder passiv. tragen – getragen werden

Gerundiv
von transitiven Verben gebildete Form aus zu + Partizip Präsens. der **zu zahlende** Betrag, die **zu lösenden** Aufgaben

Geschlecht
→ Genus

Geschlechtswort
→ Artikel

gleichrangig
grammatische Formen auf gleicher sprachlicher Ebene (z. B. gleichrangige Sätze, gleichrangige Adjektive)

Gleichsetzung
→ Prädikativ, Prädikatsnomen, Prädikatsadjektiv

Gleichsetzungsnominativ
→ Prädikativ, Prädikatsnomen

Gleichzeitigkeit
ein zeitliches Verhältnis der Handlungen in Haupt- und Nebensatz

Gliedsatz
Nebensatz, der ein Satzglied ersetzt

Grammatik
Lehre von der Sprache

grammatisches Geschlecht
→ Genus

Graphem
kleinste geschriebene Einheit, die die Bedeutung eines Wortes verändert (entspricht meist einem Buchstaben). le**b**en - le**g**en - Lebe**r**

Grundform
→ Infinitiv

Grundformgruppe
→ Infinitivgruppe

Grundstufe
→ Positiv

Grundwort
letzter Bestandteil eines zusammengesetzten Wortes, der die Wortart, bei Nomen auch das Geschlecht und den Numerus des zusammengesetzten Wortes (Kompositums) bestimmt. die Haus**tür**, der Auto**reifen**, sonnen**gebräunt**

Grundzahl
→ Kardinalzahl

H

Hauptsatz
Aussagesatz. Ich lese ein Buch.

Hauptwort
→ Nomen

Hendiadyoin
eine Form der Tautologie - eine feste Verbindung zweier meist synonymer Wörter, die gemeinsam einen neuen Begriff ergeben. Kind und Kegel, mit Fug und Recht

Hilfsverb (Hilfszeitwort)
sein, haben, werden

Hilfszeitwort
→ Hilfsverb

hinweisendes Fürwort
→ Demonstrativpronomen

historisches Präsens
wird aus stilistischen Gründen in literarischen Texten verwendet, um Spannung bei der Erzählung einer Handlung in der Vergangenheit zu erzeugen. Wir saßen gemütlich am Tisch und unterhielten uns. - Plötzlich **geht** das Licht aus.

Hochdeutsch
Standardsprache des Deutschen, wie sie auch an Schulen gelehrt wird

Höchststufe
→ Superlativ

höfliche Anrede
höfliche Anrede in der 3. Person. Sie, Ihr

Homonyme
Wörter mit identischer Schreibung, aber unterschiedlicher Bedeutung. das Band - der Band

Homophone
Wörter, die gleich klingen, aber unterschiedlich geschrieben werden. läute - Leute

Hypotaxe
Anordnung von über- und untergeordneten Sätzen. Satzgefüge aus Haupt- und Nebensatz. Er fuhr los, als es hell wurde.

I

Imperativ (Befehlsform)
ein Modus des Verbs. Geh heim!

Imperativsatz
→ Befehlssatz, Aufforderungssatz

Imperfekt
→ Präteritum

Indefinitartikel
→ Artikel

Indefinitpronomen (unbestimmtes Fürwort)
alle, jeder

Indikativ (Wirklichkeitsform)
eine Aussageweise des Verbs. sie fährt heute

indirekte Rede
Er sagte, sie sei gekommen.

indirekter Fragesatz
Sie fragt sich, **wann er kommt**.

indirektes Objekt
→ Dativobjekt

Infinitiv (Grundform)
unkonjugierte/unflektierte Form des Verbs. schreiben, laufen

Infinitivgruppe (Grundformgruppe)
zu + Infinitiv + Objekt oder Adverbial als Ersatz für einen Nebensatz

Infinitiv Perfekt (Infinitiv II)
Verbindung aus Partizip II und Infinitiv des Hilfsverbs *haben, sein* (Aktiv, Zustandspassiv) und *werden* (Vorgangspassiv). geschlafen haben, geblieben sein, gekauft worden sein, geschlossen gewesen sein

Infinitivprobe
Hilfsmittel zur Unterscheidung zwischen Subjekt und Prädikatsnomen

Infix
Morphem/Wortbildungselement, das keine lexikalische, sondern nur eine grammatische Bedeutung hat und im Innern eines (zusammengesetzten) Wortes vorkommt. In der deutschen Sprache gibt es nur wenige echte Infixe. ver**un**sichern (*un* ist hier Infix, kann jedoch als Präfix zum Wort *sicher* gesehen werden), Heirat**s**antrag (Fugenelement)

Initialwort
Kurzwort, das aus Initialen, d. h. Anfangsbuchstaben einer Wortform oder einer Wortgruppe besteht. CD, PKW, USA

Inlaut
Laut im Innern eines Wortes

Instrumentalsatz
Nebensatz, der das Mittel angibt, mit dem das Ziel der Handlung im Hauptsatz erreicht wird. Wird durch die Konjunktionen *indem* und *dadurch, dass* eingeleitet. Er stimmte zu, **indem er mit dem Kopf nickte**.

Interjektion (Empfindungswort)
unflektierbares Wort, das Empfindungen oder Geräusche beschreibt. Ach! Aua! Oh! Buh! Jippie! Platsch! Boing! He! Heul! Stöhn! Miau! Auch Begrüßungswörter gehören dazu. Hallo! Hi! Ciao!

Interpunktion
Zeichensetzung

Interrogativadverb
Frageadverb zur Einleitung einer Ergänzungsfrage. Wann? Wie? Wo?

Interrogativpronomen (Fragefürwort)
welcher, wer, was?

Intonation
Betonung. Das Heben und Senken der Stimme, vor allem bei Sätzen, z. B.: Entscheidungsfrage: Stimme hebt

sich zum Satzende. Gehst du heute mit? Aussagesatz: Stimme senkt sich. Er geht heute mit.

intransitiv (nicht zielend)
ist ein Verb, das kein Akkusativobjekt bei sich haben kann. husten, helfen

Inversion
Positionierung des Subjekts direkt hinter die Personalform des Prädikats. Heute **schlafe ich** aus.

IPA (Internationales Phonetisches Alphabet)
Lautschriftalphabet [ʤ], [ɐ], [ə]

Irrealis
Konjunktiv II, Modus der Unwirklichkeit → Konjunktiv

Iterativzahlen
→ Wiederholungszahlen

K

Kardinalzahl (Grundzahl)
eins, zwei, drei

Kasus (Fall)
Deklinationsform, die Nomen, Adjektive, Pronomen, Artikel und Zahlwörter für die Übernahme einer Aufgabe im Satz annehmen
Nominativ (1. Fall) - Wer-Fall: der Mann
Genitiv (1. Fall) - Wessen-Fall: des Mannes
Dativ (1. Fall) - Wem-Fall: dem Mann
Akkusativ (1. Fall) - Wen-Fall: den Mann

Kausaladverbial
adverbiale Bestimmung des Grundes

Kausalsatz (Begründungssatz)
Nebensatz, der die Begründung für die Handlung des Hauptsatzes liefert; wird eingeleitet durch die Konjunktionen *weil, da*. Sie hat Stress, **da sie bald in Urlaub gehen will**.

Klammern ( )
ein Satzzeichenpaar

Komma
gliederndes Satzzeichen

Komparation
→ Steigerung

Komparativ (Steigerungsstufe)
zweite Stufe der Steigerung des Adjektivs. größer, weiter, kleiner

Komparativsatz (Vergleichssatz)
Nebensatz, der einen Vergleich zum Inhalt des Hauptsatzes bietet; eingeleitet durch die Konjunktionen *als, als ob, je, desto*. Es kam, **wie ich es mir gedacht hatte**.

Komposition (Zusammensetzung)
(selbstständig) vorkommender Wörter zu einem neuen Wort. Fingernagel, Telefonnummernliste

Kompositum (zusammengesetztes Wort)
Wort, das aus zwei oder noch mehr Wörtern zusammengesetzt ist. Glückwunschkarte, Parkhaus, langlebig, untergehen

konditional
bedingend

Konditionalsatz (Bedingungssatz, Wenn-Satz)
Nebensatz, der eine Bedingung für die Handlung des Hauptsatzes stellt; wird eingeleitet durch die Konjunktionen *wenn, falls*. **Falls du heute nicht kommen kannst**, treffen wir uns morgen.

Konfix
Wortelement, das nicht als selbstständiges Wort vorkommt, aber eine

lexikalische Bedeutung hat.
Brombeere, **Schorn**stein

Kongruenz (Übereinstimmung)
Anpassung der Flexionsendungen bei Verb, Adjektiv, Pronomen nach dem Genus, Numerus, Kasus und/oder der Person des Subjekts bzw. Bezugsworts. gut**en** **Mutes**, schön**en** **Dingen**, ich fahr**e**, **ihre** Mutter

Kongruenzprobe
Hilfsmittel zur Unterscheidung von Subjekt und Prädikatsnomen

Konjugation (Beugung des Verbs)
Veränderung des Verbs durch Anhängen verschiedener Endungen, um das Genus verbi (Aktiv oder Passiv), den Modus, die Person, den Numerus und die Zeit (Tempus) festzulegen.

Konjunktion (Bindewort)
verbindet Satzglieder, Satzgliedteile und Sätze. und, oder, weil, wenn

Konjunktionaladverb
Adverb, das Hauptsätze verbindet. daher, zuvor, dennoch

Konjunktionalsatz (Bindewortsatz)
wird durch unterordnende Konjunktionen eingeleitet. Ich weiß, **dass** ich nichts weiß.

Konjunktiv (Möglichkeitsform)
ein Modus des Verbs. Er sagt, er **sei** krank.

Konkreta (Gegenstandswort)
(Singular: Konkretum) Nomen für Dinge, die man mit seinen Sinnen wahrnehmen kann. Stuhl, Zange, Metall

konsekutiv
eine Folge beschreibend

Konsekutivsatz (Folgesatz)
Nebensatz, der eine Folge der Handlung des Hauptsatzes beschreibt. Er sang so laut, **dass sich alle die Ohren zuhielten**.

Konsonant (Mitlaut)
b, c, d, f, g ...

Kontamination (Wortkreuzung)
Zusammenziehung von Wörtern oder von bestimmten Fügungen, die sowohl von der Form her als auch inhaltlich verwandt sind. nichtsdestotrotz aus **nichtsdesto**weniger und **trotz**dem

Kontext
Textzusammenhang

Kontraktion
Verschmelzung von Präposition und Artikel. bei + dem → **beim**, für + das → **fürs**

Konversion
eines der Prinzipien der Wortbildung. Übertragung eines Wortes ohne Veränderung seiner Form in eine neue Wortart. ernst → Ernst, suchen → Suche

Konzessivsatz (Einräumungssatz)
Nebensatz, der eine Handlung ausdrückt, die im Widerspruch zur Handlung des Hauptsatzes steht; wird eingeleitet durch die Konjunktionen *obwohl, obgleich, wenn auch*. Es regnet, **obwohl schönes Wetter vorausgesagt worden ist**.

Kopfwort
Kurzwort, bei dessen Bildung der hintere Teil des ursprünglichen Wortes entfällt. Abo, Navi

Korrelat
Wort in einem übergeordneten Satz (meistens Hauptsatz), das auf den folgenden Nebensatz hinweist, ihn

ankündigt. Mir gefällt **es**, dass du nicht mehr rauchst. Ich danke dir **dafür**, dass du mir geholfen hast.

Kürzung
eines der Prinzipien der Wortbildung - Verkürzung von Wörtern. Europäische Union → EU

Kurzwort
Ergebnis einer Kürzung - eine Kurzform, die neben seiner Langform als eigenständiges Wort existiert. Prof, CDU, Bus

L

Laut
Grundbaustein der gesprochenen Sprache

lautmalendes Element
→ Onomatopoetikum

Lehnübersetzung
Glied für Glied aus einer fremden Sprache übersetztes Wort. Gehirnwäsche (aus engl. *brainwashing*); im gleichen Boot sitzen (aus engl. *to be in the same boat*)

Lehnübertragung
nicht ganz wörtlich vorgenommene Übersetzung aus einer fremden Sprache. Wolkenkratzer (aus engl. *skyscraper*)

Lehnwendung
→ Lehnübersetzung

Lehnwort
ein Wort, das aus einer Sprache in eine andere Sprache auf dem Weg der Entlehnung übernommen wird. Assassin, Wodka

Leideform
→ Passiv

Lexem
Wortbaustein, der auch für sich schon ein selbstständiges Wort ist. Bild, lieb

linke Einheit
→ Bestimmungswort

lokal
Ort oder Richtung betreffend

Lokaladverb
Adverb, das einen Ort oder eine Richtung angibt. dort, hier, links, rückwärts

Lokaladverbial
adverbiale Bestimmung des Ortes

Lokalsatz
Nebensatz, der einen Ort oder eine Richtung angibt; wird eingeleitet durch *wo, wohin, woher*. Ich weiß nicht, **wo dein Schlüssel liegt**.

M

männlich
→ maskulin

maskulin (männlich)
ein Genus. der Jäger

Mehrzahl
→ Plural

Mitlaut
→ Konsonant

Mittelwort der Gegenwart
→ Partizip Präsens

Mittelwort der Vergangenheit
→ Partizip Perfekt

Mittelwortgruppe
→ Partizipialgruppe

Modaladverbial
adverbiale Bestimmung der Art und Weise

modales Verb
→ Modalverb

Modalsatz
Nebensatz, der die Art und Weise der Handlung des Hauptsatzes erläutert; wird eingeleitet durch die Konjunktionen *indem, wobei*. Du kannst mir helfen, **indem du die Spülmaschine ausräumst**.

Modalverb (modales Zeitwort)
Verb, das die Art und Weise eines anderen Verbs oder einer Handlung näher bestimmt. dürfen, müssen, können

Modalwort
Kommentaradverb. Adverb, das die Aussage eines Satzes moduliert. vielleicht, sicherlich

modifizierendes Verb (abänderndes Verb)
werden zusammen mit *zu* + Infinitiv eines Verbs benutzt und wandeln dessen Bedeutung ab. Er **pflegt zu** lesen. Sie **versucht zu** lesen. Du **brauchst** es nur (zu) lesen.

Modus (Aussageweise)
Es gibt drei Aussageweisen des Verbs: Indikativ (Wirklichkeitsform), Konjunktiv (Möglichkeitsform), Imperativ (Befehlsform)

Möglichkeitsform
→ Konjunktiv

Morphem
kleinster bedeutungstragender Wortbaustein. bau, -lich, vor-

Morphologie
Lehre von den kleinsten bedeutungs- oder funktionstragenden Elementen einer Sprache – den Morphemen.

Multiplikativzahl
→ Vervielfältigungszahl

N

Nachfrage
Du hast **wen** getroffen?

Nachsilbe
→ Suffix

Nachzeitigkeit
ein zeitliches Verhältnis der Handlungen in Haupt- und Nebensatz

Namenwort
→ Nomen

natürliches Geschlecht
→ Sexus

nebenordnende Konjunktion
Konjunktion, die gleichrangige Wörter, Wortgruppen und Sätze miteinander verbindet. und, oder, aber

Nebensatz
inhaltlich vom Hauptsatz abhängiger Satz

Negation
→ Verneinung

negieren
verneinen → Verneinung

neutral (Neutrum, sächlich)
ein Genus. das Schiff

Neutrum
→ neutral

nicht notwendiger Relativsatz
Nebensatz, der sich auf ein Satzglied des übergeordneten Hauptsatzes bezieht und dieses näher erläutert. Ich mag Kuchen, **der viel Schokolade enthält**.

nicht zielend
→ intransitiv

Nomen (Hauptwort, Substantiv)
Wort, das Lebewesen, Pflanzen, Gegenstände und nicht mit den Sinnen wahrnehmbare Dinge benennt. das Haus, die Sonne

Nominalgruppe
eine Gruppe zusammengehöriger Wörter, deren Kern ein Nomen (Substantiv) ist. ein bekannter Dichter, auf wundersame Weise

Nominalisierung (Substantivierung)
Gebrauch eines Wortes als Nomen das **L**esen, etwas **S**chönes, das **F**ür und **W**ider

Nominalphrase
→ Nominalgruppe

Nominativ
1. Fall, Wer-Fall **der** Löwe, ich, mein

notwendiger Relativsatz
Nebensatz, der ein für den Satzbau erforderliches Satzglied ersetzt und kann deshalb nicht weggelassen werden kann. Ich lese, **was mir gefällt.**

Numerale (Zahlwort; Plural: Numeralien/Numeralia)
zwei, dritter, fünfmal

Numerus (Zahl)
Singular (Einzahl) und Plural (Mehrzahl). der Baum, die Bäume, ich, wir

O

Objekt (Satzergänzung)
ein Satzglied. → Akkusativobjekt, Dativobjekt, Genitivobjekt

Objektsatz
Nebensatz, der die Satzergänzung (das Objekt) des Hauptsatzes ersetzt.

Onomatopoetikum
(Plural: -poetika); Wort, mit dem man Geräusche und Tierlaute nachahmt, lautmalendes Element. miau, wuff, peng

Ordinalzahl (Ordnungszahl)
der erste, zweite, dritte

Ordnungszahl
→ Ordinalzahl

Orthoepie/Orthophonie
Regeln zur Aussprache der Laute

Orthografie/Orthographie
Regeln zur Rechtschreibung

P

Parataxe
Gleichrangigkeit, Nebenordnung von Sätzen oder Satzgliedern, Satzreihung. Ich gehe zur Arbeit und du bleibst hier.

Parenthese (Einschub)
Satz oder Teilsatz, der in einen anderen Satz eingeschoben wird und dessen Struktur unterbricht

partielles Kurzwort
entsteht, wenn bei der Kürzung nur ein Teil des Wortes gekürzt wird und der Rest erhalten bleibt. U-Bahn, O-Saft

Partikeln
eine Gruppe nicht flektierbarer Wörter, die einen Teil des Satzes näher bestimmen bzw. hervorheben oder die innere Einstellung des Sprechers signalisieren, z. B. Verwunderung. doch, bloß, wohl. Du gehst **doch** nicht **etwa**? Kannst du **denn** schon lesen?

Partikelverb
Verb, dem ein trennbarer Verbzu-

satz vorangestellt ist. **ab**schlagen, **unter**kommen, **dazwischen**schieben, **fest**stellen, **teil**nehmen

Partizip (Mittelwort)
kann dekliniert als Adjektiv (das **spielende** Kind, der **gewachste** Tisch) und als Nomen (**Folgendes**, **die Gezeichneten**) benutzt werden.

Partizip I
→ Partizip Präsens

Partizip II
→ Partizip Perfekt

Partizip Perfekt (Partizip II, Mittelwort der Vergangenheit)
wird zur Bildung der zusammengesetzten Zeiten (Perfekt, Plusquamperfekt) und beim Passiv benötigt. Kann dekliniert und wie ein Adjektiv benutzt werden. Bildung: Bei schwachen Verben *ge-* + Verbstamm + *-t*, bei starken Verben *ge-* + Perfektstamm + *-en*. **ge**gang**en**, **ge**spiel**t**

Partizip Präsens (Partizip I, Mittelwort der Gegenwart)
beschreibt einen Vorgang oder eine Handlung, die gleichzeitig mit der Handlung des Satzes stattfindet. Wird wie ein Adjektiv oder Adverb benutzt. Das **weinende** Kind ruft nach seiner Mutter. Das Kind lief **weinend** nach Hause.
Bildung: Infinitiv + *d*. gehen**d**, sprechen**d**

Partizipialgruppe (Mittelwortgruppe)
Partizip + Objekt oder Adverbial als Ersatz für einen Nebensatz

Passiv
Leideform. er **wird geschlagen**

Perfekt (vollendete Gegenwart)
eine der sechs Zeiten. ich bin gegangen, ich habe gespielt

persönliches Fürwort
→ Personalpronomen

persönliches Passiv
kann mit transitiven Verben gebildet werden. Die von der Handlung betroffene Person oder Sache ist Subjekt des Satzes. Martha wurde entlassen. Das Haus ist frisch verputzt.

Person
Es gibt drei grammatische Personen, und zwar jeweils im Singular (Einzahl) und im Plural (Mehrzahl).

Personalform
Verbstamm + Personenendung, konjugierte/finite Verbform; Gegensatz: infinite Form

Personalpronomen (persönliches Fürwort)
ich, er, wir

Phonem
kleinste lautliche Unterscheidung. **b**iegen – siegen

Phonetik
Teil der Lautlehre, der beschreibt, wie die Laute der gesprochenen Sprache gebildet werden.

Pleonasmus
inhaltlich überflüssige Wiederholung. nochmals wiederholen, ebenso auch

Plural (Mehrzahl)
die Häuser, die Pferde

Plusquamperfekt (vollendete Vergangenheit)
eine der sechs Zeiten. ich war gegangen, ich hatte gespielt

Polyseme
gleich lautende Nomen, die unterschiedliche Bedeutungen haben, die aber auf eine gemeinsame (sprachhis-

torische) Wurzel zurückgeführt werden können. der Schild - das Schild.

Positiv (Grundstufe)
erste, ungesteigerte Stufe bei der Steigerung des Adjektivs. schön, gut, klein

Possessivbegleiter
Possessivpronomen, das als Begleiter benutzt wird

Possessivpronomen (besitzanzeigendes Fürwort)
mein, dein, sein, unser, euer, Ihr

Postposition
Präposition, die ihrem Bezugswort nachgestellt ist. mir zuliebe, dem Bericht zufolge

Prädikat (Satzaussage)
ein Satzglied, das die finite (= die Konjugationsendung tragende) Verbform eines Satzes enthält. Es **regnet**. Mehrteilige Prädikate kommen bei zusammengesetzten Zeiten, mit Modalverben und im Passiv vor. ich **habe gelernt**, ich **wurde vertrieben**, ich **konnte singen**, ich **hätte** es **tun sollen**.

prädikativ (zum Prädikat gehörend)
Nomen oder Adjektiv als Teil des Prädikats. → Prädikatsnomen, Prädikatsadjektiv

Prädikatsadjektiv
Gleichsetzung eines Adjektivs mit dem Subjekt oder Akkusativobjekt; Teil des Prädikats. Sie ist **stark**. Ich finde dich **super**.

Prädikatsnomen/Prädikativer Nominativ
Gleichsetzung eines Nomens mit dem Subjekt oder Akkusativobjekt; Teil des Prädikats. Frau Mai ist unsere **Nachbarin**.

präfigiert
mit einem Präfix versehen. **Ver**schlag, **ver**suchen, **un**schön

Präfix (Vorsilbe)
nicht trennbarer Wortteil, der einem anderen Wort vorangestellt wird und mit diesem ein neues Wort bildet. **An**schaffung, **be**gleiten, **er**klären, **zer**teilen, **voll**enden

Präposition (Verhältniswort)
mit, von, gegen, in

Präpositionaladverb
→ Pronominaladverb

Präpositionalgruppe
Wortgruppe mit einer Präposition; meist ist der Kern der Gruppe ein Nomen. Die Kinder spielen **auf der Straße**.

Präpositionalobjekt (Satzergänzung mit Verhältniswort)
Ich warte **auf deinen Anruf**.

Präsens (Gegenwart)
eine der sechs Zeiten. ich gehe, ich spiele

Präteritum (Imperfekt, Vergangenheit)
eine der sechs Zeiten. ich ging, ich spielte

Pronomen (Fürwort)
Stellvertreter von Nomen. ich, du, dieser, jeder, alle

Pronominaladverb
Adverb, das aus den Umstandswörtern *da, hier* oder *wo* + Präposition besteht und eine Verbindung aus Präposition + *das* oder *was* ersetzt. **Worüber** (aus: *über was*) freust du dich? **Darüber** (aus: *über das*).

Punkt .
ein Satzzeichen

R

Reduplikation
Verdopplung meist einer Silbe, manchmal mit leichten Veränderungen zur Bildung von Wörtern. zickzack, klippklapp, Mau-Mau

rechte Einheit
→ Grundwort

reflexiv
rückbezüglich

Reflexivpronomen (rückbezügliches Fürwort)
mich, dich, uns, euch, sich

Reflexivverb (rückbezügliches Verb)
sich wundern

regelmäßige Konjugation (Beugung)
Konjugation der Verben ohne Änderung des Stammvokals oder der Stammform. ich arbeite, ich arbeitete

regelmäßiges Verb
schwaches Verb → Konjugation

Rektion (Verb: regieren)
Fähigkeit der Verben, Adjektive und Präpositionen, den grammatischen Kasus von Nomen und Pronomen festzulegen. Er **vertraut ihm**. Ich lege es **auf den Tisch**. Ich bin mir **dieser Sache bewusst**.

Relativadverb (bezügliches Adverb)
leitet einen Relativsatz ein. womit, wovon, wodurch

Relativpronomen (bezügliches Fürwort)
leitet einen Relativsatz ein. Die Geschäftspartnerin, **die/welche** ich gestern traf, ist heute wieder abgereist.

Relativsatz (Bezugssatz)
Nebensatz, der sich auf das Subjekt, ein Objekt oder ein Adverbial im Hauptsatz bezieht; wird durch ein Relativpronomen oder Relativadverb eingeleitet. Ich lese ein Buch, **das immer spannender wird**.

Restriktivsatz
Nebensatz, der die Gültigkeit der Handlung des Hauptsatzes einschränkt. Wird eingeleitet durch die Konjunktionen *soviel, soweit*. **Soweit ich informiert bin**, ist heute Markttag.

reziprok
wechselseitig

Reziprozität
wechselseitige Beziehung Sie begrüßten sich (gegenseitig).

rhetorische Frage
Frage, auf die keine Antwort erwartet wird. Hab' ich's nicht gesagt?

rückbezügliches Fürwort
→ Reflexivpronomen

rückbezügliches Verb
→ Reflexivverb

S

sächlich
→ neutral

Satzäquivalent
nicht flektierbares Wort, das für einen vollständigen Satz steht. Ja. Danke. Stop!

Satzaussage
→ Prädikat

Satzbau
Zusammensetzung der Satzglieder

Satzbauplan
Satzmuster. Darstellung der Möglichkeiten, wie Sätze aus verschiedenen Satzgliedern gebildet werden können.

Satzellipse
grammatisch unvollständiger, aber

trotzdem verständlicher Kurzsatz. Glück gehabt!

Satzergänzung
→ Objekt

Satzgefüge
Gefüge aus Haupt- und Nebensatz

Satzgegenstand
→ Subjekt

Satzglied
ein oder mehrere Wörter, die eine bestimmte Aufgabe im Satz erfüllen

Satzgliedteil
→ Attribut

Satzklammer
mehrteilige Satzaussage (Prädikat), die andere Satzglieder umschließt. Der Bus **fährt** später **ab**.

Satznegation
Verneinung des ganzen Satzes durch die Negationspartikel *nicht*. Das weiß ich **nicht**.

Satzreihe
Aneinanderreihung von gleichrangigen Hauptsätzen

satzwertiger Infinitiv
zu + Infinitiv + Objekt oder Adverbial als Ersatz für einen Nebensatz. Er gestand, **die Tasche gestohlen zu haben**.

satzwertige Infinitivgruppe
→ Infinitivgruppe

satzwertige Partizipialgruppe
→ Partizipialgruppe

Satzzeichen
gliedern Sätze

Schachtelsatz
Satzgefüge aus einem oder mehreren Hauptsätzen und Nebensätzen

Scheinanglizismus
Wort, das aus dem Englischen stammt, aber in einer anderen Bedeutung als seiner ursprünglichen benutzt wird, oder ein Wort, das so im Englischen nicht existiert. Handy, Body, Talkmaster

Schlusszeichen
schließen einen Satz ab

Schrägstrich /
ein Satzzeichen

Schriftsprache
→ Hochdeutsch

schwache Deklination
Deklination von Nomen und Adjektiven ohne besondere Merkmale

schwache Konjugation (Beugung)
→ regelmäßige Konjugation

Selbstlaut
→ Vokal

Semantik
Lehre von der Bedeutung eines Wortes oder Ausdrucks

Semikolon (Strichpunkt) **;**
ein Satzzeichen

Sexus (natürliches Geschlecht)
biologisches Geschlecht von Menschen, Tieren und Pflanzen

Silbe
Sprecheinheit in Wörtern. re-den

Silbenkurzwort
Kurzwort, das aus den Anfangsbuchstaben zusammengesetzter Nomen zu neuen Silben und Wörtern geformt wird. Kripo, Kita

Silbentrennung
→ Worttrennung

Singular (Einzahl)
das Haus, ein Pferd, ich

Sondernegation
Verneinung eines Satzgliedes durch die Negationspartikel *nicht*. Er spielt

nicht gut.

Sprachsilbe
Morphem, bedeutungstragender Wortbestandteil. trag-en, Um-geb-ung

Sprechsilbe
lautliche Einteilung eines Wortes. tra-gen, Um-ge-bung

Stamm des Verbs
→ Verbstamm

Stammformen
die drei Formen eines Verbs, die erkennbar machen, ob das Verb regelmäßig oder unregelmäßig konjugiert wird

Stammprinzip
eine wichtige Regel für die Rechtschreibung

Stammvokal
Vokal im Verbstamm, der bei unregelmäßigen Verben wechselt. ich b**ie**te, ich b**o**t, ich b**ö**te, geb**o**ten; ich f**a**hre, ich f**u**hr, ich f**ü**hre, gef**a**hren; ich spr**e**che, ich spr**a**ch, ich spr**ä**che, gespr**o**chen

Standardsprache
Hochdeutsch

starke Deklination
Deklination mit besonderen Merkmalen bei Nomen, Adjektiven und manchen Pronomen

starkes Verb
unregelmäßiges Verb → Konjugation

starke Konjugation
→ unregelmäßige Konjugation

Steigerung (Komparation)
des Adjektivs. laut - lauter - am lautesten

Steigerungsstufe
→ Komparativ

Stellvertreter
Pronomen, das ein Nomen ersetzt
→ Pronomen

stimmhafte Laute
Laute, bei deren Bildung die Stimmlippen (Stimmbänder) durch die Luft aus der Lunge in Schwingung versetzt werden. a, o, l, n

stimmlose Laute
Laute, bei deren Bildung die Stimmlippen nicht in Schwingung versetzt werden. f, h, k, z

Streckform des Verbs
→ Funktionsverbgefüge

Strichpunkt
→ Semikolon

Subjekt (Satzgegenstand)
ein Satzglied. **Das Unwetter** zieht vorbei.

Subjektteil
Manchmal besteht ein Subjekt aus mehreren Subjektteilen. **Das Haus, der Garten** und **das Auto** gehören mir.

Subjektsatz
Nebensatz, der das Subjekt des Hauptsatzes ersetzt

Subjunktion
unterordnende Konjunktion, die einen Nebensatz einleitet. indem, wenn, weil

Substantiv
→ Nomen

Substantivierung
→ Nominalisierung

Substitutivsatz
Nebensatz, der eine Möglichkeit ausdrückt, die nicht wahrgenommen wird. Wird mit den Konjunktionen *anstatt dass* und *statt dass* eingeleitet.

Statt dass er aß, trank er nur.

Suffix (Nachsilbe, Anhängsel)
Wortteil, das nicht als selbstständiges Wort vorkommt; wird an ein Wort (Mitglied**schaft**) oder einen Wortstamm (laun**isch**) angehängt und bildet so ein neues Wort.

Superlativ (Höchststufe)
dritte, höchste Stufe der Steigerung des Adjektivs. am schnellsten; der schnellste Zug

Syntax
Lehre vom Satzbau

T

Tatform
→ Aktiv

Tätigkeitswort
→ Verb

Tautologie
Wiederholung eines Wortes zur Ausdrucks- oder Bedeutungsverstärkung. nach und nach, wieder und wieder

Teilsatz
Satz, der Teil einer Satzreihe oder eines Satzgefüges ist.

Temporaladverbial
adverbiale Bestimmung der Zeit

Temporalsatz (Zeitsatz)
Nebensatz, der eine Handlung in ein zeitliches Verhältnis zum Hauptsatz setzt; wird z. B. durch die Konjunktionen *als, nachdem, während, bevor* eingeleitet. Sie schlief schon, **als du kamst**.

Tempus (Plural: Tempora)
Zeit, Zeitform. Vergangenheit, Zukunft

transitiv (zielend)
ist ein Verb, das Akkusativobjekte bei sich haben kann. Ich lese **diese Liste**.

transponieren
in eine andere Wortart überführen. Suffixe können Wörter in ein andere Wortart überführen Leser (Nomen) - leserlich (Adjektiv)

trennbare Verbpartikel
(unechtes Präfix) dem Verb vorangestellter Zusatz (Adverb, Präposition, seltener Nomen oder Adjektiv), der vom Verb trennbar ist. **ab**fahren: ich fahre **ab**; **vor**ziehen: er zog es **vor** ...; **fest**stellen: wir stellen **fest**

trennbares Verb
Verb mit abtrennbarem Verbzusatz **hier**bleiben - Bleib **hier**!

trennbarer Verbzusatz
→ trennbare Verbpartikel

Tunwort
→ Verb

U

Übereinstimmung
→ Kongruenz

Umgangssprache
Sprache, die im Alltag benutzt wird, aber nicht im Schriftlichen

Umlaut
ä, ö, ü. M**ö**hre, V**ä**ter, tr**ü**b

Umstandsbestimmung
→ Adverbial

Umstandswort
→ Adverb

unbestimmter Artikel
→ Artikel

unbestimmtes Fürwort
→ Indefinitpronomen

unbestimmtes Geschlechtswort
→ Artikel

unbestimmtes Pronomen
→ Indefinitpronomen

unbestimmtes Zahlwort
einige, manche, viele

unflektiert
in Kasus, Genus, Numerus nicht verändert (ungebeugt). Gegensatz: *flektiert* → Flexion

unikale Einheit
Wort, das heute nicht mehr selbständig, sondern nur noch als Bestandteil eines zusammengesetzten Wortes vorkommt. **Brom**beere, **Schorn**stein

unpersönliches *es*
ist Subjekt in Sätzen mit unpersönlichen Verben oder mit unpersönlichem Passiv. **Es** regnet nicht mehr. **Es** wurde viel gelacht.

unpersönliches Passiv
wird mit *es* gebildet. Derjenige, der von der Handlung betroffen ist, wird nicht genannt. Es wurde viel getrunken.

unpersönliches Verb
Verb, das nur unpersönlich mit *es* benutzt werden kann. es regnet

unregelmäßige Konjugation
Konjugation der Verben mit Wechsel des Stammvokals st**e**chen, st**a**ch, gest**o**chen

unterordnende Konjunktion
Konjunktion, die Nebensätze einleitet. weil, als, dass

untrennbares Verb
Verb mit Präfix, dessen Formen immer ungetrennt bleiben. Ich **verliere** immer. Er **vollendete** sein Werk.

V

Valenz
Fähigkeit des Verbs (Prädikats), die Zahl der Satzglieder in einem Satz zu bestimmen → Wertigkeit

Verb (Zeitwort, Tätigkeitswort, Tunwort)
spielen, sein

Verbalabstraktum, Verbalsubstantiv
von einem Verb abgeleitetes Substantiv. schlafen - Schlaf; ernennen - Ernennung; warten - das Warten

Verbstamm (Stamm des Zeitworts)
ergibt sich, wenn man am Ende des Infinitivs *-en/-ern/-eln* wegstreicht. spiel~~en~~, wander~~n~~, klingel~~n~~

Verbzusatz
Oberbegriff für Adverbien, Nomen, Präpositionen oder Adjektive, die einem Verb vorangestellt werden und mit ihm eine trennbare Zusammensetzung bilden. **hier**bleiben, **vor**gehen, **statt**finden, **warm**halten

Vergangenheit
→ Präteritum

Vergleichsformen
→ Steigerung

Vergleichspartikel
Partikel, die benutzt wird, um zwei Dinge oder Personen miteinander in einen Vergleich zu setzen. wie, als

Vergleichssatz
→ Komparativsatz

Verhältniswort
→ Präposition

Verkleinerungsform
→ Diminutiv

verkürzter Satz (Satzellipse)
grammatisch unvollständiger, aber verständlicher Kurzsatz. Glück gehabt!

Verneinung (Negation)
einzelner Wörter oder ganzer Sätze
→ Satznegation, Sondernegation

Verschiebeprobe
Hilfsmittel zur Bestimmung der Satzglieder, bei dem die Reihenfolge der Satzglieder umgestellt wird.

Verschmelzung
→ Kontraktion

Vervielfältigungszahl (Multiplikativzahl)
mehrfach, zweifach

Vokal (Selbstlaut)
a, e, i, o, u

vollendete Gegenwart
→ Perfekt

vollendete Vergangenheit
→ Plusquamperfekt

vollendete Zukunft
→ Futur II

Vollverb (vollwertiges Zeitwort)
fahren, helfen

vollwertiges Zeitwort
→ Vollverb

Vorgangspassiv
Passivform, die einen Vorgang beschreibt. Das Licht **wird ausgemacht**.

Vorsilbe
→ Präfix

Vorzeitigkeit
ein zeitliches Verhältnis der Handlungen in Haupt- und Nebensatz

W

w-Wort
Fragewort, das mit dem Buchstaben *w* beginnt. wer, warum, wo

Wahlfrage
→ Alternativfrage

wechselseitige Beziehung (Reziprozität)
Sie begrüßten sich (gegenseitig).

weiblich
→ feminin

weiterführender Nebensatz
Nebensatz, der sich auf lockere Art auf den gesamten Hauptsatz bezieht, meistens kommentierend. Er hat zugesagt, **was mich freut**.

Wem-Fall
→ Dativ

Wen-Fall
→ Akkusativ

Wenn-Satz
→ Konditionalsatz

Wer-Fall
→ Nominativ

Wertigkeit (Valenz)
Fähigkeit der Verben, die Zahl der Satzglieder in einem Satz zu bestimmen.

Wessen-Fall
→ Genitiv

Wiewort
→ Adjektiv

Wiederholungszahlen (Iterativzahlen)
dreimal, x-mal

Wirklichkeitsform
→ Indikativ

wörtliche Rede
→ direkte Rede

Wortbaustein
Wörter bestehen aus Wortbausteinen.

Wortbildung
Bildung neuer Wörter duch Abwandlung (Zusammensetzung, Ableitung, Kürzung oder Konversion) bestehender Wörter.

Wortfamilie
Wörter, die alle vom selben Wortstamm abgeleitet sind. send → **send**en, **Send**eschluss, Ver**sand**

Wortfuge
Stelle, an der bei zusammengesetzten Wörtern das eine Wort endet und das nächste beginnt. Ton|leiter, fort|gehen

Wortgruppe
aus mehreren Wörtern bestehende Sinneinheit. drei Jahre alt, schrecklich laut

Wortkreuzung
→ Kontamination

Wortstamm
Baustein für Wörter. wort, hand, viel, fahr, leit

Wortstellung
Anordnung der Wörter bzw. Satzglieder in einem Satz

Worttrennung (Silbentrennung)
Trennung von Wörtern im Schriftlichen nach Sprecheinheiten. Mo-ni-tor, Spal-tung

Wunschsatz
Wäre ich nur ein wenig reicher!

Z

Zählprobe
Hilfsmittel zur Prüfung der Gleichrangigkeit aufgezählter Adjektive

Zahl
→ Numerus

Zahladjektiv
Zahlwort, das ein Adjektiv ist oder adjektivisch benutzt werden kann. **zwei** Fliegen, zum **dritten** Mal,

Zahlwort
→ Numerale

Zeit (Tempus)
Es gibt im Deutschen sechs Zeiten (Tempora): Präsens, Präteritum, Perfekt, Plusquamperfekt, Futur I, Futur II

Zeitenfolge
Reihenfolge der Handlungen in Haupt- und Nebensatz

Zeitsatz
→ Temporalsatz

Zeitstrahl
bildliche Darstellung der sechs Zeiten

Zeitwort
→ Verb

zielend
→ transitiv

Zirkumfix
ein Affix, das aus zwei Teilen besteht und ein Wortelement/einen Wortstamm umschließt und neue Wörter oder Verbformen bildet. **Ge**rede, **ge**schmeid**ig**, **be**herzig**en**

Zitat, zitieren
eine Textstelle wörtlich wiedergeben

Zukunft
→ Futur I

zusammengesetztes Wort
→ Kompositum

zusammengesetzte Zeit
Zeit, die aus Hilfsverb + Vollverb gebildet wird. er hat gegessen, er wird essen

Zusammensetzung
→ Komposition, Kompositum

Zusatz
Zusätzliche Information in einem Satz, die durch Komma abgetrennt ist. Ich habe, **ohne die Zusatzkosten**, genau 30 Euro bezahlt.

Zustandspassiv
Passivform, die einen Zustand beschreibt. Das Licht ist gelöscht.

Zwecksatz
→ Finalsatz

zweiwertiges Verb
Verb, das neben dem Subjekt noch ein Objekt fordert, damit der Satz vollständig wird. lieben, brauchen, helfen

Zwielaut
→ Diphthong

2 SACH- UND STICHWÖRTER

F

H

J

K

M

T

X

Z